장애인을 위한 성년후견제도

장애인을 위한 성년후견제도

구 상 엽

景仁文化社

출간에 임하여

『개정민법상 성년후견제도에 대한 연구 – 입법 배경, 입법자의 의사 및 향후 과제를 중심으로』라는 주제로 모교인 서울대학교에서 박사학위를 취득한 직후 제 논문이 서울대학교 법학총서 출판 대상으로 선정되었다는 연락을 받고 한편으로는 기쁘고 영광스러우면서도 한편으로는 적잖이 망설여졌습니다. 석사논문을 썼을 때도 그러했지만 제 박사논문의 부족함이 부끄럽고 아쉬웠기 때문입니다. 하지만 논문의 머리말에서도 밝혔지만 제 연구의 목적이 성년후견제도의 정착과 발전을 위한 작은 밀알이 되는 데 있었기 때문에 제 부족함이 세상에 드러나는 것은 큰 문제가 되지 않는다고 생각되어 고민 끝에 출간 제의에 응하게 되었습니다. 그런데 얼마 후 3년간의 법무부 근무를 마치고 서울중앙지방검찰청으로 전보되어 성년후견제도 관련 업무와 멀어지게 되었고 수사 업무에 전념하느라 한동안 출간 작업에 전혀 손을 대지 못했습니다. 그러다가 2012년 하반기부터 법학전문대학원 실무교수로 파견되어 다시 배움과 연구에 가까워진 기회를 이용하여 주말과 야간에 틈틈이 글을 다듬을 수 있었습니다. 그 과정에서 아쉬웠던 논문을 환골탈태시키고자 하는 욕심도 있었으나, 출판의 목적이 새로운 저작물의 창조가 아니라 우수논문의 보존과 전파에 있다고 들었기 때문에 제 글의 부족함을 알면서도 가급적 논문의 원형을 유지하려고 노력했습니다. 다만, 가사소송법과 후견등기법 등 논문 출간 이후 제·개정된 관계 법령의 주요 내용은 새롭게 반영하였습니다.

절친한 동료 한 명이 제게 이번에 출간하는 책이 기존 논문과 가장 다른 점이 무엇인지 물은 적이 있는데, 저는 주저없이 농반진반(弄半眞半)으로 '장애인'을 전면에 내세운 제목이라고 답하였습니다. 물론 제목 하나 바꾼다고 해서 글의 본질이 바뀔 리 만무합니다. 또한 순수한 학문적 연구에 뿌리를 둔 법학서의 제목에서 자칫 사회복지 내지 이념적 색채가 느껴질 수 있는 '장애인'을 언급하는 것은 일종의 돌출행동이며, 성년후견이 장애인만을 위한 제도가 아니라는 원론적인 비판에 노출될 수 있다는 점도 잘 알고 있습니다. 하지만 우리나라 성년후견제도의 입법과정에서 장애인의 역할이 컸다는 점을 책 제목에서 드러내고 싶었습니다. 또한 성년후견제도의 성공적인 정착을 위해서는 후견제도에 대한 부정적인 인식의 개선이 필요하며, 그 시작과 끝은 '장애인에 대한 시각의 변화'라는 제 평소 신념을 외치고 싶었습니다.

우리나라에서 기존 후견제도의 폐단을 극명하게 드러낸 사례들은 대부분 장애인과 관련이 있습니다. 이러한 사례들이 축적되면서 세간(世間)에서는 '장애 ⇒ 금치산·한정치산 선고 ⇒ 후견 개시'의 『법적 프로세스(process)』가 어느덧 '후견 ⇒ 금치산 ⇒ 장애'라는 『연상의 프로세스』로 변이한 것이 아닌가 싶습니다. 결국 후견에 대한 부정적 인식의 근저(根底)에는 장애 또는 장애인에 대한 두려움 내지 거부감이 잠재해 있었던 것은 아닐까요. 하지만 전문의의 견해에 따르면 전 국민의 3분의 1 이상이 평생 한번 이상의 정신질환을 겪는다고 합니다. 또한 고령화에 따라 신체적·정신적 기능이 쇠퇴하는 것은 주지(周知)의 사실입니다. 결국 선천적이냐 후천적이냐의 차이만 있을 뿐 우리 모두가 장애를 안고 살아가는 것이 아닐까요. 우리는 부지불식간에 장애인에 대한 "배려"라는 표현을 자주 쓰지만, 이 또한 시혜(施惠)적이고 왜곡된 시각의 발로(發露)라고 생각합니다. 제가 현장에서 만난 장애인들은 누구보다도 독립심과 자존감이 강한 분들이었습니다. 그 분들은 사회가 장애인을 위해서 무엇을 베풀어주길 바라는 것이 아니라 단지 장애인이 비(非)장애인과 동일한 출발점에 설 수 있도록 하는 최소한의 '공정(fairness)'을 갈망할 뿐입니다. 고령화사회가 주요 이슈(issue)가 된 현대 사회에서는 더 이상 비장애인이 장애인을 포용하려는 것이 아니라 비장애인도 언젠가는 장애를 겪을 수밖에 없다는 사실을 직시하고 오히려 장애인으로부터 어려운 현실을 극복해나가는 삶의 지혜와 기술을 배워야 하지 않을까요. 이처럼 장애 또는 장애인에 대한 올바른 시각을 갖게 된다면 후견제도에 대한 부정적인 인식도 자연스럽게 긍정적으로 바뀌게 될 것이라고 믿습니다.

일찍이 성년후견제도를 도입한 선진국들에서와 마찬가지로 앞으로 우리나라에서도 성년후견과 관련된 수많은 시행착오와 비판이 있을 것입니다. 하지만 사회적 부조리와 아픔에 대한 무관심과 무위(無爲)보다는 이를 바로잡으려는 선한 의지에서 비롯된 시행착오가 낫다고 믿습니다. 그 곳에는 희망이라는 싹이 있기 때문입니다. 문제는 온갖 시행착오와 비판 속에서도 더디게 자라는 선의와 희망의 싹을 포기하지 않고 끝까지 키워나갈 수 있느냐일 것입니다. 국민 여러분께서는 애정에서 비롯된 날카로운 비판을 해 주시고 입법자와 시행 관계자들은 열린 마음으로 그 비판을 겸허히 수용해나간다면 반드시 성년후견제도가 아름답고 풍성한 열매를 맺을 것이라고 믿습니다. 이 책이 그 열매를 위한 한 줌의 토양이 되길 기원합니다.

2015. 2.

서울대학교 법학전문대학원 연구실에서

구 상 엽

머리말

제가 이 논문을 쓰게 된 계기는 크게 두 가지입니다. 첫째는 법무부에서 3년간 성년후견제도 도입과 민법 개정을 추진하는 과정에서 느꼈던 소회 때문이고, 둘째는 가족에 얽힌 개인적인 사연 때문입니다.

민법 개정을 추진하는 과정에서 가장 절실하게 느꼈던 것 중의 하나는 생각보다 과거의 입법 자료가 많지 않다는 것이었습니다. 이미 만들어진 법을 제3자의 관점에서 해석하고 평가한 자료는 많았으나, 입법자의 관점에서 왜 이러한 법을 만들게 되었고 이 법이 어떻게 해석되고 시행되길 의도했는지 고증(考證)할 수 있는 문헌은 부족했습니다. 입법자의 의사는 공시(共時)적 해석의 보편성과 통시(通時)적 해석의 적확한 변조(變調, variation)를 이끌어내기 위한 중요한 지표일 뿐만 아니라 관련 제도를 올바로 정착시키기 위한 이념적 기초가 된다고 생각합니다. 그래서 성년후견제도 입법을 추진하는 과정에서 직접 보고 느낀 바를 정리하여 논문으로 남긴다면 후속 연구와 제도 개선에 조금이나마 도움이 되지 않을까 하는 소박한 기대가 있었습니다.

다음으로 제게는 장애를 가진 친척 누님이 계셨습니다. 자세한 병명은 모르지만 어릴 때 큰 병을 앓아 지적·신체적 성장이 멈추었다고 합니다. 명절 때 누님 댁에 가끔 가곤 했었는데 어린 저에게는 말과 행동이 자유롭지 못한 누님의 모습이 생소하게 느껴졌는지 누님에게 가까이 다가가지 못했습니다. 그러다가 오래 전 누님이 돌아가셨다는 소식을 들고 생전에 따뜻하게 손 한번 잡아드리지 못한 것이 어찌나 죄송스럽고 후회되었는지 모릅니다.

여느 검사들처럼 주로 형사 업무를 담당했던 저로서는 처음 법무부에 부임했을 때 성년후견제도가 무엇인지도 잘 몰랐습니다. 그런데 한동안 잊고 지냈던 누님이 생각나면서 왠지 모르게 성년후견제도에 계속 관심이 끌렸습니다. 사무실 책상에 앉아서는 제대로 일을 할 수 없다는 생각에 무작정 인터넷과 전화를 통해서 알아낸 장애인단체들을 찾아다니기 시작했습니다. 처음에는 장애인들의 거부감과 의혹에 찬 눈길이 부담스러웠지만, 만남이 거듭됨에 따라 차가운 시선이 따뜻한 격려로 바뀌는 것을 느끼면서 검사로서 큰 기쁨과 보람을 느꼈습니다. 특히 장애인 자녀를 두신 부모님들을 만나면서 성년후견제도가 얼마나 중요하고 시급한 과제인지 깨닫게 되었습니다. 그 때부터 민법개정위원회와 국회를 오가며 장애인들의 소망이 입법에 반영될 수 있도록 진심과 열정을 담아 노력했습니다. 짧은 기간 동안 입법을 추진하는 과정에서 적지 않은 난관이 있었지만 돌아가신 누님과 장애인들의 고통과 소망을 생각하면서 다짐과 용기를 새롭게 할 수 있었고 마침내 성년후견제도 도입을 위한 민법 개정을 성공적으로 마무리할 수 있었습니다.

하지만 이제부터야말로 성년후견제도의 시작이라고 생각합니다. 관련 제도와 법령 정비 등 수많은 과제가 남아 있지만 지금까지와 마찬가지로 여러 사람이 열린 마음으로 협력해나간다면 반드시 훌륭한 결실을 맺을 수 있으리라고 믿습니다. 부족하지만 이 논문이 성년후견제도의 성공적인 정착과 발전을 위한 작은 밀알이 될 수 있기를 소망합니다.

2012년 2월 법무부 법무심의관실에서
구 상 엽

감사의 글(Acknowledgment)

이 논문을 쓰기까지 실로 많은 분들께 은혜를 입었습니다.

먼저 민법을 전공으로 삼을 수 있도록 용기를 주신 김재형 지도교수님과 논문 심사를 맡아주신 남효순·박인환·제철웅·최봉경 교수님께 감사드립니다. 그리고 석사 때 저를 학문의 길로 이끌어주신 박정훈 지도교수님을 비롯한 여러 은사님들께도 감사드립니다.

법무부에서 민법 개정을 추진할 수 있도록 기회를 주시고 이끌어주신 김경한·이귀남·권재진 역대 법무부장관님, 황희철·길태기 역대 법무부차관님, 채동욱·성영훈·한명관·정병두 역대 법무실장님, 오정돈·백방준·김우현·박근범 역대 법무심의관님께 감사드립니다.

성년후견제도의 가치와 나아갈 방향을 알려주신 성년후견추진연대·한국장애인부모회 등 장애인단체 관계자 여러분, 우리나라 성년후견제도의 훌륭한 상징물을 만들어주신 윤석인 수녀님, 하늘에 계신 영주 누님께 감사드립니다.

민법 개정안의 기초 과정에서 큰 기여를 해 주신 민법개정위원회 서민 위원장님·윤진수 부위원장님을 비롯한 위원 여러분, 특히 성년후견제도 분과를 담당하신 하경효 위원장님과 김형석·명순구·민유숙·박동진·백승흠 위원님께 감사드립니다.

민법 개정안이 국회에서 통과될 수 있도록 큰 힘이 되어주신 나경원·박은수·신학용 국회의원님, 안성배 보좌관님을 비롯한 의원실 관계자 여러분, 이금로 전문위원님과 입법조사관님들, 성년후견제도 홍보에 큰 기여를 해 주신 전성철 기자님께 감사드립니다.

민법 개정 과정에서 많은 영감과 도움을 주신 독일의 Professor von Bar, 프랑스의 Professeur Grimaldi, Professeur Leveneur, 일본의 原優 法務省 民事局長, 內田貴 法務省 參与, 新井誠 敎授, 岡孝 敎授, 大村敦志 敎授, UNCITRAL의 이재성 변호사님께 감사드립니다.

어릴 적부터 법률가의 꿈을 키울 수 있도록 귀감이 되어주신 구병삭 교수님, 송상현 국제형사재판소(ICC) 소장님, 양창수 대법관님, 권오곤 구(舊)유고슬라비아국제형사재판소(ICTY) 부소장님께 감사드립니다.

미국에서 견문을 넓힐 수 있도록 도와주신 장승화 교수님, 김갑유 변호사님, 이성규 변호사님, Harvard Law School의 Professor Alford, Professor Whiting을 비롯한 여러 은사님들, Massachusetts Superior Court의 Honorable Cratsley, 절친한 벗 齊藤宏一 弁護士께도 감사드립니다.

부족한 저를 도와 민법개정사무국을 훌륭히 이끌어준 박하영·장준희·서정민 검사님, 소정수·이은철·표정률·문명상 법무관님, 전혜정 연구관님, 이지은·박수용·이선미 위원님을 비롯한 법무심의관실 동료 여러분께 감사드립니다. 또한 지금까지 법무부와 검찰청에서 많은 가르침과 도움을 주신 선배, 동료, 후배 검사님들께도 감사드립니다.

마지막으로 형언할 수 없는 사랑과 희생으로 저를 돌보아주신 아버지 고(故) 구병삼 교수님, 어머니 김양자 권사님, 사랑하는 가족들, 그리고 이 모든 것을 가능하게 해 주신 하나님께 감사와 영광을 돌립니다.

2012년 2월
구상엽

차 례

제1장 연구의 목적과 방법

2011. 2. 18. 성년후견제도 도입을 위한 민법개정안(이하 '민법개정안')이 국회를 통과하였다. 2011. 3. 7. 공포된 개정민법(법률 제10429호, 2013. 7. 1. 시행, 이하 '개정민법')은 1958년 민법 제정 이후 50여 년 만에 추진되고 있는 이른바 '단계적 민법 전면 개정'1)의 첫 결실일 뿐만 아니라 장애인과 고령자의 삶의 질을 획기적으로 개선하는 단초(端初)가 될 수 있다는 점에서 큰 의미를 가지고 있다.

성년후견제도란 재산이나 신상에 관한 사무를 처리할 능력이 부족한 사람을 위한 법적 지원장치로서 넓은 의미에서는 금치산·한정치산제도도 이에 포함된다고 볼 수 있다. 하지만 기존 후견제도는 부정적 낙인효과 등 여러 가지 한계를 극복하지 못한 채 그 역할을 제대로 하지 못했다. 복지국가·고령화사회에 접어들면서 본인의 의사와 현존능력을 존중할 수 있는 새로운 후견제도에 대한 갈망(渴望)이 커지게 되었고 마침내 민법 개정을 통하여 성년후견제도가 도입되게 된 것이다.

이번 민법 개정은 가급적 신속히 성년후견제도의 기틀을 마련하는 데 주안점을 두었기 때문에 앞으로 이를 어떻게 운용·발전시켜 나가는지에 따라 제도의 성패(成敗)가 결정될 것으로 예상된다. 따라서 본 연구에서는 성년후견제도의 성공적인 정착을 위한 이론적 토대를 마련하기 위하여 다음 세 가지를 목적으로 삼는다. 첫째로 성년후견제도의 이념적 기

---

1) 법무부는 민법 제정 이후 변화된 현실을 반영하기 위하여 민법을 '총칙 ⇒ 물권 ⇒ 채권 ⇒ 전체 체제 정비' 순으로 전면 개정하기로 하고 2009년 2월부터 민법 개정위원회와 민법개정사무국을 운영하면서 단계적으로 민법 개정을 추진하고 있다. 이번 개정은 재산편(제1편 총칙, 제2편 물권, 제3편 채권)이 주요 대상이나 성년후견제도와 같이 재산법과 가족법을 아우르는 부분도 포함되어 있다.

초를 다지기 위해서 과거와 미래의 연속선상에서 성년후견제도의 도입 배경과 본질을 규명하고자 한다. 둘째로 개정민법의 올바른 해석과 적용을 위해서 입법자의 의사를 정확히 파악하는 데 연구의 무게 중심을 두고자 한다. 민법 개정을 추진하는 과정에서 가장 어려웠던 점 중 하나는 입법자의 의도를 확인할 수 있는 자료가 부족했다는 것이다. 이미 만들어진 법을 제3자의 관점에서 사후적으로 해석하고 평가한 문헌은 많았으나, 입법자의 관점에서 "왜 이러한 법을 만들게 되었고, 어떤 취지에서 이러한 규정을 두게 되었으며, 그 규정이 어떻게 해석되길 의도했는가"를 고증(考證)할 수 있는 자료는 찾아보기 힘들었다. 따라서 본 논문에서는 민법 개정안의 기초(起草, draft)부터 국회 통과까지 입법 연혁(沿革)을 상세히 소개하고, 이와 유기적으로 연계하여 개정민법에 담겨있는 입법자의 의사를 규명하고자 한다.2) 셋째로 성년후견제도의 발전을 위해서 개정민법과 관련 제도가 개선해야 할 과제와 방향에 대해서도 화두(話頭)를 제시하고자 한다.

연구의 방법도 위 세 가지 목적에 대응하여 전개하는 방식을 취한다. 제2장에서는 성년후견제도의 도입 배경과 주요 쟁점을 소개한다. 제1절

---

2) '입법자'의 개념을 어떻게 볼 것인가는 매우 어려운 문제이다. 최종적으로는 입법부인 국회가 입법자라고 할 것이지만, 입법 과정에는 국회의원뿐만 아니라 여러 기관과 사람이 관여하게 된다. 개정민법도 5건의 의원 발의안과 정부안(법무부안)이 통합되는 과정에서 탄생한 것이며, 그 과정에서 학계·실무계의 전문가와 장애인단체 등 이해단체의 의견이 반영되었다. 따라서 본 논문에서는 법무부에서 민법 개정을 담당한 검사로서 모든 입법 과정을 목도(目睹)한 경험을 바탕으로 입법에 참여한 모든 사람들이 공감할 수 있는 공약수(公約數)를 추출해내고자 한다.
18대 국회에 제출된 성년후견제도 관련 법안에 관한 보다 자세한 내용은 국회 홈페이지<http://likms.assembly.go.kr/bill/jsp/BillDetail.jsp?bill_id=PRC_A1O 0I1A2Y0N6V1Z9K3E3Z3V5S5B3W2> 참조(이하 인터넷 자료는 2012. 1. 31. 최종 검색 결과를 반영한 것임).

에서는 먼저 성년후견제도의 개념적 정의와 더불어 '수요자 중심의 입법' 등 성년후견제도의 입법 철학을 밝히고 이후 모든 논리를 전개하는 도구(tool)로 활용할 것이다. 다음으로 어떠한 시대적 상황에서 성년후견제도가 추진되었는지를 국내외 사회 현상과 입법 동향, 금치산·한정치산제도에 대한 반성과 연계하여 살펴본다. 제2절에서는 성년후견제도 입법 과정에서 제기되었던 주요 쟁점과 정책적 판단 과정을 설명한다. 특히 입법자가 앞서 밝힌 입법 철학을 어떻게 일관되게 적용하여 성년후견제도를 설계하게 되었는지를 자세히 설시(說示)한다.

제3장에서는 개정민법의 규정을 입법자의 의사에 기초하여 분석한다. 제1절에서는 성년후견제도의 체제를 조망한 후 제2절부터 제5절까지 법정후견의 세 가지 유형인 성년후견·한정후견·특정후견과 임의후견인 후견계약을 후견의 개시부터 종료시까지 절차의 흐름에 따라 살펴보면서 개정민법의 내용과 해석상의 문제점, 실무의 바람직한 운용 방향 및 입법상 보완이 필요한 사항 등을 검토하기로 한다.

제4장에서는 개정민법에 직접 포함되지는 않았지만 성년후견제도의 성공적인 시행을 위해서 해결해야 할 관련 제도의 문제점과 개선 방향을 밝힌다. 제1절에서는 후견의 공정성과 접근성 강화를 위해서 후견의 심판 단계부터 후견인의 활동 단계까지 공적 영역과 사적 영역이 어떻게 유기적으로 협력해나가야 하는지 살펴본다. 제2절에서는 민법 개정과 더불어 필수적으로 정비해야 할 관계 법령의 문제점과 개선 방향을 관련 소송법, 공증인법, 후견등기법, 정신보건법 및 피후견인에 대한 각종 자격제한 규정을 중심으로 검토한다. 마지막으로 개정민법에서부터 민감한 문제로 다루어지고 있는 신상보호의 한계를 규명하기 위하여 신상보호의 극단적인 모습이라고 할 수 있는 연명치료중단을 중심으로 판례 및 입법 동향을 분석하고 성년후견제도의 새로운 활용 가능성을 모색할 것이다.

제2장 성년후견제도의 도입 배경과 주요 쟁점

제1절 성년후견제도의 의의 및 입법 배경

Ⅰ. 성년후견제도의 의의

1. 성년후견제도의 개념

개정민법상 성년후견제도란 장애, 노령 등에서 비롯된 정신적 제약으로 인하여 재산이나 신상에 관한 사무를 처리할 능력이 부족한 사람의 의사 결정이나 사무 처리를 돕는 법적 지원 장치를 말한다.[1]

우리 민법의 주된 이념은 '사적 자치(私的 自治)'이다. 즉 대등한 당사자가 자기 판단 아래 법적 관계를 맺고 그 결과에 책임을 지는 것을 원칙으로 한다. 하지만 자기 책임의 원칙이 관철되기 위해서는 먼저 당사자가 대등한 위치에 있어야 한다. 당사자의 대등성을 평가하는 가장 기본적인 지표는 판단능력이다. 민법상 판단능력은 크게 '의사능력'과 '행위

---

[1] 우리와 동일하게 '성년후견제도'라는 명칭을 사용하고 있는 일본에서는 그 정의를 "정신상의 장해(障害)에 의해 판단능력이 불충분하기 때문에 법률행위에 있어서 의사결정이 곤란한 사람에 관하여 그 판단능력을 보충하는 제도(필자 밑줄 추가)"라고 설명하고 있다(小林昭彦 外 5人, 『新成年後見制度の解說』, 社團法人 金融財政事情研究會, 2003, 3頁). 후술하다시피 우리 성년후견제도는 후견의 대상을 꼭 법률행위에 국한하지는 않는 것으로 보이므로 일본의 성년후견제도보다는 다소 외연(外延)이 넓은 것으로 보인다(이에 대한 보다 자세한 내용은 제3장 개정민법상 성년후견제도 분석 제2절 성년후견 Ⅱ. 성년후견인의 선임 및 직무 2. 성년후견인의 직무 중 나. 신상보호 부분 참조).

능력'으로 설명할 수 있다.

판례는 의사능력을 "자신의 행위의 의미나 결과를 정상적인 인식력과 예기력을 바탕으로 합리적으로 판단할 수 있는 정신적 능력 내지는 지능"이라고 정의하면서,2) 의사능력의 유무는 특정 시점의 법률행위마다 개별적으로 판단해야 한다고 판시하고 있다.3) 의사능력을 법률행위의 유효 요건으로 하는 조문을 두고 있는 독일 민법전(제105조)이나 프랑스 민법전(제414-1조)과는 달리 우리 민법전에는 의사능력에 관한 규정을 따로 두고 있지 않으나, 일반적으로 의사능력이 없는 상태에서 한 법률 행위의 효력은 부정되는 것으로 본다.4) 이러한 의사능력의 판단 기준과 효과 때문에 의사무능력자는 사안별로 의사능력의 흠결을 입증해야 하는 부담을 지며, 그 거래 상대방은 법률행위마다 일일이 의사능력 유무를 확인해야 하는 등 법적 지위가 불안해진다. 이러한 단점을 극복하기

---

2) 대법원 2009.1.15. 선고 2008다58367 판결 등 참조. 학계에서도 의사능력을 "자기의 행위의 의미나 결과를 정상적인 인식력(認識力)과 예기력(豫期力)으로써 합리적으로 판단할 수 있는 정신적 능력", "법률상 전지전능한 사람의 그것을 의미하는 것이 아니라 통상인이 가지는 정상적인 판단능력" 등으로 정의하고 있다(곽윤직, 『민법총칙』, 박영사, 2005, 83~84면; 김상용, 『민법총칙』 법문사, 2001, 154~155면).

3) "특히 어떤 법률행위가 그 일상적인 의미만을 이해하여서는 알기 어려운 특별한 법률적인 의미나 효과가 부여되어 있는 경우 의사능력이 인정되기 위하여는 그 행위의 일상적인 의미뿐만 아니라 법률적인 의미나 효과에 대하여도 이해할 수 있을 것을 요한다"고 판시하고 있다(대법원 2009. 1. 15. 선고 2008다58367 판결; 대법원 2002. 10. 11. 선고 2001다10113 판결).

4) 의사능력이 결여된 법률행위의 효력을 절대적으로 부정하는 견해에 대해서는 곽윤직, 『민법총칙』, 박영사, 2005, 84면; 김상용, 『민법총칙』, 법문사, 2001, 154면 참조. 하지만 최근에는 의사무능력자의 법률행위를 절대적 무효로 보는 대신 "일시적 의사무능력의 경우에는 표의자가 당해 법률행위를 추인하지 않은 때에만 무효로 보는 상대적 무효론을 도입해야 한다"는 주장도 제기되고 있다[제2기 법무부 민법개정위원회, 제1분과 제16차 회의(2010. 9. 30.) 중 이준형 위원 발언 부분 (내부 회의록 8~9면) 참조].

위하여 의사능력을 연령이나 법원의 선고 등 객관적 기준으로 획일화한 것이 바로 행위능력이다.5)

만약 판단능력이 현저히 차이나는 당사자 사이의 법률관계를 전적으로 사적 자치에 맡긴다면, 민법이 사적 자치를 통해 궁극적으로 구현하고자 하는 정의(正義)에 반하는 결과를 가져올 것이다. 이러한 부작용을 방지하기 위해 민법은 거래안전보다 선행하는 원칙으로 행위능력에 대해서 규정하면서, 미성년자나 법원에 의하여 판단능력이 부족한 것으로 선고된 사람이 독자적으로 한 법률행위는 취소할 수 있도록 하고 있다.6)

하지만 법률행위의 취소 가능성을 부여하는 것만으로는 행위무능력자7)를 보호하기에 미흡하다. 오히려 취소할 수 있는 법률행위가 양산(量産)될 경우 법적 안정성을 해치고 종국적으로는 행위무능력자를 사회에서 더욱 고립시키게 될 것이다. 행위무능력자 단독으로는 취소권이라는 방어 장치를 활용하기 어렵고, 거래 상대방은 법적 불안정을 이유로 아예 행위무능력자와 법률행위를 하는 것 자체를 회피하게 될 것이기 때문이다. 그래서 민법은 행위무능력자를 보다 적극적으로 보호하는 한편 안정적인 거래가 이루어질 수 있도록 행위무능력자가 제3자의 도움을 받아 법률행위를 할 수 있는 길을 열어두고 있다. 여기서 '제3자'란 친권자, 후견인을 의미하는데, 친권은 대부분 미성년자의 부모가 행사하게 되므로 행위무능력자에 대한 핵심적인 사회적 보호장치는 후견이라고

---

5) 곽윤직, 『민법총칙』, 박영사, 2005, 85~86면; 김상용, 『민법총칙』, 법문사, 2001, 155~156면.
6) 양창수·김재형, 『계약법』, 박영사, 2010, 567~568면 참조.
7) 개정 전 민법에서는 행위능력이 제한되는 사람의 통칭으로서 "무능력자"라는 용어를 사용하였다(제15조, 제16조 등). 그러나 개정민법에서는 무능력자라는 표현이 부정적 인식을 줄 수 있다는 이유로 "제한능력자"라는 용어로 대체하게 되었다(제15조, 제16조 등).

할 수 있다.

2. '성년후견제도'의 명명(命名) 경위

개정민법상 후견의 유형으로는 법정후견(미성년후견, 성년후견, 한정후견, 특정후견)과 임의후견(후견계약)이 있다.[8] 미성년자에 대해서는 전인격(全人格)적 보호, 교양이 필요하기 때문에 개정민법에서도 기존 민법과 마찬가지로 원칙적으로 친권자의 보호를 받도록 하되(제909조, 제911조, 제913조 내지 제915조), 친권자가 없거나 친권의 행사가 불가능한 때에는 미성년후견인을 두도록 규정하고 있다(제928조). 따라서 개정민법상 상당한 변화가 있거나 새로 도입되는 후견제도(성년후견, 한정후견, 특정후견, 임의후견)를 이용하는 사람들은 대부분 성인이라고 할 수 있다. 이러한 맥락에서 새로운 후견제도를 "성년후견제도"라고 부르게 되었다.[9]

---

8) 개정민법상 후견의 유형에 대해서는 제3장 개정민법상 성년후견제도 분석 중 제1절 후견제도의 체제 부분 참조.

9) 일본에서도 미성년후견제도와 대비된다는 의미에서 "성년후견제도"라는 명칭을 사용하게 되었다고 설명하고 있다(小林昭彦 外 5人, 『新成年後見制度の解説』, 社團法人 金融財政事情研究會, 2003, 3頁). 그 밖에 프랑스 민법 제11편 제2장에서는 "성년자에 대한 보호조치(Des mesures de protection juridique des majeurs)"라는 표제를 사용하고 있으며, 독일에서도 1990년 국회를 통과한 법을 "성년자를 위한 후견·감호제도 개정법(Gesetz zur Reform der Vormundschaft und Pflegschaft für Volljährige)"이라고 부르고 있다. 나아가 2010년 10월 일본 요코하마에서 열린 「2010년성년후견법세계대회(The World Congress on Adult Guardianship Law 2010, 이하 '성년후견법세계대회')」에서도 "성년후견(Adult Guardianship)"이라는 용어가 널리 사용되었다.
미성년자도 미성년후견 외의 후견제도를 이용할 수 있는지에 대해서는 해석상 논란이 있을 수 있는데 이에 대해서는 제3장 개정민법상 성년후견제도 분석 중 제1절 후견제도의 체제 부분에서 자세히 다루기로 한다.

3. 성년후견제도의 지도 이념

우리 헌법 제10조는 "모든 국민은 인간으로서의 존엄과 가치를 가지
며, 행복을 추구할 권리를 가진다"라고 명시하고 있는바, 이것은 포괄적
기본권으로서 인격권과 자기결정권의 기초가 된다.[10] 성년후견제도 역
시 위와 같은 헌법 정신을 이어받아 '본인의 의사와 현존능력의 존중'을
기본 이념으로 삼고 있다. '본인의 의사 존중'이란 피후견인이 후견의 일
방적인 객체로서가 아니라 존엄한 인격체로서 주체적으로 후견제도를
이용하고 자신의 삶을 영위해 나갈 수 있도록 해야 한다는 것을 의미한
다. '현존능력'이란 현재 본인이 보유하고 있는 정신적 능력으로서 후견
제도는 이를 최대한 존중하고 활용할 수 있도록 운용되어야 한다.[11]

외국에서는 전통적으로 성년후견제도의 이념을 필요성·보충성·정상

---

10) 김철수, 『헌법학개론』, 박영사, 1996, 251~252면; 백승흠, "성년후견제도와 자
  기결정권", 『비교법연구』 제1권, 2000, 291~292면.
11) 학계에서는 그동안 피후견인이 보유하는 능력을 나타내는 말로 "잔존능력"이라
  는 용어를 많이 사용해 왔다[송호열, "성년후견법제에 관한 연구", 동아대학교
  박사학위논문, 2002, 201면 이하; 小林昭彦 外 5人, 『新成年後見制度の解說』, 社
  團法人 金融財政事情硏究會, 2003, 5, 8, 20, 56, 79, 282頁; 일본「민법의 일부를
  개정하는 법률안, 임의후견계약에 관한 법률안, 민법의 일부를 개정하는 법률의
  시행에 따른 관계 법률의 정비 등에 관한 법률 및 후견등기 등에 관한 법률안에
  대한 부대결의(평성 11(1999)년 11월 24일 참의원법무위원회)」등 참조. 잔존
  능력의 정의에 대하여 자세히 설명하고 있는 자료는 찾기 힘드나, 본인이 현재
  가지고 있는 사실상의 정신적 능력으로서 행위능력이나 의사능력보다는 포괄적
  인 개념으로 생각된다]. 그러나 "잔존"이라는 단어가 얼마 남지 않아 곧 사그라
  질 수밖에 없는 것이라는 부정적 느낌을 주므로 보다 적극적이고 긍정적인 이미
  지를 나타낼 수 있도록 본 논문에서는 "현존능력"이라는 용어를 사용하기로 한
  다[일본의 아라이 교수도 위와 같은 이유로 잔존능력보다 현존능력이 보다 바람
  직한 용어일 수 있다는 견해를 피력한 바 있다. 아라이 마코토 교수 초청 한·일
  국제심포지엄, 국회의원 박은수·성년후견제추진연대 주관(국회도서관 소회의
  실, 2009. 7. 9.) 중 아라이 교수 특별강연 중].

화(normalization)의 원칙으로 설명해 왔다.12) 먼저 '필요성'이란 피후견인의 필요에 한하여 후견이 행해져야 한다는 원칙이다. 따라서 피후견인이 필요로 하는 이상으로 후견인이 간섭해서는 안 되고, 피후견인의 가족 등 주변인의 필요에 의해 후견이 이용되어서도 안 된다.13) '보충성'이란 피후견인의 사적 자치를 강조하는 것으로 본인이 주도할 수 있는 임의후견이나 위임이 우선적으로 활용되어야 하고, 그것으로 보호가 미흡한 상황에서야 비로소 법정후견이 발동될 수 있다는 것이다.14) '정상화'란 피보호자가 속한 사회의 다른 구성원과 대등하고 조화롭게 살 수 있도록 하는 것이다.15) 개정민법에서는 위와 같은 원칙들에 대한 일반 규정을 따로 두고 있지는 않으나, 여러 개별 규정에서 이러한 정신을 찾을

---

12) 프랑스, 독일, 일본, 미국 등 외국 성년후견제도의 이념에 관한 보다 자세한 내용은 백승흠, 『외국 성년후견제도의 실태 – 독일과 일본을 중심으로』, 법무부 연구용역, 2009, 7-11면; 송호열, "성년후견법제화의 기본원칙과 방향", 『동아법학』 제33호, 2003; Rebecca C. Morgan, "Least Restrictive Alternative, Limited Guardianship and the Ward's Autonomy Trends in the United States in the 21st Century", The World Congress on Adult Guardianship Law 2010(October 2-4, 2010, Yokohama, Japan) 참조.

13) 프랑스 민법 제428조 제2항에서 개인의 능력이 부족한 정도에 비례하여 개별적으로 보호조치를 하도록 한 것이나, 독일 민법 제1896조 제2항에서 후견이 필요한 임무에 한해 성년후견인이 선임될 수 있도록 한 것은 필요성의 원칙을 나타낸 것이다.

14) 프랑스 민법 제428조 제1항에서 성년자에 대한 재판상 보호조치는 임의대리, 장래보호위임계약 등 본인이 주도적으로 이용할 수 있는 수단에 의한 보호가 충분하지 않은 경우에만 이용할 수 있도록 한 것이나, 독일 민법 제1896조 제2항에서 법정대리인이 아닌 사람이 성년후견인과 마찬가지로 사무를 처리할 수 있는 경우에는 성년후견이 필요하지 않다고 규정한 것은 보충성의 원칙을 나타낸 것이다.

15) normalization은 덴마크의 지적장애인 부모들이 오래 전부터 주장해온 개념으로서 자신의 자녀들이 보호라는 명분 아래 사회에서 고립되고 배제되는 것보다는 사회의 구성원으로 살아갈 수 있기를 바라는 소망에서 비롯된 것이라고 한다(이주형, "성년후견제도", 『민족법학논집』 제4집, 2003, 234면).

수 있다. 가정법원이 피후견인의 재산이나 신상에 관한 후견인의 권한을
필요한 범위 내에서 결정하도록 하고, 임의후견이 발효될 경우 종전의
법정후견을 종료하도록 하며, 후견계약이 등기되어 있는 경우에는 본인
의 이익을 위하여 특별히 필요할 때에만 법정후견이 개시될 수 있도록
한 것 등은 후견의 필요성 내지 보충성의 원칙이 반영된 것이라고 평가
할 수 있다(제938조, 제959조의20 등).

위 3가지 원칙은 모두 본인의 의사를 존중하고 현존능력을 활용함으
로써 그의 복리를 극대화하는 것을 지향하고 있다. 여기서 복리에 대한
판단 기준으로는 사회 통념에 입각한 산술적 가치보다는 본인의 주관적
가치관과 행복이 우선되어야 한다는 점을 주의해야 한다. 또한 후견의
필요성과 보충성을 판단할 때에는 '법률상 조력'이라는 관점이 강조되어
야 한다. 따라서 주변인 등으로부터 '사실상' 조력을 받고 있더라도 피후
견인의 입장에서 법적으로 책임 있는 판단이나 안정적인 법률관계 형성
이 필요한 경우에는 여전히 후견이 필요할 수도 있다.[16]

II. 성년후견제도의 도입 배경

1. 복지국가·고령화사회 진입

21세기에 들어서면서 복지국가와 고령화사회에 대한 관심이 크게 높
아졌다. 복지국가(welfare state)란 "국가가 국민의 경제적·사회적 안녕의
보호와 증진에서 중요한 역할을 하는 정부"를 말한다. 이는 부(富)와 기
회를 공정하게 분배하고 인간다운 생활을 위하여 필요 최소한의 지원을

---

16) 최봉경, 『독일의 성년후견제도에 관한 연구』, 법무부 연구용역, 2009, 29면.

하는 것이 국가의 책무라는 이념에 근거하고 있다.[17] 고령화사회(aging society)란 "총인구 중에서 노령 인구의 비율이 증가하는 사회"로서 유엔 (UN)에서는 65세 이상 인구가 7퍼센트 이상인 것을 기준으로 삼고 있 다.[18] 우리나라는 이미 2000년에 65세 이상 인구가 7.1퍼센트에 달하는 고령화사회에 돌입했으며, 2018년에 위 노령 인구가 14퍼센트, 2026년 에 20퍼센트에 이를 것으로 예상되는 등 OECD 국가 중에서도 고령화 속도가 매우 빠른 편이다.[19]

복지국가로 가는 첫 걸음은 사회적 약자에 대한 관심이다. 그동안 성 장 위주의 경제 정책으로 인해 빈부 격차가 커지고 소외 계층의 상대적 박탈감이 심화되었다. 특히 정신장애인에 대한 학대나 착취 사례가 언론 에 보도되면서 이들에 대한 법적 보호장치 마련에 대한 목소리가 높아 졌다. 또한 의료 기술의 발달로 인해 평균 수명이 연장됨에 따라 노후 대책이 개인적으로나 사회적으로 큰 과제가 되었다. 특히 이른바 '치매

---

17) "복지국가" 한국 브리태니커 온라인, <http://preview.britannica.co.kr/bol/topic. asp?article_id=b10b0126a> "welfare state" Wikipedia Eglish <http://en.wikipedia. org/wiki/Welfare_state>.

18) 고령화가 심화되어 65세 이상 고령자가 14% 이상이면 '고령사회', 21% 이상이 면 '초고령사회'라고 부른다("고령화사회" 한국 브리태니커 온라인). <http://preview.britannica.co.kr/bol/topic.asp?article_id=rkb02a007>.

19) 통계청, 『장래인구특별추계결과』, 2005; 日本國立社會保障人口問題研究所, 『人口 統計資料集』, 2003; 원종학, "미국과 일본의 고령화 정책과 시사점", 『한국조세 연구원 제정포럼』, 2006, 47면; 이정래, "성년후견등록제도에 관한 소고" 『법학 연구』 제30집, 2010, 376~377면.

국가	도달 연도			증가 소요 연수	
	7%	14%	20%	7%⇒14%	14%⇒20%
일본	1970	1994	2006	24	12
프랑스	1864	1979	2019	115	40
독일	1932	1972	2010	40	38
이탈리아	1927	1988	2008	61	20
미국	1942	2014	2030	72	16
한국	2000	2018	2026	18	8

(癡呆)' 내지 '인식감퇴증(認識減退症)'[20]에 걸린 이후 어떻게 자신의 재산과 신체를 지킬 것인가에 대한 관심이 고조되었다. 결국 정신장애인, 고령자의 공통된 문제는 판단능력의 부족을 어떻게 제3자를 통해 보완할 것인가라고 할 수 있다. 과거에는 가족의 문제는 가정 내에서 해결한다는 동양적 사고에서 가족을 통한 보호가 주가 되었으나, 핵가족화가 일반화되고 가족간 이해관계의 대립이 많은 현대 사회에서는 국가가 관리 감독하는 후견제도에 대한 기대가 자연스럽게 커지게 된 것이다.

이미 우리 헌법에는 국가의 기본권 보장의무(제10조)와 사회보장·사회복지 증진의무 및 노인과 장애인의 복지향유권(제34조)을 명백히 하고 있으며, 이를 실현하기 위하여 장애인복지법과 노인복지법이 제정되어 시행되고 있다. 그 밖에도 장애인, 고령자의 복지와 관련된 각종 연금, 의료, 근로 관련 법령이 존재하나, 상호 중복 내지 괴리가 발생할 우려가

---

20) 치매는 지적 능력 내지 인식력(cognitive ability)이 만성적으로 점차 감퇴하는 증상을 말한다("치매" 한국 브리태니커 온라인; "dementia" Wikipedia Eglish). <http://preview.britannica.co.kr/bol/topic.asp?article_id=b21c0073a>; <http://en.wikipedia.org/wiki/Dementia>
그런데 한자의 의미상 癡呆는 '어리석다'는 뜻이므로 바람직한 용어가 아니라고 생각한다. 일본의 경우 2004년에 후생노동성의 용어 검토회에서 치매 대신 "인지증(認知症)"이라는 용어 사용을 제안한 이후 고령자 개호 분야부터 용어 환언이 시작되었고 2007년에 이르러서는 의학계 전반으로 확대되었다고 한다("認知症" Wikipedia Japan). <http://ja.wikipedia.org/wiki/%E8%AA%8D%E7%9F%A5%E7%97%87>
우리나라에서는 아직 "인지증"이라는 용어가 잘 사용되고 있지 않고 그 자체로 의미가 확실히 와 닿지 않는 감이 있다. "인지"는 ① 그 사전적 의미가 "인정하여 앎"이고, ② 이미 민법전 친족편에서 이미 고유한 법률용어로 쓰이고 있으며, ③ 일상생활이나 민법전의 용례(用例) 모두 "인정 내지 시인하다"의 의미가 강하다. 또한 "증"이라는 글자만으로는 능력이 점차 없어진다는 의미를 나타내기 어렵다. 따라서 본 논문에서는 "사물을 분별하고 판단하여 아는 일 또는 그 작용" 내지 "대상을 지각하는 것으로부터 분별, 판단, 기억, 사유에 이르기까지 광의의 의식 작용"이라는 사전적 의미를 가진 "인식"이라는 단어와 "감퇴"라는 말을 합성하여 "인식감퇴증(認識減退症)"이라는 용어를 사용하기로 한다.

있어 일원적으로 제도를 정비할 필요가 있다는 지적이 있다.[21] 하지만 각 법률의 소관 부서나 이해관계가 복잡하게 얽혀있기 때문에 법령의 통합은 오랜 시간 동안 지난(至難)한 과정을 거쳐야 한다. 성년후견제도는 위와 같은 제도 정비 과정에서 발생할 수 있는 공백을 메워줄 수 있는 훌륭한 대안이다. 성년후견은 후견인을 통한 개인적 지원이 중심이 되는데, 후술하다시피 후견인의 주된 역할은 법적 지원을 통해서 각종 사회복지서비스를 조정(coordinate)하는 것이므로 통합적인 사회복지를 실현하는 데 크게 기여할 것으로 기대한다.[22]

2. 사회복지 패러다임의 변화 – 이른바 '조치에서 계약으로'

복지국가 내지 고령화사회에서 성년후견제도가 주목받는 가장 중요한 이유 중 하나는 사회복지 패러다임(paradigm)의 변화이다. 사회복지학에서 이를 단적으로 나타내는 표어가 바로 "조치에서 계약으로"이다.[23] 과거에는 사회적 약자에 대한 배려가 국가의 시혜(施惠)적 조치로 인식되었다. 그 결과 복지서비스가 행정편의주의에 따라 공급자 중심으로 제공되었고, 무엇보다 복지서비스의 수급자가 사회적 열위(劣位) 계층으로 낙인되기 때문에 그 이용 자체를 꺼리게 되는 폐해를 가져왔다.[24] 이러한 문제를 해결하기 위하여 복지서비스의 이용자와 공급자 사이에 대등한

---

21) 오경희, "성년후견제도에 관한 연구 : 고령자 보호를 중심으로", 부산대학교 박사학위논문, 1999, 22면.

22) 성년후견인의 역할에 대해서는 제3장 개정민법상 성년후견제도 분석 제2절 성년후견 Ⅱ. 성년후견인의 선임 및 직무 중 3. 성년후견인의 직무 부분 참조.

23) 이명헌, "복지서비스 이용자의 애드보커시(Advocacy)를 위한 성년후견제도에 대한 연구", 『사회법연구』 제1호, 2003, 221~224, 236면.

24) 이명헌, "복지서비스 이용자의 애드보커시(Advocacy)를 위한 성년후견제도에 대한 연구", 『사회법연구』 제1호, 2003, 230면.

관계를 구축하여 이용자가 스스로 자신에게 맞는 복지서비스를 선택할 수 있도록 지원하는 시스템이 필요하게 되었다. 즉 당사자 사이의 계약을 통해서 권리의무 관계를 명확하게 함으로써 이용자의 지위를 보호해야 한다는 것이다.[25] 그런데 장애인이나 고령자 중에는 판단능력이 부족하여 각종 사무를 처리하는 과정에서 대등한 법률관계를 형성하기 어려운 사람이 많기 때문에 이를 보완하기 위한 장치로서 성년후견제도가 필요하게 된 것이다. 따라서 후견인의 주된 역할은 피후견인의 주거, 의복, 요양 등 사실행위를 직접 수행하는 것이라기보다는 피후견인의 신상, 복리를 위한 각종 니즈(needs)를 법률적 지원을 통해 본인이 주체적으로 충족시킬 수 있도록 하는 조정 기능이라고 할 수 있다.[26]

요컨대 사회복지의 패러다임에서 '계약'이나 '권리'의 개념이 강조되면서 더 이상 복지의 영역과 법률의 영역이 별개가 아니게 되었으며, 두 영역의 상호 보완 및 융화 현상의 중심에 바로 성년후견제가 떠오르게 된 것이다.[27]

---

25) 河野正輝, "地域福祉權利擁護の基本課題", 『法政』第66券 第2號, 1999, 6頁; 日本辯護士聯合會, 『契約形福祉社會と權利擁護の形態を考える』, 2002, 24頁; 이명헌, "복지서비스 이용자의 애드보커시(Advocacy)를 위한 성년후견제도에 대한 연구", 『사회법연구』 제1호, 2003, 221~222면.

26) 따라서 성년후견제도를 순수한 사회복지의 영역으로 보는 것은 본질에 맞지 않는 것이다. 이러한 주장은 성년후견의 영역이 신상보호까지 확대된 것에서 기인하는 것인데 신상보호의 본질 역시 법적인 사무와 밀접한 관계가 있다는 것을 간과해서는 안 될 것이다(신상보호 및 후견인 직무의 본질에 대해서는 제3장 개정민법상 성년후견제도 분석 제2절 성년후견 Ⅱ. 성년후견인의 선임 및 직무 3. 성년후견인의 직무 중 나. 신상보호 부분 참조).

27) 일본에서도 '조치에서 계약으로'라는 사회복지서비스 급부 시스템의 변화에 주목하고 있다. 즉, "성년후견제도는 일본의 사회복지제도에서 가장 중요한 인프라의 하나로 자리하게 되었고, 단지 민법 내지 가족법상의 제도를 넘어 사회복지 제반법과의 가교 역할을 하는 기능을 함께 가지게 된 것"이라며 중요한 의미를 부여하고 있다. 나아가 민법학계의 대다수가 성년후견을 민법의 틀 안에만 가둬 두려는 태도에 대한 비판도 대두되고 있다(上山泰, "成年後見の社會化につい

3. 금치산·한정치산제도에 대한 반성

　복지국가, 고령화사회, 성년후견제도에 대한 관심이 집중되기 이전에
도 판단능력이 부족한 사람에 대한 법적 지원 장치는 존재했다. 민법 제
정시부터 존재했던 금치산·한정치산제도가 바로 그것이다.[28) 정신적 제
약이 있는 사람을 대상으로 하고, 이들에 대한 보호를 거래안전보다 중
시하며, 법원의 공적인 선언을 통해 보호가 개시된다는 점 등에 있어서
성년후견제도와 금치산·한정치산제도는 유사한 측면이 있다. 따라서 넓
은 의미에서는 금치산·한정치산제도를 성년후견제도의 일종 내지 초기
모델이라고 생각할 수도 있다. 하지만 앞서 살펴본 바와 같이 새로운 성
년후견제도에서는 '본인의 의사와 현존능력의 존중'이 강조되면서 후견
의 다양성과 탄력성이 강화되었다. 또한 특정후견과 임의후견이 신설되
면서 후견의 개시는 곧 행위능력의 제한이라는 도그마(dogma)에서 탈피
하는 한편, 계약을 통한 후견이라는 임의후견도 새로 도입되었다. 따라
서 개정민법상 성년후견제도는 단순히 금치산·한정치산제도의 연속선
상에 있다기보다는 그 이념과 체제에 있어서 본질적인 변화와 발전이
있다고 평가할 수도 있다. 금치산·한정치산제도에 대한 반성 속에서 새

　て",『みんけん』第552號, 2003, 4頁; 新井誠·赤沼康弘·大貫正男,『成年後見制度
　　- 法の理論と實務』, 有斐閣, 2007, 14頁). 성년후견법세계대회에서도 사회복지
　　와 법적 영역의 통합 현상과 성년후견제도의 가교 역할이 강조된 바 있다[Ulrich
　　Becker, "Guardianship and Social Benefits", The World Congress on Adult
　　Guardianship Law 2010(October 2-4, 2010, Yokohama, Japan)].
28) 넓게 보면 판단능력이 부족한 사람에 대한 법적 지원장치에 미성년자에 대한
　　친권(제909조)이나 후견(제928조)도 포함된다고 볼 수 있다. 하지만 성년후견
　　제도의 명명(命名) 경위 부분에서 기술한 바와 같이 미성년자에 대한 후견은 성
　　인에 대한 후견과 성격이 다를 수 있으므로 성인을 주된 보호 대상으로 하는
　　성년후견제도와 관련해서는 금치산·한정치산제도를 집중적으로 비교 분석하고
　　자 한다.

로운 후견제도가 탄생하였다는 것은 부정할 수 없는 사실인 만큼 다음
에서는 금치산·한정치산제도가 가지고 있던 문제점을 개정민법상 성년
후견제도와 비교하여 살펴보기로 한다.

가. 부정적 낙인효과

입법 과정에서 장애인들을 직접 만나면서 느낀 금치산·한정치산제도
의 가장 큰 문제점은 부정적 낙인효과(stigma effect)였다. "금치산(禁治産),
한정치산(限定治産)"과 같은 부정적 용어의 사용과 과도한 행위능력의 제
한은 피후견인을 사회적 낙오자로 공인(公認)하여 본인과 가족들의 명예
를 해치고 피후견인을 사회에서 완전히 고립시키게 된다는 것이었다. 그
결과 우리나라에서는 금치산·한정치산제도의 이용이 극히 저조하였
다.[29] 이는 프랑스와 독일에서는 전 국민의 1퍼센트 이상이 후견제도를
이용하고 있는 것과 매우 대조적인 현상이다.[30] 또한 재산 다툼을 둘러

---

29) 최근 10년 동안 금치산한정치산 이용 현황은 아래 표와 같다(법원행정처, 『사
법연감』, 2002, 740면; 2003, 749면; 2004, 780면; 2005 830면; 2006, 840면;
2007, 904면; 2008, 834면; 2009, 797면; 2010, 819면; 2011, 823면 참조).

연도	접수건수	처리			
		합계	인용	기각	기타
2001	323	304	176	29	99
2002	421	373	208	31	134
2003	433	431	250	42	139
2004	473	457	274	46	137
2005	529	522	291	80	151
2006	663	602	303	96	203
2007	747	674	334	60	280
2008	804	711	391	48	272
2009	944	929	493	72	364
2010	1,024	1,002	515	97	390

30) 독일에서는 2000년대 초에 이미 후견(Betreuungsverfahren)이 100만 건에 육박하였고,
2009년에는 인구 8,100만 명 중 후견이 120만 건을 넘어섰으며, 프랑스에서도 2006년
경 후견제도 이용자가 인구의 1% 이상에 해당하는 약 70만 명에 달했다고 한다
["Germany" Wikipedia <http://en.wikipedia.org/wiki/Germany>; "Anzahl der Betreuten

싸고 피후견인의 재산권을 박탈하기 위한 수단으로 악용되는 사례가 많다는 점이 금치산·한정치산제도에 대한 부정적 인식을 더욱 악화시키게 되었다.[31] 따라서 민법 개정 과정에서는 "어떻게 하면 부정적 낙인효과를 완화할 수 있겠는가"를 일차적인 기준으로 삼아 정상화(normalization)의 이념을 실현할 수 있도록 성년후견제도를 설계하였다.[32]

나. 본인의 의사 및 현존능력 존중 미흡

금치산·한정치산제도는 본인, 즉 후견을 받고자 하는 사람의 의사를 존중하고 반영할 수 있는 장치가 부족하였다. 먼저 가사소송법상 금치산·한정치산 심판 과정에서 사건관계인을 심문하지 아니할 수도 있기 때문에(제45조) 본인의 의사가 정확히 확인되지 않은 상태에서 후견이 개시될 가능성이 있었다. 특히 민법상 후견인의 순위가 법정(法定)되어 있어(제933조, 제934조) 본인의 재산권을 박탈하기 위하여 후견이 악용될 우려가 컸다.

금치산자, 한정치산자의 행위능력을 획일적으로 과도하게 제한하는 문제도 심각하였다. 심신미약자를 대상으로 하는 한정치산제도의 경우 미성년자의 행위능력 규정이 준용되기 때문에 한정치산자는 후견인의 동의가 있어야만 확정적으로 유효한 법률행위를 할 수 있다(제8조, 제5조).

---

am Jahresende" Online-Lexikon Betreuungsrecht <http://wiki.btprax.de/images/5/5f/Betreuungszahlen.gif>; Jacqueline Jean/Agnès Jean, *Mieux comprendre la tutelle et la curatelle 2e édition*(Librairie Vuibert, 2008), p. 17. 참조].

31) 재산탈취를 목적으로 한 기존 후견제도의 실태에 대해서는 송호열, "성년후견법제에 관한 연구", 동아대학교 박사학위논문, 2002, 18~19, 26, 36~37면; 서울고등법원 1009. 7. 15. 97재나621 결정 등 참조.

32) 2009년 실시한 대국민 여론조사 결과 ① 금치산·한정치산제도에 대해서는 용어의 부적절성 등을 이유로 한 부정적인 인식이 94.7%를 차지했고, ② 새로운 후견제도에 대해서는 찬성하는 입장이 90%에 달했다(법무부, 『성년후견제도 도입에 대한 국민의식조사 보고서』, 한국 갤럽, 2009, 7~10면).

후견인의 동의 없이 한정치산자가 독자적으로 법률행위를 할 수 있는 예외도 있으나, 권리만을 얻는 행위 등으로 대상이 한정되거나 후견인의 사전 허락을 필요로 한다는 점에서 매우 제한적이다(제5조 제1항 단서, 제6조, 제8조). 심신상실자를 대상으로 하는 금치산제도의 경우에는 위와 같은 예외마저 없기 때문에 일부 신분행위를 제외하고는 금치산자가 스스로 행한 모든 법률행위는 취소할 수 있다(제13조).

하지만 사람에 따라 심신미약의 정도는 다양할 수 있기 때문에 경직된 한정치산제도는 불합리한 결과를 가져올 수 있다. 예컨대, 사회생활을 영위하는 데 큰 불편함이 없는 지적장애인의 경우 거주용 부동산의 처분이나 상속 등 중요한 사안에 대해서만 후견을 받으면 충분한데도 한정치산선고를 통해 모든 법률행위를 제약하는 것은 부당하다. 금치산제도의 경우 심신상실자 내지 의사무능력자로 그 대상을 한정한다고는 하나, 이 역시 명확한 기준이 되기는 어렵다. 먼저 심신상실 여부를 판단하는 데 있어 중요한 근거가 되는 정신감정에 있어서도 의학적으로 정신 질환이나 판단능력의 정도에 대한 기준이 객관화되어 있는 것은 아니다.[33] 더욱이 판례상 당해 법률행위에 특별한 법률적인 의미나 효과가 부여되어 있는 경우에는 일상적인 의미뿐만 아니라 법률적인 의미나 효과에 대해서도 이해할 수 있어야 비로소 의사능력이 인정되기 때문에[34] 개별 사안에서 의사능력의 유무에 대한 법적인 판단은 매우 어려운 일이다. 특히 고령자의 경우에는 정신능력이 점진적으로 쇠퇴하기 때문에 획일적으로 선을 그어 행위능력자와 금치산·한정치산을 구분하는 것 자체가 곤란하다.[35]

---

33) 김이영, "정신보건의 문제점들 (Ⅰ)", 『정신건강연구』 제10집, 1991, 157면; 大曹根 寬, 『成年後見の社會福祉法制』, 法律文化社, 2000, 134頁; 신은주, "우리나라에서 성년후견제도의 도입", 『한국의료법학회지』 제17권 제6호, 2009, 35면.
34) 대법원 2009. 1. 15. 선고 2008다58367 판결.

따라서 개정민법에서는 후견개시 심판을 할 때 본인의 의사를 고려해야 한다는 원칙을 명시하였고(제9조 제2항, 제12조 제2항, 제14조의2 제2항), 후견의 유형을 다양화하는 한편 각 후견의 유형 내에서도 개별 사안에 따라 후견의 내용을 탄력적으로 정할 수 있도록 하는 등 자기결정권과 현존능력을 존중하도록 하였다.[36]

다. 이용 주체 및 후견 영역의 제한

금치산·한정치산제도는 행위능력을 전면적으로 제한하기 때문에 상당한 정도의 판단능력 부족을 전제로 한다. 만약 경미한 정신적 제약을 가진 사람에게 한정치산을 선고한다면 행위능력을 과도하게 제한할 우려가 있기 때문이다.[37] 또한 현재 판단능력이 저하된 상태에 있음을 요건으로 하기 때문에 본인이 미래에 대비하여 스스로 후견을 설계하는 것은 불가능하다.

그러나 판단능력이 크게 부족하지 않은 경우에도 재산이나 신상과 관련하여 중요한 행위를 할 때에는 후견인의 도움이 필요할 수 있다. 특히 고령화사회에 접어들면서 인식감퇴증 같은 후천적 정신장애에 대한 대처 방안이 중요한 문제가 되었기 때문에 본인이 직접 장래의 정신능력 저하에 대비하여 신뢰할 수 있는 사람을 후견인으로 지정하고 후견의 내용도 스스로 정할 수 있는 제도에 대한 욕구가 커지게 되었다. 개정민

---

35) 신은주, "우리나라에서 성년후견제도의 도입",『한국의료법학회지』제17권 제6호, 2009, 30면.
36) 이에 대한 보다 자세한 내용은 제3장 개정민법상 성년후견제도 분석 부분 참조.
37) 한정치산과 관련해서는 '재산의 낭비자'도 대상으로 한다는 점에서 부당하게 범위가 확장되었다는 비판도 가능하다. 이것은 우리 민법 제정 당시 과거 프랑스 민법이나 일본 민법에 있던 준금치산제도(quasi-interdiction)의 영향을 받은 것으로서 오늘날에는 더 이상 통용될 수 없는 것이다(양창수, "성년부조제도-한정치산·금치산",『고시연구』1994, 63면; 신은주, "우리나라에서 성년후견제도의 도입",『한국의료법학회지』제17권 제6호, 2009, 34면).

법에서는 경미한 정신적 제약을 가진 사람도 후견제도를 이용할 수 있도록 한정후견의 이용 주체를 대폭 확대하는 한편 후견의 기간이나 대상이 특정되는 특정후견제도를 신설하였으며, 장래에 대비하여 본인이 직접 후견의 기초를 설계할 수 있는 임의후견제도를 도입하였다.[38]

후견의 영역과 관련하여 금치산·한정치산제도는 주로 후견인이 법률행위의 대리나 동의를 통해 피후견인의 재산관리를 돕는 방식으로 운용되는 한계가 있었다. 그러나 피후견인의 복리를 충분히 실현하기 위해서는 비(非)법률행위나 신상에 관해서도 후견이 필요한 경우가 생길 수 있다. 그래서 개정민법에서는 후견인의 직무를 신상보호까지 확대할 수 있는 근거를 명시하되, 그 요건과 절차를 엄격히 함으로써 피후견인의 자기결정권과 조화될 수 있도록 하였다(제938조, 제947조, 제947조의2).[39]

라. 후견의 전문성 및 공정성 부족

금치산·한정치산제도에서는 기술한 바와 같이 후견인의 순위가 법정되어 있어 공정성이 결여된 후견인이 선임될 우려가 있었다. 또한 자연인 한 사람만 후견인이 될 수 있었기 때문에 후견인의 전문성을 높이기 어려웠다.[40] 개정민법에서는 후견인의 법정 순위를 폐지하고 법인·복수 후견인제도를 신설함으로써 후견의 공정성을 담보하는 한편 전문후견법인 양성과 복수 후견인 간의 업무 분담이 가능하도록 하였다.[41]

---

38) 이에 대한 보다 자세한 내용은 제3장 개정민법상 성년후견제도 분석 부분 참조.
39) 개정 전 민법에서도 금치산자의 요양·감호에 관한 후견인의 주의의무 등에 관한 규정이 있었으나(제947조), 그 취지와 적용 범위에 관해서 견해가 대립되어 왔다. 기존의 학설 대립과 개정민법상 신상보호 관련 규정에 대해서는 제3장 개정민법상 성년후견제도 분석 제2절 성년후견 II. 성년후견인의 선임 및 직무 3. 성년후견인의 직무 중 나. 신상보호 부분 참조.
40) 장현옥, "우리나라 후견제도의 문제점과 개선방향", 『아세아여성법학』 제3호, 2000, 157면; 백승흠, "현행 성년자보호를 위한 제도의 문제점과 대안으로서 성년후견제도", 『민사법학』 제24호, 2003, 412면.

4. 민법 개정의 추진

우리나라에서는 오래 전부터 장애인단체를 중심으로 성년후견제도 도입이 요구되어 왔다.[42] 17대 국회에는 2006년과 2007년에 성년후견제도 도입을 위하여 이은영 의원과 장향숙 의원이 각 대표 발의한 민법개정 안들이 제출되었으나, 2008년에 국회 임기 만료로 폐기되었다. 이후 장애인단체에서는 17대 대통령 선거 후보들에게 성년후견제도 입법을 청원하였고,[43] 이명박 후보가 대통령으로 취임하자 성년후견제도 도입이 국정과제로 선정되어 정부 차원에서 입법에 박차를 가하게 되었다. 마침 법무부는 '민법의 선진화, 국제화'라는 목표 아래 민법 개정을 추진하고 있었는데, 민법 개정을 통해 성년후견제도를 도입하기로 결정되면서 법무부가 주도적으로 입법을 추진하게 되었다.[44]

---

41) 이에 대한 보다 자세한 내용은 제3장 개정민법상 성년후견제도 분석 제2절 성년후견 Ⅱ. 성년후견인의 선임 및 직 중 1. 성년후견인의 선임 부분 참조.

42) 성년후견제도 입법을 청원해 온 대표적인 장애인단체로는 한국장애인부모회, 성년후견제추진연대 등이 있다. 한국장애인부모회는 1985년에 장애인 자녀를 둔 부모들이 자녀의 교육과 재활을 위하여 설립한 단체이며, 성년후견제추진연대는 2004년에 17개의 장애인단체, 노인단체 등이 성년후견제도 도입을 위하여 결성한 모임이다[한국장애인부모회 홈페이지 <http://www.kpat.or.kr/>; 함께걸음, 「성년후견제추진연대 출범」 (2004. 11. 1.), <http://www.cowalknews.co.kr/news/articleView.html?idxno=2933>].

43) 에이블뉴스, 「성년후견제 반영된 민법개정 환영」 (2011. 2. 21.), <http://www.ablenews.co.kr/News/NewsContent.aspx?CategoryCode=0011&NewsCode=0011201
10221152740837875>

44) 법무부는 학계와 실무계의 의견을 수렴하기 위하여 2009년에 교수, 판사, 변호사 등 37명의 법률 전문가로 구성된 민법개정위원회를 발족하였으며, 성년후견제도는 민법개정위원회 6개 분과 중 제2분과(행위능력분과)에서 검토를 담당하였다[법무부 보도자료, 「우리 민법, 제정 반세기만에 본격 손질」 (2008. 10.); 법무부 보도자료, 「법무부, 민법개정위원회 출범」 (2009. 2.) 참조]. 또한 입법 과정에서 성년후견제도의 주된 수요자인 장애인의 의견을 청취, 반영하기 위하여 필자를 비롯한 법무부 검사들이 장애인단체와 민법개정위원회를 오가며 가

5. 국제적 입법 동향

가. 프랑스

프랑스는 1968년에 민법상 금치산·준금치산제도 대신 새로운 성년후견제도를 도입하였다. 구체적으로는 기존의 금치산(interdiction), 준금치산(quasi-interdiction) 제도를 후견(tutelle), 부조(curatelle) 제도로 개선하고 사법보우(司法保佑, sauvegarde de justice)를 도입하였는데, 다른 서구 국가들이 1980년대 이후부터 비로소 성년후견제도를 본격적으로 제도화한 것에 비교하면 선도적 입법이라고 할 수 있다.[45]

그러나 인구 고령화 현상이 더욱 심화되면서 성년후견제도를 필요로 하는 사람은 급증하는 반면 후견법관 등 전문인력은 부족하다는 문제점과 본인이 사전에 실질적으로 필요한 보호조치를 마련할 수 있는 후견위임계약을 도입할 필요가 있다는 지적이 제기되어 왔다. 그래서 2007년에는 민법전의 "성년 및 법률에 의하여 보호되는 성년자(De la majorité et des majeurs protégés par la loi)" 관련 규정이 대폭 정비되었다.[46]

2007년 개정법에서는 성년후견의 기본틀인 후견, 부조, 사법보우의 형태는 그대로 유지하면서 필요성, 보충성, 비례성의 원칙을 강조하였다. 즉, 낭비(prodigalité), 게으름(oisiveté) 등을 보호조치의 개시 사유에서 배제하였고, 장래보호위임계약 등에 의해서 보호가 불충분할 경우에만 강제성이 강한 보호조치를 선고할 수 있도록 하였으며, 피후견인의 능력이

교(架橋) 역할을 했다.

45) 명순구,『프랑스의 성년후견제도』, 법무부 연구용역, 2009, 6면. 번역상 "후견", "부조", "사법보우"의 용어 선택 경위에 대해서는 위 연구용역 61면 참조.

46) H. Vincent, *Majeurs protégés au ler janvier*, 2009(Edition Francis Lefebvre, 2009), n° 2; H. de Richemont, *Rapport - Réforme de la protection juridique des majeurs*(Sénat, n° 212, 2006-2007), p. 26, 29; 명순구,『프랑스의 성년후견제도』, 법무부 연구용역, 2009, 22~24면.

부족한 정도에 따라 보호의 방식과 내용을 개별적으로는 정하도록 규정
했다. 피보호자가 원칙적으로 자신의 신상에 관한 사항을 단독으로 정하
도록 하고 장래보호위임계약을 신설하는 등 피보호자의 신상(personne)에
대한 보호도 강화하였다. 또한 후견관리인 등 전문적으로 후견 업무를
담당하는 직업인의 자격과 요건을 통일적으로 규율하기 위하여 성년보
호사법수임인(mandataire judiciaire à la protection des majeurs)으로 단일화하면서
그 자격 요건을 특별법으로 정하였으며, 검사에게도 후견법관처럼 보호
조치에 대한 일반적인 감독권한을 부여하는 등 후견과 관련된 주체들의
전문성을 제고하고자 하였다.47)

나. 영미

영국은 1983년 법정후견에 해당하는 정신보건법(The Mental Health Act)
을 제정하였으나, 탄력성이 없는 경직된 후견이라는 문제를 해결하기 위
해서 1985년에 지속적 대리권법(The Enduring Power of Attorney Act, 이
하 'EPA')을 제정하였다. 기존의 대리인제도는 본인이 무능력자가 되면
대리권도 소멸하였으나, EPA에 의하면 본인의 판단능력이 소멸되더라
도 대리인이 활동할 수 있도록 한 것이다.48) 그런데 EPA의 경우 재산관

---

47) 명순구, 『프랑스의 성년후견제도』, 법무부 연구용역, 2009, 24~32면. 참고로 프
랑스에서 후견제도와 관련된 검사의 지위와 권한은 매우 막강하다. 예컨대, 관할
내에서 이루어지는 보호조치에 관한 총체적 감시 임무를 맡고 있고, 후견판사와
동등한 자격으로 보호대상자나 보호요구의 대상이 된 사람들을 방문하거나 소
환할 수 있으며, 검사의 소환이 있으면 보호 임무를 지닌 사람들은 출두해서 자
신이 얻은 모든 정보를 알려줄 의무가 있다[Jacqueline Jean·Agnès Jean, *Mieux
comprendre la tutelle et la curatelle 2e édition*(Librairie Vuibert, 2008), pp. 43
~44, p. 152].
48) Bartlett, *The Mental Capacity Act*, 2005(Oxford University Press, 2005); 제철
웅·박주영, "성년후견제도의 도입논의와 영국의 정신능력법의 시사점", 『가족법
연구』제21권 3호, 2007, 285면; 제철웅·오시영·백승흠·박주영, 『행위무능력제

리만 보호영역으로 할 수 있어 신상보호에 대한 필요성이 계속 제기되었고, 법원의 감독기능이 제대로 작용하지 않는다는 문제점이 지적되어 왔다. 이를 해결하기 위하여 법률위원회(Law Commission)의 장기적인 검토를 거쳐 2005년에 마침내 정신능력법(The Mental Capacity Act)이 제정되기에 이르렀다. 여기서는 재산관리뿐만 아니라 신상보호까지 가능한 영속적 대리권제도(The Lasting Powers of Attoney)를 창설하였다.[49]

미국 후견제도의 뿌리는 이른바 '국친관할권(parens patriae)'에서 찾을 수 있다. 국친관할주의에 의하여 미국의 주(state)는 강력한 후견적 역할을 할 수 있는 근거를 가지게 되었고 그 결과 후견인을 임명하는 것도 주의 권한으로 받아들여졌다. 1969년 통일 검인법(Uniform Probate Code 1969)도 위와 같은 국친관할 정신이 반영된 것으로 피보호자의 수혜(beneficence)와 보호(protection)를 강조했고 성년 장애인의 후견인은 미성년자의 부모와 같은 권한과 의무를 지니는 것으로 보았다.[50] 이러한 전통적 후견제도에 대한 새로운 접근과 개혁은 1970년대부터 시작되었다. 통일주법(州法)위원회와 같은 국가협의회가 이를 주도하였고 미국법률가협회도 성년후견제도가 가지는 파급력과 현행 제도의 문제점을 지적하였다. 그 결과 1979년에는 통일 지속적 대리권법(Uniform Durable Power of Attorney Act 1979)이 제정되었다. 이후 후견 감독 등에 대한 보다 발전적인 논의가 계속되었고, 1997년에는 성년후견제도의 절차적 개선 방향과 모델을 제시하는 통일 후견 보호 절차법(Uniform Guardianship and Protective

도의 재검토 – 성년후견 도입을 중심으로』, 법무부 연구용역, 2007, 11~18면.

49) 백승흠, "성년후견제도에 관한 연구 – 독일과 영국을 중심으로", 『가족법연구』 제12호, 1998, 487~492면; 제철웅·박주영, "성년후견제도의 도입논의와 영국의 정신능력법의 시사점", 『가족법연구』 제21권 3호, 2007, 287~292면.

50) Whitton, Linda, "Surrogate Decision Making in an Aging World: Legal, Policy and Practical Challenges", 『한·미 성년후견법제의 발전』, 한양대학교 법학연구소, 2011, 8면.

Proceedings Act 1997) 개정이 이루어졌다.[51]

다. 독일

독일은 1990년에 현행 성년후견제도의 기틀이 되는 성년후견·감호개정법(Gesetz zur Reform der Vormundschaft und Pflegschaft für Volljährige)을 제정하여 1992년부터 시행하였는데, 이는 민법상 무능력자제도, 후견제도 등을 대폭 개정하는 것이었다.[52] 여기서는 후견(Vormundschaft)과 감호(Pflegschaft)를 'Betreuung'이라는 개념으로 통합하였다. 즉 후견의 유형을 법에서 구분하지 않고 재판부에서 사안별로 후견의 내용을 정하는 일원적 후견제도를 지향하고 있으며 행위능력을 박탈하지 않는 것을 원칙으로 하고 있다.[53] 또한 프랑스의 성년후견제도 발전 과정에서와 마찬가지로 필요한 범위에서만 후견인의 도움을 받도록 한 '필요성의 원칙'과 다른 법적 보호장치가 없을 때 비로소 후견이 개시될 수 있다는 '보충성의 원칙'도 강조되었다. 이러한 새로운 성년후견법의 시행으로 성년후견을 받는 사람이 급증하게 되자 전문적 직업후견인의 자격, 후견인의 보수 등의 문제를 해결하기 위해서 1999년, 2005년 두 차례에 걸쳐 성년후견법이 개정되었

---

51) 이덕환, "미국에 있어서 성년후견제도의 개혁", 『한양법학』 제11집, 2000, 3~19면; 이병화, "성년후견제도의 도입에 따른 국제후견법의 재고찰", 『비교사법』 제13권 제3호, 2006, 94~95면.
52) 최봉경, 『독일의 성년후견제도에 관한 연구』, 법무부 연구용역, 2009, 6~7면; 제철웅·오시영·백승흠·박주영, 『행위무능력제도의 재검토 - 성년후견 도입을 중심으로』, 법무부 연구용역, 2007, 60~62면.
53) 행위능력을 박탈하지 않고 일상적 법률행위에 대해 후견인의 동의를 요하지 않도록 함으로써 결과적으로 거래 상대방은 법률행위의 효력 유무에 대해 신경쓰지 않고 보다 안심하고 거래할 수 있게 되었다. 이러한 점에 주목하여 독일 개정법은 거래안전을 확충한 것이라는 보는 견해도 있다[Jürgens·Kröger·Marschner·Winterstein, *Das neue Betreuungsrecht*(1999), Rn. 186; 김성숙, "성년후견법의 비교법적 고찰", 『가족법연구』 제12호, 1998, 521면].

다. 또한 2009년의 제3차 개정에서는 피후견인에 대한 의료행위에 관한 구체적인 규정까지 두게 되었다.[54]

독일의 성년후견제도의 이해와 관련하여 한 가지 유념할 것이 있다. 성년후견인이 선임되었다는 것만으로 피후견인의 행위능력이 제한되지 않는 것은 분명하나, 피후견인의 신상이나 재산에 대한 현저한 위험을 피하기 위해서 후견인의 사전동의를 받도록 하는 동의 유보가 가능하기 때문에 사실상 부분적으로는 행위능력의 제한을 가할 수 있다는 것이다.[55] 결국 독일의 성년후견제는 성년후견 그 자체만으로 '신분'으로서 행위능력을 제한하지 않겠다는 것이지 개별 사안에서까지 전혀 행위능력이 제한될 수 없다는 것을 의미하는 것은 아니다. 따라서 독일의 일원적 성년후견제가 행위능력의 제한과 전혀 무관하다고 표현하는 데에는 신중해야 할 것이다.[56]

---

54) 최봉경, 『독일의 성년후견제도에 관한 연구』, 법무부 연구용역, 2009, 6~10면.
55) 독일 법무부의 후견제도 해설서에서도 "후견인의 선임으로 인해 피후견인이 행위무능력자가 되는 것이 아니다. 그가 한 의사표시의 효력은 다른 사람들의 경우와 마찬가지로, 그가 (의사표시의) 본질, 의미, 중요성을 이해하고 그에 따라 자신의 행위를 할 수 있는지에 따라 결정되는 것이다. 물론 많은 경우 피후견인은 자신의 행위의 의미를 이해하지 못한다. 그 때에는 후견인 선임과 관계없이 '자연적인 의미'에서 그는 행위무능력이라고 할 것이다(민법 제104조 제2호). 후견법이 요부조자의 법률적 행위능력에 아무런 영향을 주지 않는다는 원칙에는 중대한 예외가 하나 존재한다: 법원이 개별적인 사무범위에 있어 동의 유보를 명한 때에는, 이에 의해 법률상 거래의 참여가 제한된다. 동의의 유보는 (예컨대) 피후견인이 개별 사안에서 입증책임을 부담하는 행위무능력을 증명하지 못하여 손해가 되는 거래에 구속되는 일이 생기지 않도록 하기 위해서 명하여지기도 한다"고 해석하고 있다. 즉 현행 성년후견제도에서도 민법 제104조 제2호와 동의 유보에 의해서 행위능력이 사실상 제한될 수 있는 가능성을 인정하고 있는 것으로 보인다[Bundesministerium der Justiz, *Betreuungsrecht*(2009), S. 8-9].
56) Brox, *Allgemeiner Teil Des BGB*(1994), Rn. 249a, 249b; Köhler, *BGB· Allgemeiner Teil*(1996), § 17 Rn. 7; Schwab, *Münchener Kommentar*(1992), § 1902 Rn. 5, § 1903 Rn. 1; Medicus, Allgemeiner Teil Des BGB (1997), Rn. 547;

라. 일본

일본은 1999년에 성년후견제도가 도입되었는데, 민법뿐만 아니라 임의후견계약을 위한 법률, 민법의 일부를 개정하는 법률의 시행에 수반하는 관계 법률의 정비 등에 관한 법률, 후견등기 등에 관한 법률 등 총 4개의 법률이 제·개정되었다.[57] 일본의 성년후견은 민법에 후견, 보좌, 보조의 3가지 유형의 법정후견을 규정하고 있고, 임의후견계약을 위한 법률에 임의후견제도를 규정하고 있다.[58]

우리 성년후견제도는 3가지 법정후견 유형을 두고 있다는 점에서는 일본과 유사하지만, 일본의 보좌, 보조를 통합한 것에 해당하는 한정후견을 두고 일본에는 없는 특정후견을 신설했다는 점에서 차이가 있다. 또한 임의후견을 별도의 특별법에서 규율하지 않고 민법전에서 법정후견과 같이 규율하고 있다는 점도 일본과 다른 점이다.

마. 유엔장애인권리협약

장애인의 권익 보호를 위한 위와 같은 각국의 노력과 더불어 2006년에는 유엔 총회에서 장애인의 권리와 존엄을 보호하기 위한 장애인권리

한봉희, "독일의 成年後見制度小考",『아세아여성법학』제3호, 2000, 41면. 나아가 독일의 후견인은 동의권이나 취소권을 가지는 이상으로 대리권 행사를 통해 본인에게 막대한 영향을 줄 수 있으므로 독일법이 피후견인의 행위능력을 박탈하지 않는다는 것은 "과대 평가"되었다는 견해도 있다(송호열, "성년후견법제에 관한 연구", 동아대학교 박사학위논문, 2002, 225면).

57) 일본에서 성년후견제도의 입법에 대한 논의가 촉발된 것은 1995년이다. 법무대신의 자문기관인 법제심의회의 민법부회 재산법 소위원회에서 성년후견제도에 대한 검토가 필요하다는 결정이 있은 후, 관련 연구를 위해 법무성 민사국 안에 성년후견문제연구소를 설치한 것이 그 시발점이 되었다고 할 수 있다(小林昭彦 外 5人,『新成年後見制度の解說』, 社團法人 金融財政事情硏究會, 2003, 12頁).

58) 일본의 성년후견제도에 대한 보다 자세한 내용은 이재경·카나 모리무라,『일본의 성년후견제도에 대한 연구』, 법무부 연구용역, 법무부, 2009 참조.

협약을 채택하였다. 협약 참가국들은 장애인이 인권과 법적 평등권을 온전히 향유하도록 할 책무를 가진다.[59] 협약에서는 평등, 차별금지,[60] 법 앞의 동등한 인정(Article 12 Equal Recognition Before the Law)[61] 등을 강조하면서 장애인의 법적 능력(legal capacity)을 차별하는 것을 금지하고 있다. 우리나라에서는 2009년에 위 협약이 발효되었으며, 정기적으로 협약의 이행 상황을 유엔에 보고하도록 되어 있다. 그런데 기존 금치산·한정치산 제도는 장애인의 법적 능력을 차별한다는 문제 제기가 끊임없이 있어왔는바, 정부에서는 이러한 의혹을 불식시키기 위하여 성년후견제도 도입을 적극적으로 검토하게 되었다.[62]

---

59) "Convention on the Rights of Persons with Disabilities" Wikipedia English <http://en.wikipedia.org/wiki/Convention_on_the_Rights_of_Persons_with_Disabilities>.

60) United Nations Enable, DRAFT CONVENTION ON THE RIGHTS OF PERSONS WITH DISABILITIES, ARTICLE 5-EQUALITY AND NON-DISCRIMINATION <http://www.un.org/esa/socdev/enable/rights/ahc8adart.htm#art5>.

61) United Nations Enable, DRAFT CONVENTION ON THE RIGHTS OF PERSONS WITH DISABILITIES, ARTICLE 12-EQUAL RECOGNITION BEFORE THE LAW <http://www.un.org/esa/socdev/enable/rights/ahc8adart.htm#art12>.

62) 학계에서도 "협약에 성년후견제 도입에 관한 명문의 규정은 없으나 UN장애인권리협약의 정신은 장애인을 위한 성년후견제의 도입을 요청하는 것이라고 해석된다. 이 협약에 상응하는 조치로서 성년후견제의 도입이 반드시 필요하다"는 주장이 제기되었다. 이은영, 『성년후견제와 UN장애인권리협약과의 관계』, 법무부 연구용역, 2009, 1~2면.

제2절 주요 쟁점 및 정책적 판단

I. 서설

입법 과정에서 가장 어려운 순간은 서로 양립할 수 없으며 우열을 가릴 수 없는 방안 중 하나를 선택해야 할 때이다. 흔히 이러한 문제를 이른바 '정책적 판단'이라고 하는데, 통상 정답이 있는 것이 아니기 때문에 장기간 논의가 거듭되다가 결정적 순간에 전격(電擊)적으로 결론이 나는 경우가 적지 않다. 매 순간의 정책적 판단은 어느 쪽으로 결론이 나든 나름의 논거가 있는 것이기 때문에 특별히 잘못되었다고 할 수는 없다. 하지만 오랜 시간에 걸쳐 여러 가지 정책적 판단이 이루어질 경우 논의의 참여자나 분위기가 매번 바뀔 수 있기 때문에 일관된 입법 철학과 논리가 없는 경우 정책적 판단들 사이에 정합성이 떨어질 수도 있다.[63]

성년후견제도 도입 과정에서 기본적인 철학은 '수요자 중심의 입법'이었다. 성년후견제도의 직접적인 수요자가 가장 절실하게 여기는 문제는 무엇이었을까. 성년후견제도가 성공적으로 정착될 경우 모든 국민이 수

---

63) 정책학에서는 정책들이 공간적으로 상호 충돌되지 않고 시간적으로 급격한 변화가 없는 것이 바람직하며, 정책의 일관성이 상실될 경우에는 사회적 낭비와 국민적 갈등을 일으키는 정책혼란이 초래된다고 한다(정정길·최종원·이시원·정준금·정광호, 『정책학원론』, 대명출판사, 2010, 712면).

요자가 될 수 있겠지만, 제도 시행 초기에는 장애인이 가장 직접적인 이해당사자가 될 것이다. 기술한 바와 같이 성년후견제도 입법 과정에서 가장 심각하다고 느낀 문제는 금치산·한정치산제도가 가지고 있던 부정적 낙인효과였다. 후견을 받는다는 사실이 장애인과 그 가족의 명예감을 실추시키고 인권을 제약하는 굴레로 인식되는 한 아무리 완벽한 입법을 하더라도 죽은 제도가 될 것이다. 따라서 모든 중요한 정책적 판단 과정에서 최종적인 선택의 기준은 항상 "어떻게 하면 후견제도의 부정적 낙인효과를 완화할 수 있겠는가"였다.

위와 같은 입법 철학과 더불어 가장 중요한 정책적 판단의 기준은 '정책의 실현가능성(feasibility)'이었다. '수요자 중심의 입법' 내지 '부정적 낙인 효과 완화'가 입법의 이데올로기(ideology)라면, '정책의 실현가능성'은 이러한 이데올로기가 법률화되어 성공적으로 시행될 개연성을 말한다. 입법에는 막대한 예산과 인력이 필요하다. 아무리 좋은 입법 정신과 노력이 있더라도 법률화에 실패한다면 결국 국민의 혈세를 낭비했다는 비판을 피할 수 없다. 또한 정치적 타협에 의해 일단 법률화에 성공했다고 하더라도 제대로 시행될 수 없다면 역시 공허한 입법이 될 것이다. 따라서 당해 정책이 궁극적으로 법률화되어 성공적으로 시행될 수 있는가라는 현실적인 문제를 고려하지 않을 수 없다.[64]

시각에 따라서는 입법 철학과 정책의 실현가능성이 서로 충돌된다고 생각할 수도 있다. 하지만 양자가 꼭 조화될 수 없는 것은 아니다. 성년후견제도 입법 과정에서 '수요자 중심'의 철학을 내세운 것은 정책의 실

---

64) 정책학에서는 정책의 실현가능성의 개념을 "특정 정책 내지 정책대안이 정책으로 채택되고 그 내용이 충실히 집행될 가능성"이라고 설명하고 있으며, 그 판단 기준으로 "기술적 실현가능성, 재정적 또는 경제적 실현가능성, 법적·윤리적 실현가능성, 정치적 실현가능성" 등을 들고 있다(정정길·최종원·이시원·정준금·정광호, 『정책학원론』, 대명출판사, 2010, 396~399면).

현가능성과도 밀접한 관련이 있다. 세계적 입법 동향을 살펴보면 이해단
체와 같은 사적 주체(private party)의 참여가 점차 확대되고 있음을 알 수
있다.[65] 따라서 입법 과정에서 수요자의 의견을 충실히 수렴하고 반영
하는 것이야말로 정책의 추진동력(動力)과 실현가능성을 높이는 가장 궁
극적이고 효과적인 방법이라고 생각한다.[66]

II. 입법 형식 및 후견 유형

1. 입법 형식 – 민법 개정 대(對) 특별법 제정

성년후견제도를 도입하는 방식에는 민법 개정 또는 특별법 제정이 있
다. 장애인단체에서는 주로 특별법 제정을 통한 성년후견제도 도입을 주
장해왔다. 그 가장 큰 이유는 민법은 기본법이어서 개정이 어려운 반면,
특별법은 신속하게 제정할 수 있다는 것이었다.[67] 다음으로 민법에는

---

65) 2009년 '세계법률포럼(World Legal Forum)'에서도 입법이 더 이상 정부조직 같
   은 공적 영역(public sector)의 배타적인 관할에 속하는 것이 아니며, 사적 영역
   (private sector)의 역할이 계속 커져가고 있음이 강조된 바 있다[World Legal
   Forum (Where the power of law meets the law of power), "Private International
   Regaulation and Public Supervision", (Peace Palace, The Hague, 2009. 12.), 세계
   법률포럼에 대해서는 http://www.worldlegalforum.org/cms/index.php?option=
   com_content&view=article&id=8&Itemid=12 참조].
66) 정책학에서도 정책의 실현가능성과 정책의 합리성·소망성(desirability)은 서로
   다른 개념이기는 하지만 양자를 가급적 일치시키는 것이 이상적인 민주정치제
   도로 보고 있다(정정길·최종원·이시원·정준금·정광호, 『정책학원론』, 대명출판
   사, 2010, 400면).
67) 특히 장애인 자녀를 둔 부모 중 고령 등으로 인해서 자녀를 위한 사후(死後)
   대비책을 모색해야 하는 분들에게 성년후견제도의 신속한 입법은 매우 절실한
   문제였다.

기본법의 특성상 후견제도에 대한 대강의 규정밖에 둘 수 없으나, 특별법에는 절차 등에 대한 세부적인 규정까지 둘 수 있다는 이유도 있었다.[68] 또한 사적 자치를 기본으로 하는 민법에 사회복지 차원의 후견제도를 규정하는 것이 법체계상 맞지 않는다는 비판도 있었다.[69]

하지만 후견제도는 단순한 사회복지 시스템이 아니며 대등한 당사자 사이의 진정한 사적 자치를 구현하기 위한 법적 지원장치이다. 무엇보다 기존의 후견제도가 가지고 있는 부정적 이미지를 근본적으로 바꾸기 위해서는 민법상 금치산·한정치산제도를 고쳐야 한다. 특별법을 제정한다고 하더라도 이를 통해서 기본법인 민법상 행위능력제도까지 근본적으로 바꾸지 않는 이상 금치산자, 한정치산자가 계속 양산될 가능성이 없지 않다.[70] 또한 국가공무원법 등 200여 개 법률에서 민법상 금치산·한정치산제도를 원용하여 자격제한 규정 등을 두고 있는바, 민법 개정 없이 특별법을 제정하는 것만으로는 피후견인의 인권 보호에 미흡한 측면이 있다. 나아가 민법과 특별법의 후견제도가 병존할 경우 양자를 구

---

68) 17대 국회에 이은영 의원이 대표 발의한 성년후견에 관한 법률안, 18대 국회에 나경원 의원이 대표 발의한 장애성년후견법률안, 신학용 의원이 대표 발의한 임의후견에 관한 법률안은 모두 특별법 제정에 대한 요구가 반영될 것이라 볼 수 있다(특별법을 통해 정신장애인의 특수성을 고려하여야 한다는 견해로는 우주형, "장애성년후견제도 도입에 관한 소고", 『중앙법학』제10집 제4호, 2008, 236~237면; 특별법 제정이 우선된 후 민법전에 흡수해야 한다는 견해로는 백승흠, "성년후견제도의 입법방향", 『민사법학』, 제18호, 2000, 197면 참조).

69) 김은효, "민법(성년후견)일부 개정안에 대한 소론", 『법률신문』, 2009. 11. 16.

70) 예컨대, 18대 국회에 제출된 장애성년후견법률안(나경원 의원 대표발의) 제29조는 "이 법에 따라 선임된 성년후견인에 관한 사항은 민법상의 한정치산자 및 금치산자의 후견인에 관한 규정에 우선하여 적용한다"고 규정하고 있었다. 이에 대해 법무부는 "특별법 시행 이후에도 금치산·한정치산제도를 이용하는 것을 막을 수 없게 되어 성년후견제도의 취지가 약화될 우려가 있다"는 이유로 신중한 입장을 취한바 있고, 이러한 문제점은 국회 심의 과정에서도 지적되었다(국회 법제사법위원회, 『민법 일부개정법률안 심사보고서』, 2010. 12, 18면 참조).

별하는 것이 쉽지 않아서 법률관계에 혼란을 초래하는 한편 금치산·한
정치산제도에 대한 부정적 인식이 특별법상 후견제도에 전염될 가능성
이 크다. 앞서 프랑스, 독일, 일본의 입법례에서 본 바와 같이 성년후견
제 도입시 민법 개정이 수반되는 것이 국제적 입법 동향이라고 할 수
있다.[71]

그 밖에 특별법 제정을 추진할 경우 여러 가지 현실적인 난관이 있다.
먼저 특별법의 장점을 살리기 위해 후견인의 자격과 후견관청의 지정
등 이해단체와 소관 부처 사이의 입장이 대립될 수 있는 사항에 대해서
까지 구체적으로 규정할 경우 국민적 공감대를 형성하기 어렵다.[72] 또
한 특별법에 후견에 대한 국가, 지방자치단체의 재정 지원에 대해서까지
규정할 경우 예산 수반 법률이 되어 입법 추진이 더 까다로워질 수밖에
없다.

법무부가 '정책의 실현가능성' 차원에서 가장 현실적이라고 생각한 입
법 전략은 우선 민법 개정을 통해 성년후견제도의 기틀을 만든 다음 특
별법을 제정하여 세부적인 규정을 정비하는 '단계적 입법'이었다. 즉 기

---

71) 성년후견제도 도입을 위해 민법 개정이 선행 내지 수반되어야 한다는 견해로는
김대경, "성년후견제의 입법을 위한 비교법적 고찰", 『경희법학』 제45권 제1호,
2010, 131면; 김명엽, "성년후견제도 도입을 위한 법무부 입법안의 개선에 관한
연구", 『법과 정책』 제16집 제2호, 2010, 28~29면; 남윤봉, "고령화 사회에서의
성년후견에 관한 연구", 『법과 정책연구』 제8집 제2호, 2008, 17면; 오경희, "성
년후견제도에 관한 연구 : 고령자 보호를 중심으로", 부산대학교 박사학위논문,
1999, 138~139면; 오호철, "일본의 성년후견제도와 우리나라의 성년후견법안의
비교", 『비교사법』 제15권 제2호, 2008, 330면; 이승길, "현행 민법상 후견제도의
문제점과 성년후견제도의 도입에 관한 고찰", 『중앙법학』 제11집 제2호, 2009,
26~27면; 이은영, "성년후견제도에 관한 입법제안", 『한일법학』 제20집, 2001,
40면; 이은영, "성년후견제도의 입법 필요성", 『법무사저널』 제142호, 2004, 119
면 참조.
72) 이러한 사항은 행정 규제와도 밀접한 관련이 있는데, 규제적 입법은 법안 심사
과정이 더욱 까다로워서 입법이 지연될 수 있다.

존 후견제도의 부정적인 인식을 근본적으로 없애기 위해서 민법상 금치
산·한정치산제도를 뜯어고치되, 성년후견제도의 무색투명한 큰 틀만 민
법에 담음으로써 이해단체와 관련 부처 사이에 갈등의 소지를 없애고,
예산과 행정규제와 관련된 내용을 배제함으로써 법안 심의 절차를 최대
한 간소화하는 것이다. 그리고 민법개정안이 국회를 통과하면 이를 기초
로 예산을 확보하고 후견인의 관리·감독과 공적인 재정 지원 등에 관한
특별법을 제정하는 것이 가장 효과적인 방안이라고 생각했다.[73]

개정민법의 가장 큰 특징 중 하나는 임의후견에 대한 내용도 민법전
에 포섭시켰다는 것이다. 일본의 경우 민법전에서는 법정후견만 규정하
고, 임의후견에 대해서는 따로 특별법을 제정하였다.[74] 우리나라에서도
18대 국회에 제출된 신학용 의원 대표 발의 법안은 법정후견에 관한 민
법개정안과 임의후견에 관한 특별법 제정안을 따로 두고 있었다. 이와
달리 법무부는 임의후견도 민법개정안에 포함시켰는데, 이는 후견제도
에 대한 부정적 인식을 개선하기 위해서였다. 임의후견은 온 국민이 거
부감 없이 이용할 수 있는 미래지향적 후견이다. 왜냐하면 온전한 판단
능력을 가진 사람도 임의후견을 통해 장래의 후견을 스스로 설계할 수
있기 때문이다. 따라서 임의후견의 이용자는 판단능력이 부족한 사람이

---

73) 장애인단체를 방문하여 의견을 수렴할 당시에도 여전히 특별법 제정에 대한 목
    소리가 높았다. 그러나 '입법의 실현가능성'에 관한 문제를 솔직하게 설명하고
    단계적 입법에 대한 장기적 구상(vision)까지 제시하면서 꾸준히 설득한 결과 법
    무부의 입법 방향에 대해서 심각한 반대는 없었다.
74) 일본 법무성 민사국 참사관실의 '성년후견제도 개정에 관한 요강시안 보충설명'
    에 의하면, "임의후견제도는 임의대리의 위임계약에 공적 기관의 감독을 둔다는
    점에서 이념적으로 민법의 사적 자치의 원리와 다른 원리를 도입하는 제도"라는
    이유 등으로 특별법으로 제정하였다고 한다(新井誠·赤沼康弘·大貫正男, 『成年後
    見制度 - 法の理論と實務』, 有斐閣, 2007, 163頁). 하지만 법정후견도 가정법원
    등 공적 기관의 관여를 전제로 하는 것이기 때문에 위와 같은 논리가 필연적인
    것인지에 대해서는 의문이 있다.

라기보다는 오히려 사회경제적으로 여유 있고 유비무환의 정신을 가진 사람이라는 긍정적인 평가를 받을 가능성이 크다. 향후 임의후견의 이용자가 많아지면 성년후견제도 전반에 대한 이미지를 긍정적으로 제고할 수 있을 것이라고 기대한다.

2. 후견 유형 - 일원론 대(對) 다원론

성년후견제도 특히 법정후견제도를 구성하는 방식에는 이른바 '일원(一元)적 체제'와 '다원(多元)적 체제'가 있다.[75] 일원적 체제란 후견의 유형을 나누지 않고 재판부가 사안별로 후견의 내용을 정하는 방식을 말한다. 반면 다원적 체제란 법에서 복수의 후견 유형을 두고 심판 과정에서 그 중 적합한 후견 유형이 결정되는 방식을 말한다.

일원적 체제는 개별 사안에서 본인의 의사와 현존능력에 따라 맞춤형 후견이 가능하다는 장점이 있다. 무엇보다 판단능력의 정도에 따라 등급을 매기지 않기 때문에 후견 유형에 따라 피후견인과 그 가족의 명예감을 해칠 염려가 적다. 반면 사안마다 판사가 후견의 내용을 정해야 하기 때문에 시간과 비용이 많이 들 수 있으며 무엇보다 법원의 전문인력 확충이 전제되어야 한다.[76]

'정책의 실현가능성'과 '단계적 입법 전략'의 관점에서 위와 같은 현실

---

75) 임의후견은 본인이 직접 후견의 내용을 계획하는 것이기 때문에 법에서 그 유형을 미리 정하는 것이 곤란하다.

76) 성년후견제도 도입 방식으로 일원주의 방식이 적합하다는 견해로는 김태원, "성년후견제도의 입법 방향", 충북대학교 석사학위논문, 2006, 61면; 엄덕수, "성년후견 법안, 그 쟁점과 입법 방향", 『법무사』 제516호, 2010, 20면; 이승길, "현행 민법상 후견제도의 문제점과 성년후견제도의 도입에 관한 고찰", 『중앙법학』 제11집 제2호, 2009, 27~28면; 장혜경, "성년후견제도의 도입에 관한 연구", 한양대학교 석사학위논문, 1999, 97~98면.

적인 문제를 도외시할 수는 없었다. 이번 민법 개정에서는 가급적 신속하게 성년후견제도의 기본 틀을 마련하는 것이 일차적인 목적이었기 때문에 법원의 예산과 조직 확대를 수반하는 일원적 체제를 전면적으로 받아들이기 어려웠다. 또한 법적 혼란을 피하기 위해서 기존 후견제도와의 연계성을 어느 정도 유지해야 한다는 점도 일부 고려되었으며, 무엇보다 법원의 전문인력이 부족한 상태에서 섣불리 일원론을 받아들일 경우 오히려 이용자에게 시간적, 경제적 부담을 증가시킬 우려가 컸다. 그 결과 개정민법에서는 다원적 구조를 선택하게 되었다.[77]

그러나 후견제도에 대한 부정적 인식을 완화함에 있어 일원론이 가지는 장점은 매우 매력적인 것이었기 때문에 일원론의 정신을 최대한 반영하도록 노력하였다. 예컨대, 한정후견이 가장 광범위한 이용 주체를 규율함으로써 법정후견의 중심이 될 수 있도록 설계하였는데,[78] 그 이

---

77) 성년후견제도 도입 방식으로 다원주의 방식이 적합하다는 견해로는 남윤봉, "고령화 사회에서의 성년후견에 관한 연구", 『법과 정책연구』 제8집 제2호, 2008, 19~20면; 백승흠, "성년후견제도에 관한 연구 : 입법론적 제안을 중심으로", 동국대학교 박사학위논문, 1997, 187~188면; 백승흠, "일본 성년후견제도의 개관", 『가족법연구』 제16권 제1호, 2002, 355~356면; 백승흠, "우리나라에서의 성년후견제도의 도입과 그 검토", 『고령사회와 성년후견제도』, 한국법제연구원, 2003, 126~127면; 송호열, "성년후견법제에 관한 연구", 동아대학교 박사학위논문, 2002, 233면; 송호열, "성년후견법제화의 기본원칙과 방향", 『동아법학』 제33호, 2003, 211면; 신은주, "우리나라에서 성년후견제도의 도입", 『한국의료법학회지』 제17권 제6호, 2009, 40~41면 참조(이 중 백승흠 교수는 이념적으로는 독일의 일원적 구조가 바람직하지만 비용 등의 문제로 인하여 우리 현실을 신중히 고려해 결정해야 한다는 다소 절충적 입장을 취하는 것으로 보인다).
참고로 남윤봉 교수는 2008년에 이미 "일본의 법정후견 3유형을 따르는 대신 보좌와 보조를 합쳐 2유형으로 구성할 것"을 주장하였는데, 이는 우리 개정민법의 태도와 유사한 것으로서 매우 인상적인 예견이었다.
78) 성년후견은 사실상 의사무능력에 가까운 사람에 대하여 적용되는 것이며, 특정후견은 일시적이거나 특정한 사안에 한하여 적용되는 것이기 때문에 한정후견에 비해서 이용 주체가 상대적으로 제한될 수 있다.

념과 적용 방식은 일원론에 가깝다. 일본의 경우 3가지 법정후견 유형이
있는데, 우리의 성년후견과 유사한 '후견' 외에도 '보좌'와 '보조'를 두고
있다. 그런데 보좌와 보조는 규정상 요건과 효과에 있어 정도의 차이는
있으나 현실적으로 양자의 이용 주체를 명확하게 구별하는 것이 쉽지
않으며, 필요 이상으로 피후견인의 등급을 세분할 경우 낙인 효과를 심
화시킬 우려가 있다는 고려에서 우리 개정민법에서는 일본의 보좌와 보
조를 합친 것과 유사한 한정후견을 두게 된 것이다.79) 나아가 한정후견
에 관한 조문화 작업 초기에는 기존 민법에서처럼 행위능력이 제한되는
법률행위의 유형을 예시적으로 열거하는 방법도 고려했으나,80) 종국적
으로는 일체의 예시적 규정을 삭제한 것도 일원론적 태도를 반영한 것
이라고 할 수 있다.

그렇다면 한정후견 외에 굳이 성년후견과 특정후견을 둔 이유는 무엇
인가. 성년후견의 이용 주체를 의사무능력에 가까운 사람으로 상정(想定)
할 경우 법률관계를 어느 정도 획일적으로 판단할 수 있도록 하는 것이
본인의 보호나 거래안전을 위해서 바람직하다고 보았다. 또한 특정 사안
에 한해서 일시적인 도움을 받는 특정후견은 행위능력의 제한이 전혀
없는 등 고유한 성질을 갖기 때문에 한정후견의 영역에 포섭시킬 경우
혼란의 여지가 있다고 판단하였다. 요컨대 우리 후견제도는 의복(衣服)에
비유하자면 한정후견이라는 맞춤옷을 중심으로 하되, 필요에 따라 두텁
게 온몸을 감쌀 수 있는 외투에 해당하는 성년후견이나 특정 부위를 일

---

79) 일본의 '보좌·보조'와 우리의 '한정후견·특정후견'의 차이에 대해서는 제3장 개
   정민법상 성년후견제도 분석 제1절 법정후견의 체제 중 Ⅲ. 한정후견과 특정후
   견 부분 참조.
80) 민법개정위원회 초기 논의 과정에서 민유숙 위원은 기존 법원의 연구를 반영하
   여 "보호의 영역을 확정하기 위해서는 구체적인 열거가 필요하다"는 입장을 밝
   힌 바 있다[제1기 민법개정위원회, 제2분과 제7차 회의(2009. 5. 4.) 중 민유숙
   위원 발언 부분 (내부 회의록 5면) 참조].

시적으로 보호할 수 있는 모자나 장갑에 해당하는 특정후견을 이용할 수 있도록 다양한 후견 유형을 마련해 둔 것이라고 할 수 있다.[81]

나아가 다원론을 택할 경우 일원론에 비해 당사자의 의사를 보다 강력하게 반영할 수 있다는 논리도 가능하다. 일원론의 경우 사건 관계인은 단지 후견을 청구할 뿐이고 어떤 내용의 후견이 선고될 것인지는 전적으로 재판부가 정하게 된다.[82] 그러나 개정민법에서는 후견의 청구권자가 후견의 유형을 특정하여 후견개시심판을 청구하게 된다. 처분권주의가 적용되지 않는 가사비송사건의 특성상 반드시 당사자의 의사에 재판부가 구속된다고 할 수는 없지만, 성년후견의 청구가 있었는데 당사자의 의사를 무시한 채 한정후견이나 특정후견을 선고하거나 그 반대의 결과가 되는 경우는 매우 드물 것으로 예상된다.[83] 따라서 당사자가 직접 후견의 큰 틀을 결정할 수 있도록 하는 점에서도 다원론의 장점을 찾을 수 있다.[84]

81) 위와 같은 비유는 일원적 후견을 원하는 장애인들에게 다원적 후견의 장점을 쉽게 설명하기 위한 사용했던 것이다.

흔히 맞춤옷이 기성복보다 좋다고 생각하지만 옷을 맞추는 데 드는 시간과 비용이 훨씬 크다면 기성복을 선택하는 것이 나을 수도 있습니다. 기성복도 다양한 모델과 사이즈를 갖추면 맞춤옷 못지않을 수 있습니다. 정부안은 적은 시간과 비용으로 후견을 이용할 수 있도록 성년후견, 한정후견, 특정후견이라는 3가지 유형을 두고 있습니다. 이 중 한정후견이 가장 기본이 되는데 여러분이 원하시는 일원론적 후견과 매우 유사합니다. 옷으로 치자면 평소 입는 바지, 저고리는 맞춤형이 가능해진 것입니다. 하지만 바지, 저고리만으로는 사계절 내내 추위를 이길 수 없는 사람도 있기 때문에 성년후견이라는 두터운 외투도 마련했습니다. 또한 쌀쌀한 날에 일시적으로 몸의 일부분만 보호할 수 있는 모자나 장갑과 같은 존재로서 특정후견을 두게 된 것입니다 [아라이 마코토 교수 초청 한·일 국제심포지엄, 국회의원 박은수·성년후견제추진연대 주관(국회도서관 소회의실, 2009. 7. 9.) 중 구상엽 검사 발언 부분].

82) 물론 재판부가 후견의 내용을 정할 때 사건 본인과 관계인의 의견을 확인할 수 있지만 원칙적으로 이에 구속되지 않는다는 주장이 있을 수 있다.

83) 이에 대한 보다 자세한 설명은 제3장 개정민법상 성년후견제도 분석 제3절 한정후견 Ⅰ. 한정후견의 개시 중 4. 성년후견과의 관계 부분 참조.

84) 본인의 의사를 관철시킬 수 있는 다원적 후견의 장점에 대해서도 다음과 같이

18대 국회에 제출한 4개의 법안을 비교해보면 의원 발의안들은 모두 일원적 구조를 취하고 있었으나, 위와 같은 일원론의 현실적인 문제점과 다원론의 장점을 이유로 법무부안이 성년후견제도의 기본 체제가 되었다. 하지만 향후 추가 개정시에는 일원론을 보다 확대하는 방안을 검토할 필요가 있다고 생각한다. 이념적으로 일원론이 바람직할 뿐만 아니라 실무상으로도 일원론과 다원론의 운용상 차이가 뚜렷하지 않을 수 있기 때문이다. 민법 개정 과정에서 다원론이 일원론보다 시간과 비용면에서 유리할 수 있다고 예상하였지만, 법경제학적으로 정확한 비용편익분석(cost benefit analysis)이 이루어졌던 것은 아니다. 이론상으로는 성년후견, 한정후견, 특정후견의 요건과 효과가 구별되나, 실제 법 적용에 있어서는 그 구별이 쉽지 않을 수도 있다. 특히 성년후견과 한정후견은 모두 지속적 후견 모델이고, 후견심판 청구인이나 법원 모두 판단능력 흠결 정도에 대해서 명확한 구분이 힘들 수 있다.85) 거래 상대방의 입장에서는 후견의 유형이 법정되어 있어야 피후견인의 행위능력을 보다 용이하게 파악할 수 있기 때문에 거래안전 측면에서 다원론이 바람직하다는 주장도 제기될 수 있으나,86) 이는 행위능력제도의 기본 이념을 어디에

옷에 비유하여 설명한 바 있다.

　　다원적 후견이 가지는 또 하나의 장점은 여러분의 의사가 좀 더 잘 반영될 수 있다는 것입니다. 일원적 후견에서는 여러분은 법원에 가서 '옷을 주세요'라는 추상적인 요청밖에 할 수 없고 법원에서 재단해 주는 옷이 외투가 되든 바지가 되든 모자가 되든 그것을 착용해야 합니다. 하지만 다원적 후견에서는 최소한 여러분은 '바지를 주세요' 또는 '외투를 주세요'라고 구체적인 요청을 할 수 있습니다. 이 경우 (이견이 있을 수 있지만) 여러분이 모자만 원했는데 법원이 일방적으로 무겁고 불편한 외투를 입히기는 힘들 것입니다[아라이 마코토 교수 초청 한·일 국제심포지엄, 국회의원 박은수·성년후견제추진연대 주관 (국회도서관 소회의실, 2009. 7. 9.) 중 구상엽 검사 발언 부분].

85) 이러한 이유 때문에 민법개정위원이었던 김재형 교수는 후견 청구 단계에서는 성년후견과 한정후견을 구별하지 않고 통합적으로 청구하되, 법원에서 그 유형을 결정하도록 하는 방안을 제안한 바 있다[제1기 민법개정위원회, 전체회의 제1차 회의(2009. 8. 21.) 중 김재형 위원 발언 부분 (내부 회의록 4면) 참조].

86) 동아시아에 있어서 성년후견법의 전개와 과제 국제학술대회(인하대학교 법학전

서 찾을 것인가라는 근본적인 관점에서 검토해야 할 문제라고 생각한다. 제한능력자의 보호를 무엇보다 중시하는 민법의 기본 정신을 생각한다면 거래안전을 전면에 내세우는 것에는 찬성하기 어렵다. 또한 다원론을 취한다고 하더라도 거래 상대방이 법률 지식이 부족할 경우에는 민법상 각 후견 유형의 차이를 알기 힘들고, 그 차이를 안다고 하더라도 후견사항증명서를 확인해야만 피후견인의 행위능력을 정확하게 파악할 수 있기 때문에 민법에서 후견 유형을 세분하는 것이 얼마나 거래안전에 도움이 될 것인지 의문이다.[87] 민법 개정 과정에서 다원적 후견체계를 선택한 것은 어디까지나 후견 이용자의 부담을 경감하기 위해서였다. 수요자 중심의 사고에서 벗어나 거래안전이나 거래 상대방의 이익을 중시하는 것은 민법의 정신에 반하는 것이다. 가정법원에서 효율적인 심판을 위하여 내부적으로 검토 목록(check list)을 만드는 등 심판 사항을 유형화할 수는 있겠지만 이것은 어디까지나 재판부 내부에서 비공개적으로 이루어져야하며, 대외적으로 피후견인의 등급을 매기는 것은 부정적 낙인 효과를 악화시킬 수 있기 때문에 지양해야 할 것이다.[88]

문대학원 국제회의실, 2011. 12. 3.) 중 稻田龍樹 교수 발언 부분 참조.

[87] 특히 개정민법상 피한정후견인의 동의 유보 대상을 미리 정한 규정이 없고, 피성년후견인도 후견심판을 통해 독자적으로 할 수 있는 행위를 따로 지정받을 수 있기 때문에 후견사항증명서를 확인하지 않는 이상 거래 상대방이 피후견인의 행위능력을 정확하게 파악하는 것은 사실상 불가능하다.

[88] 동아시아에 있어서 성년후견법의 전개와 과제 국제학술대회(인하대학교 법학전문대학원 국제회의실, 2011. 12. 3.) 중 구상엽 검사 발언 부분.

〈법안별 후견체제 비교〉[89]

법안명 (제출자)	후견체제 개요
장애성년 후견법 (나경원 의원)	① 임의후견계약이 원칙(제6조) ② 임의후견계약을 체결할 수 없는 경우 법원이 성년후견인을 선정(제8조)
민 법 (법무부)	① 금치산 및 한정치산 제도를 폐지하고 성년후견·한정후견·특정후견제도 도입(제9조, 제12조, 제14조의2) ② 법정후견과 별도로 공정증서에 의하여 체결하는 후견계약 제도를 도입(제959조의14~제959조의20)
민 법 (박은수 의원)	① 금치산 및 한정치산 제도를 성년후견 제도로 변경하고 일원화(제9조) : 가정법원이 개별사건마다 후견의 범위를 정함 ② 공정증서에 의하여 체결하는 후견계약 제도 도입(제929조의2~제929조의7)
민 법 (신학용 의원)	① 금치산 및 한정치산 제도를 성년후견 제도로 변경하고 일원화(제9조) : 가정법원이 개별사건마다 후견의 범위를 정함 ② 후견계약에 관하여는 특별법으로 정함(제929조의2)
심의 결과	

【정부안 채택】

○ 일원론은 심리지연, 비용 증대, 전문인력 수급 문제 등으로 이용자의 부담을 가중시키므로 다원론을 채택

○ 다원론은 후견 유형을 이용자가 선택할 수 있도록 함으로써 이용자 의사를 최대한 존중

※ 프랑스, 일본도 다원론 채택

---

89) 이하 법안 순서는 18대 국회에 법안이 제출된 날짜순임.

Ⅲ. 후견 관련 주체 및 기간

1. 후견의 이용 주체 - 신체적 제약의 포함 여부

정신능력의 제약을 가진 사람이 후견의 이용 주체가 된다는 점에는 의문이 없다. 그런데 신체적 제약을 가진 사람도 이용 주체에 포함시킬 것인지에 대해서는 상이한 입장이 있을 수 있다. 예컨대 독일이나 프랑스에서는 신체적 장애로 인하여 사무를 처리하거나 의사표시를 하는 데 어려움이 있는 경우에는 후견제도를 이용할 수 있다. 반면 일본이나 오스트리아에서는 정신적 장애가 없는 한 신체적 장애만으로는 후견을 이용할 수 없다.[90] 이처럼 신체적 제약을 후견의 대상으로 삼을 것인지는 외국의 입법례도 그 입장이 모두 다를 만큼 논리적 당부(當否)에 대한 판단이 힘든 문제라고 할 수 있다.

물론 사무처리나 의사표시에 곤란을 느끼는 이상 그 원인이 정신적 제약이든 신체적 제약이든 외견상 후견의 필요성에는 큰 차이가 없다고 생각할 수도 있다.[91] 그러나 신경정신과 전문의의 견해에 따르면 신체

---

90) 독일 민법 제1896조, 프랑스 민법 제425조, 일본 민법 제7조 등[위 규정들에 대한 보다 자세한 내용은 최봉경, 『독일의 성년후견제도에 관한 연구』, 법무부 연구용역, 200), 61면; 명순구, 『프랑스의 성년후견제도』, 법무부 연구용역, 2009, 64면; 岡孝, "オーストリアにおける成年後見法の新たに展開", 『ジュリスト』第972號, 1991, 33頁; 오호철, "일본의 성년후견제도와 우리나라의 성년후견법안의 비교", 『비교사법』 제15권 제2호, 2008, 319~320면 참조].

91) 신체적 제약도 후견의 대상으로 포함시켜야 한다는 견해로는 김은효, "성년후견제도에 관한 고찰", 『법률신문』, 2007. 10. 4, 15면; 양창수·김재형, 『계약법』, 박영사, 2011, 584면; 엄덕수, "성년후견 법안, 그 쟁점과 입법 방향", 『법무사』 제516호, 2010, 20면 참조. 일본에서도 신체적 제약을 후견의 대상에서 배제한 것이 타당한 것인지에 대해서 문제가 제기되어 왔다(小賀野晶一, 『成年後見監護制度論』, 信山社出版, 2000, 46頁 이하; 오호철, "일본의 성년후견제도와 우리나라의 성년후견법안의 비교", 『비교사법』 제15권 제2호, 2008, 319면 참조).

장애와 정신장애는 의학적으로 구분된다고 한다.[92] 따라서 엄밀히 말하면 신체장애인의 경우 정신능력은 온전하되 의사의 외부적 표현이나 실행에 어려움을 느끼는 것이다. 후견제도의 가장 큰 문제점이 자기결정권 침해라는 점에 비추어 볼 때 신체장애를 후견의 대상으로 할 경우 신체장애인들의 반발을 초래할 수 있다는 점이 부담으로 작용했다.[93] 또한 의용민법에서 준금치산자의 대상으로 규정하고 있던 "농자(聾者), 아자(啞者), 맹자(盲者)", 민법 초안에서 한정치산의 대상으로 규정하고 있던 "신체에 중대한 결함을 가진 사람"이 모두 민법의 한정치산 대상에서 삭제된 것은 우리 입법자가 의도적으로 신체장애인을 후견의 대상에서 배제한 결과이며 이러한 입법자의 의사를 존중해야 한다는 점도 중요하게 고려되었다.[94] 요컨대 신체적 제약을 가진 사람은 행위능력의 제약이

---

92) 정신질환자 법적 차별 대책 간담회 (서울대학교 의과대학 회의실, 2009. 6.) 중 대한신경정신의학회 관계자 의견 참조. 참고로 일본에서는 "신체의 장해로 인하여 판단능력이 불충분한 상황에 있는 자는, 보조개시 또는 보좌개시의 심판을 받는 것이 가능"하다고 해석하고 있는데(小林昭彦 外 5人, 『新成年後見制度の解説』, 社團法人 金融財政事情研究會, 2003, 45頁), 판단능력이 불충분하다는 사실에 방점을 찍는다면 쉽게 공감할 수도 있겠지만 신체장애와 정신장애가 구별된다는 전문의의 견해에 비추어 볼 때 과연 의학적 관점에서 신체장애와 정신장애의 견련성이 쉽게 인정될 수 있는지에 대해서는 보다 깊은 연구가 필요할 것으로 보인다.

93) 일본에서도 신체장애를 보조 또는 보좌의 대상에 포함시킬 것인지를 검토하였으나 신체장애자 단체의 대다수가 부정적이었다고 한다(小林昭彦 外 5人, 『新成年後見制度の解説』, 社團法人 金融財政事情研究會, 2003, 45頁 참조).

94) 민법안 심의 과정에서 "신체에 중대한 결함이 있다 하더라도 심신의 박약에 이르지 아니한 사람은 한정치산자로 할 필요는 없으므로 신체에 중대한 결함 운운을 따로 규정한 초안은 부당하다"면서 신체 결함에 대한 표현을 삭제한 것은 명백히 신체적 장애를 후견의 대상에서 배제한 것이라고 볼 수 있다[민의원, 『민법안 심의록』 상권, 1957, 11면; 김형석, "민법개정안 해설", 『성년후견제 도입을 위한 민법개정안 공청회』, 법무부, 2009, 12~13면; 제1기 민법개정위원회, 제2분과 제6차 회의(2009. 4. 21.) 중 김형석 위원 발언 부분 (내부 회의록 2면) 참조].

없는 위임계약을 통해 제3자의 도움을 받는 것이 '보충성'의 원칙에 부
합할 것이라는 이유에서 개정민법에서는 신체적 제약을 후견의 대상으
로 규정하지 않았다.[95]

2. 후견의 청구권자

후견의 청구권자로 개정 전 민법은 본인, 배우자, 4촌 이내의 친족, 후
견인 또는 검사를 규정하고 있었는데, 개정민법은 그 외에도 후견감독인,
지방자치단체의 장(長)도 청구권자로 추가하였다(제9조, 제12조).

민법개정위원회 논의 과정에서는 후견 청구권자에 후견감독인만 추가
하고 검사, 지방자치단체장은 배제하자는 의견이 있었다. 왜냐하면 검사
의 경우 그동안 후견을 청구한 사례가 거의 없어 실효성이 적으며,[96]
지방자치단체장은 추후 만들어질 특별법에서 청구권자로 추가하면 될
것으로 생각했기 때문이다.[97] 그러나 무연고자(無緣故者)의 보호를 이유

---

95) 일본에서도 오래 전부터 신체장애자의 경우 대리인을 선임하여 법률행위를 하거
　나 신뢰할 수 있는 주변인의 도움을 통해 법률행위의 내용을 이해하고 본인 스스
　로 판단하는 것으로 충분하다는 견해가 있었다(野村好弘, "準禁治産制度と法人制
　度の改正問題 - 民法及び民法施行法の一部改正法案の考察", 『ジュリスト』第696
　號, 1979, 40頁; 오호철, "일본의 성년후견제도와 우리나라의 성년후견법안의 비
　교", 『비교사법』 제15권 제2호, 2008, 320면 참조).

96) 우리나라와는 달리 프랑스에서는 2007년 민법 개정을 통해 성년자의 보호도 검사
　의 직무로 강하게 인식되고 있다[Ministère de la Justice, Circulaire de la DACS no
　CIV/01/09/C1 du 9 février 2009 relative à l'application des dispositions législatives
　et réglementaires issues de la réforme du droit de la protection juridique des mineurs
　et des majeurs (2009), p. 2 참조].

97) 제1기 민법개정위원회, 제2분과 제6차 회의(2009. 4. 21.) 중 김형석 위원 발언
　부분 등 (내부 회의록 3~4면) 참조. 일본에서도 시정촌장(市町村長)의 후견 신
　청권에 대해서 민법에서는 규정을 두지 않고, 성년후견제도 관련 정비법을 통해
　노인복지법 등에 시정촌장의 후견심판 신청권을 신설하였다[정비법 제45조, 제
　87조, 제89조; 小林昭彦 外 5人, 『新成年後見制度の解説』, 社團法人 金融財政事情

로 장애인단체측에서는 지방자치단체의 장을, 사회복지시설 측에서는 위 시설의 장도 청구권자에 포함시켜 줄 것을 요청했다.[98]

　법무부는 국회 심의 과정에서 장애인단체 및 관련 법안을 제출한 의원실과 협의를 거쳐 무연고자를 보호하기 위한 방안으로서 공익의 대표자인 검사와 지방자치단체장을 청구권자로 추가하되, 사회시설장은 그 포섭 여부를 유보하기로 협의했다. 이는 무색투명하고 이견이 없는 내용만 민법전에 담기로 한 입법 방침에 따라 "사회복지시설장이 당해 시설에 수용하고 있는 사람에 대해서 후견을 청구할 경우 이해관계가 상반될 수 있다"는 장애인단체의 우려를 반영한 결과라고 하겠다.

研究會, 2003, 325~329頁 참조).

98) 사회시설의 장을 청구권자에 포함시켜야 한다는 견해로는 엄덕수, "성년후견 법안, 그 쟁점과 입법 방향", 『법무사』 제516호, 2010, 21면; 오호철, "일본의 성년후견제도의 개선 논의에 대한 동향", 『비교사법』 제13권 제4호, 2006, 460면; 최문기, "성년후견제도의 입법론에 관한 일고찰", 『경성법학』 제16집 제2호, 2007, 31면 참조. 반면, 사회시설의 장이 직접 후견을 청구하는 대신 지방자치단체의 장에게 후견 청구를 신청하는 방식이 바람직하다는 견해로는 변용찬·강민희·이송희·전광석, 『성년후견제 사회복지분야 지원방안 연구』, 보건복지가족부, 2009, 122면; 신은주, "우리나라에서 성년후견제도의 도입", 『한국의료법학회지』 제17권 제6호, 2009, 49~50면 참조.

〈법안별 후견청구권자 비교〉

법안명 (제출자)	후견청구권자 개요
장애성년 후견법 (나경원 의원)	① 본인의 배우자 또는 친족을 성년후견인으로 하려는 경우 - 본인, 배우자, 4촌 이내의 친족, 임의후견인, 후견감독인, 후견법인, 검사, 관할 지방자치단체의 장의 청구(제8조) ② 배우자 또는 친족이 성년후견인으로 부적합하다고 판단하는 경우 - 가정법원이 제3자를 직권으로 선임(제6조)
민 법 (법무부)	기존 금치산·한정치산 선고의 청구권자에 '후견감독인' 추가 - 본인, 배우자, 4촌 이내의 친족, 미성년후견인, 미성년후견감독인, 한정(성년)후견인, 한정(성년)후견감독인, 특정후견인, 특정후견감독인의 청구(제9조, 제12조)
민 법 (박은수 의원)	① 본인, 배우자, 4촌 이내의 친족, 후견인, 지방자치단체의 장, 사회시설의 장의 청구 ② 가정법원의 직권(제9조)
민 법 (신학용 의원)	① 본인, 배우자, 4촌 이내의 친족, 후견인, 후견법인, 지방자치단체의 장, 사회시설의 장의 청구 ②가정법원의 직권(제9조)
심의 결과	
【절충안 채택】 ○ 검사, 지방자치단체장 추가 ※ 사회시설장은 피후견인과 이해관계가 상반될 수 있으므로 유보	

3. 후견인 및 후견관청

후견인의 자격과 이를 관리, 감독하는 후견관청에 대한 규정에 대해서도 견해의 대립이 있었다. 나경원 의원이 대표발의한 법안에서는 이에 대한 규정도 두고 있었으나, 후견인의 자격(특히 후견법인의 설립 요건)과 관련하여 이해단체들의 입장이 상반될 수 있으며 후견관청에 대해서는 법무부와 당시 보건복지가족부의 입장이 다를 수 있기 때문에 추후 특별법 제정을 통하여 규정하기로 하였다.

〈법안별 후견인 및 후견관청 비교〉

법안명 (제출자)	후견인 자격 및 후견관청 개요
장애성년 후견법 (나경원 의원)	후견법인의 자격, 직무, 운영, 승인취소 등에 대하여 규정 (제23조~제26조) ※ 후견관청 설치(제5조)
민 법 (법무부)	구체적인 규정 없음
민 법 (박은수 의원)	구체적인 규정 없음
민 법 (신학용 의원)	후견법인은 일정한 직무 수행능력을 갖춘 사단법인(제936조의2)
심의 결과	
【후속 법령정비 대상으로 유보】 ○ 후견법인·후견관청에 관한 규정을 일반법인 민법에 규정하는 것은 곤란 ○ 후견법인 관련 문제는 민법개정안 국회 통과 후 심도있는 논의를 거쳐 특별법 　제정을 통해 해결하는 것이 바람직함	

4. 후견의 기간

18대 국회에 제출된 성년후견제도 관련 법안 중 정부안을 제외하고는 모두 후견의 기간을 5년으로 제한하고 있었다. 정부안의 기초 과정에서도 후견의 적정성을 담보하기 위해서 프랑스와 독일의 입법례[99] 등을

---

99) 프랑스 민법에서는 부조와 후견에 관한 절에서 보호조치의 기간을 5년을 넘지 못하도록 하되(제441조), 판사는 위 조치를 같은 기간으로 갱신할 수 있고 보호 대상자의 능력이 호전될 가능성이 희박한 경우 특별한 이유를 명시하여 검사가 작성한 인명부에서 선정된 의사의 의견에 따라 보호조치 기간을 보다 장기로 할 수 있도록 규정하고 있다(제442조). 독일의 경우에도 적어도 7년마다 후견의 필요성과 적합성을 재심사하도록 후견 관련 절차법에서 규정하고 있다[가사 및 비송 사건 절차법 (FamFG) 제294조 제3항; Bundesministerium der Justiz, *Betreuungsrecht* (2009), S. 9 참조].

참고하여 후견의 기간 내지 후견인의 임기를 제한하는 방안도 고려한 적이 있다.[100] 그러나 성년후견제도를 이용하는 사람들 중 상당수가 정신능력이 호전되는 경우가 드물고 경제적 여건도 열악할 것으로 예상되기 때문에 후견의 갱신 과정에서 피후견인에게 시간적, 경제적 부담을 가중시킬 수 있고, 특히 기간 만료로 후견이 종료되기 전 제때 후견인이 다시 선임되지 않을 경우 보호에 공백이 생길 수 있다는 우려 때문에 특정후견[101]을 제외하고는 후견의 기간이나 후견인의 임기에 대한 규정은 따로 두지 않았다.[102]

---

100) 제1기 민법개정위원회, 제2분과 제7차 회의(2009. 5. 4.) 중 김형석 위원, 구상엽 간사 발언 부분 (내부 회의록 4-5면) 참조. 그 밖에 후견의 기간을 제한해야 한다는 견해로는 엄덕수, "성년후견 법안, 그 쟁점과 입법 방향", 『법무사』 제516호, 2010, 22면 참조.

101) 개정민법상 특정후견의 경우에는 개시심판단계에서부터 후견의 기간이나 대상이 한정된다(제14조의2 제3항).

102) 개정민법에서 후견의 기간에 대한 규정을 두지 않은 것은 획일적으로 후견의 갱신을 강제하지 않겠다는 것이 주된 취지이다. 따라서 가정법원이 특정후견 외에도 성년후견 또는 한정후견 개시심판시 피후견인의 의사, 정신능력의 호전 가능성, 경제적 여건 등을 고려하여 후견의 적정성을 담보하기 위해서 후견의 기간을 정하는 것을 막을 이유는 없다고 생각한다(이 경우 후견 기간의 공시 방법에 대해서도 함께 검토되어야 할 것이다). 후견심판은 가정법원의 후견적 기능 내지 비송적 성격이 강조되므로 판사가 적극적으로 재량을 행사할 수 있는 길을 열어둘 필요가 있기 때문이다. 다만, 개정민법상 가정법원의 직권에 의한 후견개시심판이 불가능한 점에 비추어 볼 때 해석상 직권에 의한 후견의 갱신도 곤란할 것이므로, 피후견인에 대한 보호의 공백이 생기지 않도록 후견개시심판시 후견인에게 제때 후견의 갱신을 청구할 의무를 명확히 부과하는 것이 바람직할 것이다.

〈법안별 후견의 기간 비교〉

법안명 (제출자)	후견의 기간 개요
장애성년 후견법 (나경원 의원)	5년 이내(제11조 제1항)
민 법 (법무부)	① 성년후견, 한정후견 : 규정 없음 ② 특정후견 : 가정법원에서 정함
민 법 (박은수의원)	5년 이내(제936조 제7항)
민 법 (신학용의원)	5년 이내(제936조 제7항)
심의 결과	
【정부안 채택】 ○ 이용자의 대다수가 정신적 제약의 개선 여지가 적고 경제적으로 열악할 것으로 예상되므로 법정 기간을 두지 않는 것이 바람직	

IV. 공시의 방식

성년후견제도를 도입하면서 후견의 내용을 어느 범위에서 공개할 것인지가 매우 어려운 문제였다. 장애인단체측에서는 본인과 가족의 명예감을 보호하기 위하여 공시를 가능한 한 제한하자는 입장을 취했다. 그러나 거래의 안전을 고려할 때 공시를 전면적으로 제한하는 것은 현실적으로 곤란했다.

공시를 하더라도 금치산·한정치산제도에서 사용하던 가족관계등록부를 활용할 것인지 아니면 별도의 등기부를 창설할 것인지도 문제되었다. 먼저 가족관계등록부는 신분관계를 망라하는 공시제도이므로 새로운 후견의 내용도 신분 사항의 일종으로 보아 가족관계등록부를 통해 일원적

으로 공시하는 것이 바람직하다는 견해가 있었다.[103] 가족관계등록부를
활용할 경우 새로운 후견제도에 대한 공시 체제를 갖추는 데 드는 시간
과 비용을 절약할 수 있으며, 종전의 호적부와는 달리 가족관계등록부
의 열람권자와 공시 내용이 제한되어 있어 프라이버시 침해 가능성도
크지 않다는 점이 주된 논거였다. 민법개정위원회에서는 위와 같은 사
정을 고려하여 가족관계등록부를 성년후견제도의 공시방법으로 제안하
였다. 하지만 장애인단체에서는 별도의 등기부 창설을 희망하였다. 아
마도 가족관계등록부의 전신(前身)인 호적부에서 금치산·한정치산에 관
한 내용을 무분별하게 공개함으로써 본인과 가족들의 프라이버시를 침
해한 것에 대한 반발과 불신이 가족관계등록부에까지 이어진 것이 아닌
가 싶다.[104]

 법무부는 국회 심의 과정에서 장애인단체가 원하는 새로운 등기부 창
설로 입장을 선회하였다. 국민들이 원하는 바를 입법에 반영하는 것이
진정한 '수요자 중심의 입법'이라고 판단했기 때문이다. 또한 가족관계
등록부는 '가족관계'에 관한 사항을 기재하는 것이 주된 목적으로 생각
될 수도 있기 때문에 공정성과 전문성을 최우선으로 고려하여 후견인을
선임하는 성년후견제도의 입법취지에 따라 새로운 공시방법을 마련하는
것이 법 체계상 더 바람직하게 보일 수 있다는 점도 고려되었다.[105]

---

103) 송호열, "성년후견법제에 관한 연구", 동아대학교 대학원 박사학위논문, 2002,
  287면.
104) 후견에 관한 새로운 공시제도가 필요하다는 견해로는 공순진·김원숙, "성년후
  견공시제도", 『동의법정』 제20집, 2004, 223면; 박태신, "정신장애인의 자기결
  정권과 행위능력 – 일본의 성년후견제도를 중심으로", 『안암법학』 제27호,
  2008, 178면; 신은주, "우리나라에서 성년후견제도의 도입", 『한국의료법학회
  지』 제17권 제6호, 2009, 43면; 유경미, "성년후견제도의 입법화를 위한 고찰",
  『법학연구』 제24집, 2006, 162~163면; 정조근·송호열, "후견인등록제도에 관
  한 고찰", 『가족법연구』 제20권 제3호, 2006, 147면; 최문기, "성년후견제도의
  입법론에 관한 일고찰", 『경성법학』 제16집 제2호, 2007, 13, 33면 참조.

〈법안별 공시방법 비교〉

법안명 (제출자)	공시방법 개요
장애성년 후견법 (나경원 의원)	등기하지 아니하면 제3자에게 대항하지 못함(제12조)
민 법 (법무부)	① 성년후견·한정후견·특정후견의 경우 가족관계등록부에 등 록됨을 전제로 개정안에는 규정을 두고 있지 않고 향후 「가족 관계등록 등에 관한 법률」 개정 ② 후견계약의 경우는 가족관계등록부에 등록되어 가정법원이 임 의후견감독인을 선임하여야 그 효력이 발생 (제959조의15제1항, 제959조의14제3항)
민 법 (박은수 의원)	후견계약은 등기(록)하여야 함(제929조의2)
민 법 (신학용 의원)	후견계약은 등기하여야 함(제936조 제8항)
심의 결과	
【의원안 채택】 ○ 장애인단체의 요구와 의원 발의안의 입장을 수용하여 '등기'로 규정 ※ 등기의 구체적인 절차는 추후 특별법 제정을 통해 규정하기로 함	

---

105) 이러한 입법 경위와는 달리 일부 이해단체에서 자신들의 의사에 따라 새로운
후견공시방법이 정해진 것처럼 홍보하는 것은 바람직하지 않다고 생각한다. 예
컨대 대한법무사협회 엄덕수 법제연구소장은 언론을 통해 "성년후견의 공시방
법에 등기부 공시를 제안한 것은 협회안이 유일했습니다. '사법부의 누적된 공
시전문능력을 활용해야 한다'는 협회의 주장이 그대로 받아들여졌어요"라고 주
장한 바 있다[법률신문, 법무사업계 '씽크탱크' 법제연구소 엄덕수 소장 인터뷰,
「성년후견인제 도입한 민법개정에 기여 자부심」(2011. 9. 2.), http://www.
lawtimes.co.kr/LawNews/News/NewsContents.aspx?serial=59038&kind)]. 그
러나 다음 표에서 보는 바와 같이 법무사협회와 관련된 신학용 의원안 외에도
등기부 공시를 제안한 법안이 오히려 더 많았고 무엇보다 장애인단체에서도 새
로운 등기방식을 원했었다. 더욱이 대안 입법을 위해 직접 현장을 뛰어다닌 필
자로서는 과연 법무사협회의 주된 목적이 '사법부의 누적된 공시전문능력을 활
용하는 것'이었는지에 대해서 확신을 가지기 어렵다. 오히려 이른바 '누적된 공
시전문능력'의 주체인 사법부는 시종일관 가족관계등록부 활용을 주장했었다.

V. 기타 관계 규정

1. 시행일

2009년 12월에 국회에 제출한 민법개정안 부칙에 규정된 시행 시기는 2012년 1월 1일이었다. 국회 법안 심의, 법안 통과 후 관계 법령 정비 및 공시 시스템 보완 등 시행 준비에 약 2년이 필요할 것이라고 예상했기 때문이다. 그런데 법안 국회 제출 이후 법제사법위원회 제1소위에서 본격적인 법안 심의가 개시되는 데만 1년 가까이 소요되었으며, 후견의 공시방법이 가족관계등록부에서 등기로 바뀌게 되어 법 시행일을 늦춰야만 했다. 그 결과 2011년 초에 개정민법이 공포될 것을 전제로 후견등기법 제정 등 법령 정비에 약 1년, 법원행정처의 후견등기 시스템 구축에 약 1년 6개월이 소요될 것으로 계산하여 시행일을 2013년 7월 1일로 수정하게 되었다(부칙 제1조).

2. 경과조치

개정민법 시행 당시 이미 금치산 또는 한정치산의 선고를 받은 사람에 대하여는 종전의 규정을 적용하도록 하였다(부칙 제2조 제1항). 왜냐하면 신법의 적용을 받도록 할 경우 금치산자를 피성년후견인, 한정치산자를 피한정후견인으로 보는 간주 규정을 두어야 하는데, 특히 한정후견의 경우 후견의 내용을 개별적으로 정해야 하므로 간주 규정을 통해 일률적으로 피한정인의 능력을 규정하는 것이 기술적으로 매우 어렵기 때문이었다. 그래서 기존의 금치산자 또는 한정치산자에 대해서는 종전의 규정이 적용되도록 함으로써 법적 안정성을 추구했다. 그러나 영구적으로 구법이 적용되게 할 경우 본인의 의사와 현존능력을 존중한다는 신법의 취지가 희석될 수 있기 때문에 후견인으로 하여금 법 시행일로부터 3년 이내에 새로운 후견제도에 따라 성년후견, 한정후견, 특정후견 또는 임의후견을 청구하도록 하고, 이를 위반한 경우 과태료를 부과하는 방안을 검토한 적이 있다. 그러나 후견인에게 과도한 부담이 될 수 있다는 고려에서 과태료 부과 규정을 배제한 채 국회에 법안을 제출하였다.

그런데 국회 심의 과정에서 법원행정처는 "3년이 도과하여 후견인이 새로운 후견을 청구한 경우 어떻게 처리할 것인지 모호할 수 있다"며 이러한 의무 규정의 삭제를 요청했고, 법무부는 성년후견제도를 운용할 법원의 입장을 존중한다는 차원에서 이를 수용했다.106) 대신 영속적으로 금치산, 한정치산 선고의 효력이 계속되는 것을 방지하기 위해서 법 시행일로부터 5년이 경과한 때에는 금치산, 한정치산 선고는 장래를 향하여 그 효력을 잃도록 했다(부칙 제2조 제2항).107)

3. 다른 법령과의 관계

민법상 "금치산" 또는 "한정치산"을 인용하는 있는 법률은 200여개에

---

106) 그러나 위와 같은 의무 규정을 삭제함으로써 피후견인에게 불이익이 될 수도 있다. 법원행정처에서는 과태료 규정을 삭제한 마당에 별 실효성이 없다는 의견이었으나, 위 규정에 근거하여 의무를 해태한 경우 별도의 손해배상 청구가 가능하기 때문에 그 의미가 전혀 없다고는 할 수 없다. 물론 후견인의 선관주의의무를 근거로 여전히 손해배상청구가 가능하다는 주장이 있을 수도 있으나, 의무 규정이 없을 경우 새로운 후견 청구는 후견인에게 지나친 부담이 될 수 있다는 항변이 힘을 얻게 되어 손해배상책임이 성립할 것인지는 불확실하다고 생각된다.

107) 이에 대해서는 5년 내에 새로운 후견으로 전환되지 않을 경우 피후견인의 보호에 공백이 생길 수 있다는 비판이 가능하다. 하지만 금치산자·한정치산자에 대한 과도한 제약을 무기한 존속시킬 것인지 아니면 이를 소멸시키고 새로운 후견제도를 이용하도록 할 것인지 여부를 놓고 비교 형량한 끝에 결국 후자를 선택하게 된 것이다.

이른다. 개정민법 부칙에서 이를 "성년후견" 또는 "한정후견"으로 간주하는 규정을 둘 경우 타 법령의 자격제한 규정과 관련하여 매우 어려운 문제가 생긴다.[108] 특히 한정후견의 경우에는 판단능력의 범위가 매우 넓어지기 때문에 한정치산에서와 같이 일률적으로 자격을 제한할 경우 위헌의 소지가 높다. 반면 부칙에 아무런 규정을 두지 않을 경우 타 법령이 개정민법 시행 전까지 성년후견제도에 맞추어 개정되지 않는다면 규율에 공백이 생길 우려가 있다.[109]

따라서 개정민법에서는 다른 법령에서 "금치산" 또는 "한정치산"을 인용한 경우에는 "성년후견" 또는 "한정후견"을 인용한 것으로 보되, 경과 조치에서와 마찬가지로 그 시한을 5년으로 제한하였다(부칙 제3조). 따라서 관련 법령의 소관 부처는 5년 내에 성년후견제도에 맞추어 법령을 정비하여야 하고, 그 기간 내에도 정비가 이루어지지 않을 경우에는 당해 규정은 효력이 부정될 수밖에 없을 것이다. 이 경우에도 규율의 공백이 생길 수 있다는 문제가 제기될 수 있으나, 개정민법 공포 후 시행일까지 약 2년의 유예 기간과 시행일부터 간주 규정의 효력이 유지되는 5년의 기간을 합치면 총 7년가량의 준비 시간이 있으므로 소관 부처에서 그 의무를 해태하지 않는 한 충분히 법령 정비가 이루어질 것으로 기대한다.[110]

---

108) 각종 법령에서 획일적으로 후견의 개시를 결격사유로 규정하고 있는 바람직하지 않다고 생각한다. 이에 대한 구체적인 내용은 제4장 관련 제도의 개선 방향 제2절 관계 법령과의 정합성 중 IV. 자격 제한 관련 법령 부분 참조.

109) 특히 법무부 이외의 부처가 소관하는 법령의 경우 개정민법의 부칙을 통해 일률적으로 개정하는 것은 '타 법령의 실질적 내용을 변경할 수 없다'는 부칙의 한계를 일탈할 우려가 있다. 법무부에서 타 부처에 개정을 권고하는 방안도 생각할 수 있으나 언제 개정이 이루어질 것인지 불확실한 문제가 있다.

110) 또한 개정민법상 부칙에는 친족회에 관한 규정이 미비된 상태인바, 향후 신속한 보완이 필요할 것이다.

제3절 소결

　우리나라의 성년후견제도는 복지국가·고령화사회 진입과 사회복지 패러다임의 변화라는 시대적 변화와 더불어 기존 후견제도에 대한 반성과 국내외 입법 동향을 반영하는 과정에서 탄생하였다. 효과적인 입법을 위해서는 3가지 요소가 필요하다고 생각한다. 첫 번째는 관련 전문가와의 공조이고, 두 번째는 국민적 공감대 형성이며, 세 번째는 구체적이고 일관된 입법 철학이다. 성년후견제도 도입을 위한 민법 개정 과정에서는 학자와 실무가로 구성된 민법개정위원회의 기여가 컸고, 장애인단체 등 이해집단의 의견을 적극적으로 수렴하고 반영하려는 노력이 있었다. 무엇보다 '수요자 중심의 입법', '부정적 낙인 효과 완화'라는 입법 이념을 정립하고 모든 정책 결정 과정에서 이를 관철시키고자 노력했다는 점이 가장 의미있는 일이라고 생각한다.

　성년후견제도 입법 과정에서 이른바 '수요자'의 개념 및 범위를 어떻게 볼 것인가는 매우 중요한 문제였다. 향후 성년후견제도가 누구든지 현재 또는 미래의 판단능력 흠결을 보완하기 위해서 활용할 수 있는 법적 지원장치로서 자리매김한다면 '온 국민'이 수요자가 될 것이다.111)

---

111) 다만, 성년후견제도가 온 국민을 위한 법적 지원장치로 발전하더라도 결국 그 궁극적인 대상은 장애인으로 수렴될 수 있을 것이다. 왜냐하면 법정후견이든 임의후견이든 그 효력이 발생하는 시기는 정신능력이 약화된 시점이기 때문이다. 따라서 가장 근본적인 문제는 '장애인'이라는 단어에 대한 편견과 거부감

하지만 제도 시행 초기에 가장 직접적인 수요자는 장애인이며, 이후 고령자 등으로 이용자가 확대될 것으로 예상된다. 이번 민법 개정은 가급적 신속히 성년후견제도의 초기 모델을 마련하는 데 주안점을 두었기 때문에 장애인의 입장을 반영하는 일에 주력하였고 고령자 등 여타 이해집단의 의견은 충분히 수렴하지 못하였다. 향후 추가적으로 민법을 개정하거나 관계 법령을 정비할 때에는 위와 같은 한계가 있었던 점을 반성하고 보다 폭넓은 의견 수렴 절차를 가져야 할 것이다.

을 없애는 것이라고 생각한다. 전문의의 견해에 의하면, 일생 동안 한 번 이상 정신질환을 앓는 사람이 전 국민의 3분의 1 이상이나 된다고 한다[정신질환자 법적 차별 대책 간담회(서울대학교 의과대학 회의실, 2009. 6.) 중 대한신경정신의학회 관계자 의견]. 또한 정도의 차이는 있을지라도 노화가 진행될수록 정신적 능력은 쇠퇴하기 마련이다. 따라서 선천적이냐 후천적이냐의 차이가 있을 뿐 모든 사람은 잠재적 장애인이라고 할 수 있다. 장애인에 대한 인식 변화야말로 후견제도에 대한 부정적 낙인효과를 없애는 근본적인 방법일 것이다(구상엽, "한국 성년후견제도 입법 과정의 특징과 향후 과제", 『자기결정권 존중을 위한 성년후견제 국제 컨퍼런스』, 한국성년후견학회·국가인권위원회, 2013, 109면).

제3장 개정민법상 성년후견제도 분석

제1절 후견제도의 체제

Ⅰ. 서설

개정 전 민법상 성년자에 대한 후견으로는 금치산·한정치산제도가 있
는데,[1] 두 제도 모두 후견인이 피후견인의 법정대리인이 된다는 공통점
을 가지고 있다(제938조). 그런데 이러한 획일적인 대리의사결정 방식은
본인의 의사와 현존능력을 무시하는 것이라는 비판이 있었다.[2]

---

1) 미성년자도 금치산·한정치산제도를 이용할 수 있는지에 대해서 견해가 대립될 수
있다. 금치산자의 능력은 미성년자보다 좁기 때문에 미성년자의 보호를 위하여 미
성년자도 금치산제도를 이용할 수 있다는 견해에 대해서는 특별한 반대의견을 찾
기 어렵다(곽윤직, 『민법총칙』, 박영사, 2005, 98면). 그러나 한정치산제도에 대
해서는 ① 미성년자와 한정치산자의 행위능력에 차이가 없기 때문에 미성년자의
한정치산제도 이용에 반대하는 견해(곽윤직, 『민법총칙』, 박영사, 2005, 95면)와
② 성년을 앞둔 미성년자에 대한 보호의 공백을 메우기 위하여 미성년자도 한정
치산제도를 이용할 수 있다는 견해가 대립하고 있다(김상용, 『민법총칙』, 법문사,
2001, 173면; 김증한, 『민법총칙』, 진일사, 1972, 180면; 장경학, 『민법총칙』, 법
문사, 1988, 218면 참조). 이 경우 한정치산이 선고되더라도 미성년자가 성인이
될 때까지는 친권자나 종래의 후견인의 보호를 받으며 한정치산선고를 통해 선임
된 후견인은 아무런 권한이 없다고 보는 것이 상당할 것이다(양창수·김재형, 『계
약법』, 박영사, 2011, 586면). 다만, 성년자가 미성년후견을 이용할 수 없는 것은
분명하기 때문에 성년자에 대한 후견은 금치산·한정치산제도라고 표현해도 무방
할 것이다.
2) 장애인의 의사결정을 돕는 방식에는 첫째로 장애인 본인이 의사결정의 주체가

개정민법에서는 이러한 문제를 해결하기 위하여 후견의 유형과 내용을 다양화하였다. 먼저 성년자에 대한 법정후견을 성년후견, 한정후견, 특정후견으로 세분화하였다. 또한 본인이 계약을 통해 직접 후견을 설계할 수 있는 임의후견제도인 후견계약을 도입하였다. 금치산·한정치산제도에서는 정신적 능력에 중대한 흠결이 있는 사람들만 후견을 이용할수 있었던 것과는 달리, 개정민법에서는 후견의 유형과 내용이 다양화되면서 의사무능력에 가까운 사람부터 정신적 흠결이 거의 없는 사람까지 폭넓게 후견을 이용할 수 있게 되었다. 또한 성년후견을 제외하고는 후견인에게 포괄적인 법정대리권을 인정하는 것을 지양하고 본인의 의사와 현존능력을 고려하여 필요한 범위에서만 대리권을 부여하도록 했다는 점에서 큰 변화가 있다고 할 수 있다. 미성년자에 대한 후견인 미성년후견은 개정 전 민법과 마찬가지로 친권의 공백을 보완하는 것을 주된 목적으로 하기 때문에 후견인의 법정 순위를 폐지한 것 외에는 기본틀을 그대로 유지하였다.

되고 후견인은 결정에 필요한 정보와 조언을 제공하는 데 그치는 이른바 '조력의사결정(supported decision making)', 둘째로 후견인 자신이 직접 의사결정을하는 형식인 '대리의사결정(substituted decision making)'이 있는데, 장애인들은예전부터 금치산·한정치산제도가 후자에 가깝다고 비판해왔다[2009. 6. 1.자 법무부-한국장애인연맹 간담회 중 김대성 사무총장 발언; 윤삼호, "성년후견인제도, 이대로 좋은가?", 『DPI Magazine』(2010. 3.), 11면 참조]. 민법학계에서도 판단능력이 부족한 사람에 대해 법이 일방적으로 제3자에게 대리권을 수여하는 제도는 사적 자치와 충돌된다는 견해가 소개되고 있다[Müller-Freienfels, Die Vertretung beim Rechtsgeschäft (1995), S. 14, 28, 72, 209; 최봉경, 『독일의 성년후견제도에 관한 연구』, 법무부 연구용역, 2009, 17면].

II. 성년후견과 미성년후견

개정민법상 성년후견은 정신적 제약으로 사무를 처리할 능력이 지속적으로 결여된 사람을 대상으로 한다. 따라서 의사능력이 결여된 사람들이 주된 이용자가 된다는 점에서 금치산제도와 유사한 측면이 있다. 피성년후견인은 사실상 독자적으로 법률행위를 할 수 있는 경우가 드물기 때문에 효율적인 보호를 위하여 금치산제도에서와 마찬가지로 성년후견인에게 법정대리인으로서의 지위를 인정하고 있다(제938조 제1항).[3] 개정민법상 미성년후견도 기존 민법에서와 마찬가지로 미성년자에 대한 전인격(全人格)적 보호·교양을 위하여 후견인에게 포괄적인 법정대리권을 인정하고 있다(제938조).[4]

위와 같이 성년후견과 미성년후견은 다른 후견 유형에 비해서 기존 민법의 태도와 연계될 수 있는 측면이 많다.[5] 또한 후견인에게 포괄적인 법정대리인으로서의 지위를 부여한다는 점에서 성년후견과 미성년후견은 유사하다고 볼 수도 있다. 하지만 미성년후견은 미성년자가 성장과정에서 온전한 인격체로 완성되어갈 수 있도록 돌보는 것이라는 특성을 가진다. 따라서 이론상으로는 미성년자에 대해서도 성년후견이 가능

---

3) 하지만 피성년후견인의 경우에도 일상적인 법률행위는 취소할 수 없도록 하는 한편(제10조 제4항), 가정법원이 본인의 의사와 현존능력을 고려하여 독자적인 법률행위의 영역을 정할 수 있도록 했다는 점에서는 금치산제도와 큰 차이가 있다고 할 수 있다(제10조 제2항, 제3항).

4) 개정민법상 일반적으로 법인·복수후견인 선임이 가능하나, 미성년후견에 있어서는 미성년자의 원만한 인격형성을 위하여 개인적 유대가 중요하기 때문에 자연인 한 명에 의한 후견만 허용하도록 한 것도 위와 같은 이유 때문이다(백승흠, "성년후견제도의 도입과 과제", 『법학논총』 제27집 제1호, 2010, 33면 참조).

5) 개정민법에서도 위와 같은 점을 고려하여 친족편 제5장 제1절의 표제를 "미성년후견과 성년후견"으로 바꾸면서 미성년후견과 성년후견을 같이 다루고 있다.

하다는 주장이 제기될 수도 있으나,[6] 위와 같은 특성 때문에 미성년자
는 친권자 내지 미성년후견인의 보호를 받도록 하는 것이 바람직할 것이
다.[7] 성인이 되어도 정신적 흠결이 지속될 미성년자의 경우에는 보호
의 공백이 생기지 않도록 미성년일 때 성년후견이나 한정후견을 청구할
수도 있겠지만, 성년이 되는 날부터 후견이 개시되도록 하는 것이 바람
직할 것이다.[8]

---

6) 개정민법 제9조상 성년후견개시심판의 청구인 중 "미성년후견인, 미성년후견감
독인"이 포함되어 있고, "정신적 제약으로 사무를 처리할 능력이 지속적으로 결
여된 사람"을 성년후견의 이용 주체로 하고 있다. 따라서 문리해석상 미성년자
에 대하여 성년후견이 청구될 수 있고, 이 때 위 요건을 만족하는 이상 성년후견
의 개시를 부정할 이유가 없다는 주장이 가능하다. 일본에서도 법률상 미성년자
에 대해서도 법정후견(보조·보좌·후견)을 개시하는 것이 가능하다고 설명하고
있으며, 우리나라 민법개정위원회 논의 과정에서도 "이론상으로는 미성년자도
성년후견제도를 이용할 수 있는데, '성년후견'이라는 용어를 사용할 경우 이용
주체를 성인으로 한정하는 것처럼 보일 수 있다"는 문제가 제기된 바 있다[小林
昭彦 外 5人, 『新成年後見制度の解說』, 社團法人 金融財政事情研究會, 2003, 3頁;
제1기 민법개정위원회, 제2분과 제4차 회의(2009. 3. 24.) 중 구상엽 간사 발언
부분 (내부 회의록 4면) 참조].
  위와 같은 문제의식 때문에 민법개정위원회에서는 새로운 후견 유형의 명칭으
로서 "부조", "보조", "후호(後護)", "호후(護後)" 등이 검토된 바 있다. 그러나
부조나 보조는 기존의 통속적 의미나 민법상 용례(用例)가 다소 다를 수 있으
며, 후호나 호후는 현대 사회에서 낯선 용어라는 점 등 때문에 모두 채택되지
않았다[제1기 민법개정위원회, 제2분과 제6차 회의(2009. 4. 21.) 중 김형석 위
원 발언 부분(내부 회의록 2면); 제1기 민법개정위원회, 제2분과 제7차 회의
(2009. 5. 4.) 중 민유숙 위원 발언 부분(내부 회의록 2면) 참조].
7) 개정 전 민법에서 미성년자도 성년후견을 이용할 수 있다는 견해의 기본 전제는
"금치산자의 행위능력이 미성년자의 행위능력보다 좁다"는 것이었으나, 개정민
법에서는 피성년후견인의 행위능력의 범위가 유동적이어서 일률적으로 미성년
자의 행위능력과 비교할 수 없기 때문에 더 이상 위와 같은 논리를 그대로 유지
하기는 어렵다고 본다.
8) 일본에서도 미성년자에 대해서 보조, 보좌, 후견이 신청되는 경우는 사실상 미
성년자가 성년에 달한 시점에 곧장 성년후견제도로 이행하기 위한 예외적인 경
우 등에 한정될 것이라고 설명하고 있으며(小林昭彦 外 5人, 『新成年後見制度の

Ⅲ. 한정후견과 특정후견

개정 전 민법에서는 한정치산자에 대해서 미성년자의 행위능력에 관한 규정을 준용함으로써 후견인의 동의 없이 행한 한정치산자의 법률행위를 취소할 수 있도록 하는 한편(제10조, 제5조), 후견인에게 일반적인 대리권을 부여하고 있었다(제938조). 후견인으로부터 허락을 받은 경우 한정치산자의 행위능력을 확장할 수 있는 길을 열어두었으나(제10조, 제6조, 제8조), 그 활용도는 높지 않았던 것으로 보인다.

개정민법에서는 한정후견, 특정후견이라는 제한적 법정후견 유형을 두었다. 한정후견은 정신적 제약으로 인해서 사무를 처리할 능력이 부족한 사람을 대상으로 하는데(제12조 제1항), 판단능력의 흠결이 중한 사람뿐만 아니라 경미한 사람도 이용할 수 있도록 하는 것을 전제로 하였다. 또한 동의 유보의 대상이나 후견인의 대리권을 가정법원이 따로 정하도

解說』, 社團法人 金融財政事情硏究會, 2003, 3頁), 프랑스에서는 아예 민법전에서 "친권이 해제되지 아니한 미성년자에 대해서는 미성년이 종료되는 마지막 해에 재판상보호조치를 청구할 수 있고, 재판상보호조치는 성년이 시작되는 날에 효력이 발생한다"고 명시하고 있다(제429조 제2항).

참고로 개정민법상 성년자에 대한 후견의 명칭 중 "성년후견"은 한정후견이나 특정후견과 연계성이 떨어진다는 비판이 있을 수 있다. 입법자의 의도를 선해하자면, 후견인에게 폭넓은 법정대리권이 인정되는 포괄적인 후견 유형을 그 주된 이용자에 따라 "성년후견"과 "미성년후견"으로 나누어 명명한 것이라고 볼 수도 있다. 하지만, 성년후견과 미성년후견은 그 취지와 성격이 다르기 때문에 동일선상에서 비교하기 어려운 측면이 있다. 입법론으로서는 개정민법상 미성년후견과 성년후견을 같은 절에서 규정하는 체제와 일부 용어를 수정하는 것이 보다 바람직하다고 생각한다. 먼저 큰 틀에서 미성년자에 대한 보호와 성년자에 대한 보호를 분리하는 체제로 변경하고 후자에 개정민법상 성년·한정·특정후견을 규정하되, "성년후견"이라는 용어는 한정·특정후견과의 관계가 잘 드러날 수 있도록 "포괄후견" 등으로 대체하는 것이 입법 기술상 합리적일 것이다.

록 규정하고 있다(제13조, 제959조의4). 특정후견은 정신적 제약으로 인해
서 일시적 후원이나 특정 사무에 대한 후원이 필요한 사람을 대상으로
하는데, 그 기간이나 대상이 특정되고 특정후견인 선임 외에도 가정법원
의 직접적인 보호조치가 가능하다는 점에서 한정후견인을 통한 지속적
인 보호를 전제로 하는 한정후견과 차이가 있다(제14조의2 제1항, 제959조의
8, 제959조의9).[9] 특정후견인은 조언 등을 통해 피후견인의 판단을 도울
뿐이기 때문에 피특정후견인의 행위능력이 제한되지 않으며, 특정후견
인에게 대리권을 수여하기 위해서는 별도의 심판이 필요하다(제959조의
11).[10] 따라서 한정치산과 한정후견 사이에는 본질적인 차이가 있으며,
특정후견은 기존 민법에서는 알지 못하던 전혀 새로운 후견 유형이라고
할 수 있다.[11]

---

9) 이처럼 일시적인 조력이나 법원의 직접 보호가 가능도록 한 특정후견은 프랑스
민법상 사법보우(司法保佑, sauvegarde de justice)나 영국 정신능력법(Mental
Capacity Act)상 특정명령제도에서 영감을 얻은 것이라고 할 수 있다.

10) 행위능력을 제한하지 않는 특정후견을 총칙의 행위능력에 관한 절에 성년후견·
한정후견과 병렬적으로 규정하는 것이 체계상 맞지 않는다는 지적이 있다[성년
후견제도의 올바른 도입을 위한 심포지엄, 국회의원 노철래·서울지방변호사회
주최 (국회의원회관 소회의실, 2011. 9. 1.) 중 김영규 교수 발언 부분]. 하지만,
법정후견의 체제를 일목요연하게 조망하고, 다른 법정후견 규정과 대비함으로써
특정후견이 행위능력을 제한하지 않는다는 것을 쉽게 알아볼 수 있게 한다는 점
에서 개정민법의 형식이 입법 기술상 실용적이라고 평가할 수도 있을 것이다.

11) 일본도 성년자에 대한 법정후견으로 3가지 유형(후견·보좌·보조)을 두고 있어
외관상 우리나라의 성년후견제도와 유사하다고 생각될 수도 있지만, 일본의 보
좌·보조와 우리나라의 한정후견·특정후견 사이에는 큰 차이가 있다. 보좌와 보
조는 판단능력이 '현저하게' 불충한지 여부에 따라 구분되는데(小林昭彦 外 5人,
『新成年後見制度の解說』, 社團法人 金融財政事情研究會, 2003, 72頁), 위 '현저성'
여부에 대한 판단이 어려울 수 있고 보좌와 보조 모두 동의 유보를 내용으로
하고 있어 양자를 구분할 실익이 크지 않다고 생각한다. 반면 동의 유보와 지속
적 보호를 특징으로 하는 한정후견과 행위능력의 제한이 없는 일시적 보호장치
인 특정후견은 그 성질이 크게 다르다. 요컨대 우리 개정민법은 판단능력의 흠
결 정도라는 '관념적 기준'뿐만 아니라 후견의 효과라는 '실체적·실용적 기준'을

IV. 후견계약

　개정 전 민법에서는 계약에 의한 임의후견은 존재하지 않았다. 개정 민법에서는 본인이 직접 누가 후견인이 되고 어떤 후견을 받을 것인지를 직접 정할 수 있는 후견계약을 신설하였다. 후견계약은 현재 판단능력이 부족한 사람뿐만 아니라 장래에 판단능력이 저하될 것을 대비하기 위한 사람까지 이용할 수 있기 때문에 누구나 이용할 수 있는 제도이고 원칙적으로 행위능력의 제한을 전제로 하지 않는다. 후견계약을 체결한 사람이 계약에서 상정한 정도로 정신능력이 저하되면 가정법원에서 후견감독인을 선임한 때부터 후견계약이 발효되어 후견인이 활동할 수 있게 된다. 요컨대 후견계약이 체결될 단계에서는 위임계약과 큰 차이가 없으나, 위임인의 판단능력이 악화되면 수임인의 공정한 직무 수행을 담보할 수 없기 때문에 가정법원이 후견감독인을 선임해서 후견인을 관리감독하는 것을 전제로 임의후견이 개시되도록 한 것이다.

　가지고 후견의 체제를 구성한 것이다. 굳이 비교하자면, 한정후견은 일본의 보좌·보조를 합친 것과 유사하다고 할 수 있다(특정후견은 일본에는 존재하지 않는 후견 유형이다). 이처럼 법정후견의 유형을 통합한 것은 후견의 세분화로 인한 부정적 낙인 효과를 없애기 위함이라는 것은 누차 강조한 바와 같다.

제2절 성년후견

Ⅰ. 성년후견의 개시

1. 성년후견의 이용 주체

개정 전 민법은 "심신상실의 상태에 있는 자"를 금치산제도의 이용 주체로 규정하고 있었다(제12조). '심신상실'이란 자신이 하는 행위의 내용과 결과에 대해서 합리적으로 판단할 능력이 결여된 것으로 의사무능력과 같은 의미이며, 심신상실의 '상태(常態)'에 있다는 것은 단속(斷續)적으로 의사능력이 회복되는 경우가 있더라도 전반적으로 의사무능력 상태에 있다고 볼 수 있는 상황을 말한다.12)

개정민법은 "질병, 장애, 노령, 그 밖의 사유로 인한 정신적 제약으로 사무를 처리할 능력이 지속적으로 결여된 사람"이 성년후견을 이용할 수 있도록 규정하고 있다(제9조).13) 구체적으로 어느 정도의 정신적 제

---

12) 곽윤직, 『민법총칙』, 박영사, 2005, 97면; 곽윤직 편집대표, 『민법주해』[Ⅰ], 박영사, 1999, 307~308면; 박준서 편집대표, 『주석민법 총칙』[Ⅰ], 한국사법행정학회, 2002, 349면.
13) 민법개정위원회 논의 초기에는 "정신상 장애로 인하여 사리를 변별할 능력을 잃은 상태에 있는 사람"이라는 표현을 고려하기도 하였다. 이는 당시 민유숙 위원이 법원의 연구 결과를 기초로 하여 제안한 것으로 일본 민법 제7조의 표현을 많이 참고한 것으로 보인다[제1기 민법개정위원회, 제2분과 제7차회의(2009. 5.

약이 있어야 성년후견의 이용 주체가 될 수 있는지 일률적으로 말하기는 어렵다. 다만 식물인간 상태에 있다든지, 자신이나 가족의 이름이나 거소도 기억하지 못할 정도로 일상적인 인지 능력이 떨어진다든지, 정신적 제약으로 인하여 통상적인 사회활동이나 경제활동을 혼자서 전혀 할 수 없는 경우 등이 대표적인 사례라고 할 것이다.[14] 따라서 금치산제도에서와 마찬가지로 의사무능력 상태에 있는 사람이 성년후견의 주된 이용자라고 할 수 있다. 또한 금치산제도에서와 마찬가지로 능력의 결여가 계속되어야 한다는 요건을 "지속적으로"라는 표현을 통해 명시하였는데, 단속(斷續)으로 의사능력이 회복되더라도 전반적으로 의사무능력 상태가 계속되고 있다고 볼 수 있는 경우에는 금치산 선고의 요건을 만족시킨다는 기존의 해석은 성년후견에서도 적용될 수 있다고 본다. 마지막으로 개정민법상 일반규정은 따로 없으나, 성년후견제도의 지도 이념에 비추어 볼 때 후견의 요건을 판단할 때 필요성과 보충성의 원칙도 고려해야 할 것이다.[15]

기술한 바와 같이 민법 개정 과정에서 신체적 제약을 후견의 대상으로 할 것인지에 대해서 논의가 있었으나, 자기결정권을 침해할 우려가

4.) 중 민유숙 위원 발언 부분(민유숙 위원 작성 내부 회의자료 4면); 성년후견제도연구회, 『성년 후견제도 연구』, 사법연구지원재단, 2007, 437면 참조]. 그러나 위와 같은 표현을 쓸 경우 재판부가 장애인복지법 제2조상 '장애' 및 '정신질환', 정신보건법 제3조상 '정신질환자'의 개념에 구속될 우려가 있다는 이유로 "정신적 제약"이라는 포괄적인 표현으로 바꾸고 '장애'는 정신적 제약의 하나의 예시로서 규정하게 되었다.

14) 小林昭彦 外 5人,『新成年後見制度の解説』, 社團法人 金融財政事情研究會, 2003, 104~105頁(위 사례들은 일본에서 우리 성년후견과 유사한 후견 유형인 '후견'의 대표적 예시로 들고 있는 것이다).

15) 후견의 필요성과 보충성에 대한 자세한 내용은 제2장 성년후견제도의 도입 배경과 주요 쟁점 제1절 성년후견제도의 의의 및 입법 배경 Ⅰ. 성년후견제도의 의의 중 3. 성년후견제도의 지도 이념 부분 참조.

있다는 이유로 배제하였다.[16] 프랑스나 독일에서는 민법전에 신체적 제
약을 후견의 대상에 포함시킴으로써 그 범위가 우리보다 넓다는 인상을
줄 수 있으나,[17] 정신능력이 온전한 신체장애인은 독자적으로 임의대리
인을 선임하여 사무를 처리하는 것이 가능한 경우가 많고 이 경우에는
후견의 보충성 내지 필요성 요건을 충족시키지 못하여 후견제도를 이용
할 수 없을 것이다.[18]

2. 성년후견의 청구

개정 전 민법은 "본인, 배우자, 4촌 이내의 친족, 후견인 또는 검사"를
금치산 선고의 청구권자로 규정하고 있었다(제12조, 제9조). 이 중 '본인'

---

16) 이에 대한 보다 자세한 내용은 제2장 성년후견제도의 도입 배경과 주요 쟁점
제2절 주요 쟁점 및 정책적 판단 III. 후견 관련 주체 및 기간 중 1. 후견의 이용
주체 – 신체적 제약의 포함 여부 부분 참조.

17) 프랑스 민법 제425조 제1항에서는 성년자에 대한 보호조치의 일반 요건으로서
"의학적으로 증명된 정신능력의 손상 또는 자신의 의사를 표시하는 데에 장애를
일으키는 신체능력의 손상으로 단독으로 자기의 이익을 추구할 능력이 없는 모
든 자연인"을 대상으로 정하고 있으며(명순구, 『프랑스의 성년후견제도』, 법무
부 연구용역, 2009, 35, 64, 68면), 독일 민법 제1896조 제1항에서는 "성년자가
심신질환이나 신체적, 정신적 또는 심인적 장애로 인해 자기 사무의 전부 또는
일부를 처리할 수 없을 때" 성년후견제도를 이용할 수 있다고 규정하고 있다
[Andreas Jürgens, Betreuungsrecht, Kommentar zum materiellen Betreuungsrecht,
zum Verfahrensrecht und zum Vormünderß und Betreuervergütungsgesetz, 3.
(2005), Rn 3; 최봉경, 『독일의 성년후견제도에 관한 연구』, 법무부 연구용역,
2009, 25~28면].

18) 프랑스 민법 제428조의 해석상 제425조에서 정한 보호조치의 필요성이 인정되
더라도 대리관계 등으로 보호가 충분할 경우에는 보호조치를 선고할 수 없으며,
독일 민법 제1896조 제2항도 같은 취지로 규정하고 있다(명순구, 『프랑스의 성
년후견제도』, 법무부 연구용역, 2009, 65면; 최봉경, 『독일의 성년후견제도에 관
한 연구』, 법무부 연구용역, 2009, 26, 61면 참조).

은 금치산제도를 이용하고자 하는 사람으로서 의사능력을 회복하고 있는 동안에는 단독으로 금치산 선고를 청구할 수 있다고 해석된다.[19] 그런데 의사무능력 등을 이유로 본인이 위 청구권을 적절히 행사할 수 없는 경우도 있을 수 있기 때문에 본인의 사정을 잘 파악할 수 있는 '배우자', '4촌 이내의 친족'에게도 금치산 선고의 청구권을 부여하였다. 또한 '후견인'은 한정치산자의 후견인 또는 미성년자의 후견인을 말하는데, 피후견인의 정신능력 악화 등으로 기존 후견만으로는 충분한 보호가 어려워 금치산제도를 이용할 필요가 있는 경우를 염두에 둔 것이다.[20] 마지막으로 의사무능력, 무연고(無緣故) 등을 이유로 본인이나 기타 청구권자가 제때 금치산 선고를 청구하기 어려운 경우에 대비하기 위해서 공익의 대표자인 검사를 청구권자에 포함시킨 것이다.[21]

개정민법은 "본인, 배우자, 4촌 이내의 친족, 미성년후견인, 미성년후견감독인, 한정후견인, 한정후견감독인, 특정후견인, 특정후견감독인, 검사 또는 지방자치단체의 장"을 성년후견개시심판의 청구권자로 규정하고 있다(제9조). '본인'이 직접 성년후견개시심판을 청구하기 위해서는 금치산제도에서와 마찬가지로 의사능력이 있어야 한다.[22] 그런데 본인이 미성년자 또는 피한정후견인으로서 행위능력 내지 절차능력이 제한되고 있는 경우에도 의사능력만 있으면 직접 성년후견을 청구할 수 있는지에 대해서 견해가 대립될 수 있다. 먼저 절차행위는 고도의 판단능력이 필요하기 때문에 본인 보호를 위하여 법정대리인 등이 모든 심판

---

19) 곽윤직 편집대표, 『민법주해』[Ⅰ], 309면; 박준서 편집대표, 『주석민법 총칙』 [Ⅰ], 349면.
20) 곽윤직, 『민법총칙』, 박영사, 2005, 98면.
21) 곽윤직 편집대표, 『민법주해』[Ⅰ], 309면; 박준서 편집대표, 『주석민법 총칙』 [Ⅰ], 349면.
22) 성년후견이 필요한 사람은 대부분 의사무능력 상태에 있을 가능성이 크기 때문에 사실상 본인이 직접 성년후견을 청구하는 경우는 많지 않을 것이다.

절차를 대리해야 한다는 견해가 있을 수 있다. 그러나 법정대리인 등이 성년후견의 청구를 해태할 경우 오히려 본인 보호에 더 미흡할 수 있기 때문에 본인이 직접 후견을 청구할 수 있도록 해야 한다는 반론이 있을 수 있다. 생각건대, 후견의 신청은 관련 절차의 개시를 요구하는 것에 불과하고, 후견심판은 비송으로서 가정법원의 후견적 역할이 강조되므로 제한능력자도 의사능력만 있으면 직접 성년후견을 청구할 수 있다고 해석해야 할 것이다.23) '배우자', '4촌 이내의 친족'을 청구권자로 한 것은 개정 전 민법의 태도를 승계한 것이다. '미성년후견인', '한정후견인', '특정후견인'은 후견인의 종류를 구체적으로 열거한 것이며, 후견감독인 제도가 신설됨에 따라 각각의 후견감독인도 청구권자에 추가하였다.24) 또한 무연고자(無緣故者) 등의 보호를 위하여 '검사'뿐만 아니라 '지방자치단체의 장'도 청구권자에 포함시켰다.25)

---

23) 독일 민법에서는 후견의 요건 규정에 행위무능력자도 후견인의 선임을 신청할 수 있도록 명시하고 있으며(제1896조 제1항), 비송사건절차법에서도 성년후견과 관련하여 행위무능력자의 절차능력을 탄력적으로 인정하고 있다[Bundesministerium der Justiz, *Betreuungsrecht* (2009), S. 7; Schwab, *Münchener Kommentar* (1992), Vor § 1896 Rn. 59, 83; FGG §66; 한봉희, "독일의 成年後見制度小考", 『아세아여성법학』 제3호, 2000, 30면 참조). 일본에서도 민법에 명문의 규정은 없으나 의사능력이 있는 한 본인이 후견심판을 청구할 수 있다고 해석하는 것으로 보인다(小林昭彦 外 5人, 『新成年後見制度の解説』, 社團法人 金融財政事情研究會, 2003, 47, 75-76, 95, 183頁; 新井誠·赤沼康弘·大貫正男, 『成年後見制度 - 法の理論と實務』, 有斐閣, 2007, 31頁).

24) 위 청구인들은 개정 전 민법에서와 마찬가지로 피후견인의 정신능력 악화 등으로 기존에 행해지고 있던 후견만으로는 보호가 충분하지 않은 경우 보다 강력한 보호장치로서 성년후견을 청구하게 될 것이다. 다만, 미성년자에 대해서 성년후견을 청구하는 것은 성년 도달시 보호의 공백이 생기지 않기지 않도록 하는 경우로 한정하는 것이 바람직하다는 것은 기술한 바와 같다. 이에 대한 보다 자세한 내용은 제3장 개정민법상 성년후견제도 분석 제1절 후견제도의 체제 중 II. 성년후견과 미성년후견 부분 참조.

25) 제2장 성년후견제도의 도입 배경 주요 쟁점 제2절 주요 쟁점 및 정책적 판단

민법 개정 논의 과정에서는 가정법원이 직권으로 후견개시심판을 하
는 방안도 고려되었으나,[26] 법원이 직접 후견이 필요한 상황을 인지할
수 있는 경우가 드물고, 직권에 의한 후견개시심판을 인정할 경우 이해
관계인들이 무분별하게 후견개시심판을 신청할 우려가 있다는 이유 때
문에 채택되지 않았다.[27] 향후 후견 청구권자의 범위와 관련해서도 그
확대 또는 축소를 주장하는 입법론이 제기될 수 있다. 그 범위를 과도하
게 넓힐 경우에는 후견 청구가 남용될 수 있는 반면, 지나치게 좁힐 경
우에는 가정법원이 후견의 필요성을 인지할 수 있는 경로가 제한되어
후견이 제때 개시되지 못할 우려가 있다. 따라서 후견 청구권자의 범위
는 무엇보다 본인의 이익을 고려하여 신중하게 결정해야 할 것이다.[28]

Ⅲ. 후견 관련 주체 및 기간 중 2. 후견의 청구권자 부분 참조.

26) 제1기 민법개정위원회, 제2분과 제6차 회의(2009. 4. 21.) 중 백승흠 위원 발언
부분(내부 회의록 3면); 오경희, "성년후견제도에 관한 연구 : 고령자 보호를
중심으로", 부산대학교 박사학위논문, 1999, 155면 참조.

27) 프랑스 민법에서도 과거에는 직권에 의한 보호절차 개시 규정이 있었으나, 남용
의 우려 때문에 2007년 민법 개정시 폐지되었다[Dupont, *Projet de loi portant
réforme de la protection juridique des majeurs*, Avis n° 213 (Sénat, 2007), p. 39;
김형석, "민법개정안 해설", 13면 참조].

28) 외국의 입법례도 다양하다. 독일 민법에서는 본인의 청구 또는 법원의 직권에
의해서만 후견인을 선임할 수 있도록 제한하는 반면(제1896조 제1항), 프랑스
민법에서는 본인, 배우자, 혈족, 인척, 검사뿐만 아니라 본인과 밀접하고 지속적
인 관계를 가진 사람이나 법적 보호조치를 행하는 사람은 모두 보호조치의 개시
청구를 할 수 있도록 하고 있다(제430조). 하지만, 프랑스에서는 위 청구시 검사
가 작성한 인명부에서 선임된 의사가 작성한 상세한 증명서를 첨부해야 하고 위
증명서가 없는 경우 청구를 각하하도록 함으로써 무분별한 청구를 방지하고 있
다[프랑스 민법 제431조 제1항; Ministère de la Justice, Circulaire de la DACS
no CIV/01/09/C1 du 9 février 2009 relative à l'application des dispositions
législatives et réglementaires issues de la réforme du droit de la protection juridique
des mineurs et des majeurs (2009), p. 2 참조].

3. 성년후견개시의 심판 및 효과

가. 성년후견개시의 심판

(1) 관할

금치산·한정치산 선고와 관련된 심리와 재판은 가사비송사건 중 라류
(類) 사건으로서 가정법원의 전속관할이며(가사소송법 제2조 제1항 제2호),
사건 본인의 주소지 가정법원이 관할한다(제44조 제1호 가목).[29] 개정민법
상 성년후견제도도 대심적 구조를 필요로 하지 않고 가정법원의 후견적
기능이 강조되므로 라류 비송사건으로 분류될 것이며, 후견개시심판은
사건 본인의 편의를 위하여 그의 주소지 가정법원을 관할로 하는 것이
타당할 것이다.[30]

---

29) '가사사건'이란 넓게는 가족, 친족 관계를 둘러싼 법적 분쟁, 좁게는 가정법원이
   가사소송법 제2조 제1항에 근거하여 처리하는 소송, 비송사건을 의미한다. '소
   송'은 당사자 사이의 법적 분쟁에서 법원이 현행법을 해석, 적용하여 양측 주장
   의 당부(當否)를 판단하는 것인 반면, '비송'은 법적 분쟁을 전제로 하지 않고
   법원이 후견적 입장에서 합목적적으로 사인의 법적인 문제를 처리하는 것이다.
   가사비송사건은 대심(對審)적 구조 유무에 따라 라류와 마류로 분류되는데, 라
   류 사건은 대립적인 구조를 갖지 않고 가정법원의 후견적 기능이 강조된다(법원
   행정처, 『법원실무제요 가사』, 1994, 3, 6, 7, 9면; 박동섭, 『주석 가사소송법』,
   박영사, 2004, 466~468면).
30) 일본에서도 법정후견개시심판은 사건 본인 주소지의 가정재판소의 관할로 규정
   하고 있으며(가사심판규칙 제22조, 제29조, 제30조의7), 독일, 프랑스에서도 요
   보호자의 주요 거주지 소재 지방법원이 관할을 가진다[Bundesministerium der
   Justiz, *Betreuungsrecht* (2009), S. 24; Jacqueline Jean·Agnès Jean, *Mieux
   comprendre la tutelle et la curatelle 2e édition* (Librairie Vuibert, 2008), p. 37
   참조]. 개시심판 외의 후견심판에 대해서는 법원의 전문성과 심판의 충실성을
   제고하기 위하여 후견개시심판을 한 가정법원에서 계속 관련 후견심판을 맡는
   것이 바람직하다는 주장이 있을 수 있다[법무부 성년후견제 관계 법령 정비위원
   회 제12차 회의(2011. 4. 19.) 중 박인환 위원 발언 부분 (내부 회의록 2~3면)
   참조]. 하지만, 피후견인의 주소지가 변경되었음에도 모든 후견심판의 관할을 고
   정시킬 경우 피후견인에게 불리할 수도 있으므로 피후견인의 이익을 위하여 특

실제로 필자가 학위논문을 집필한 이후에 개정된 가사소송법(법률 제11725호, 2013. 4. 5. 공포, 2013. 7. 1. 시행, 이하 '개정가사소송법')에서는 필자의 의견과 마찬가지로 성년후견에 관한 사건은 피후견인(피후견인이 될 사람 포함)의 주소지 가정법원의 관할로 규정하고 있다(제44조 제1의2호).[31]

(2) 본인의 의사 존중

개정 전 민법이나 가사소송법에는 본인의 의사를 존중할 수 있는 장치가 부족하다는 비판이 있었다. 개정민법에서는 성년후견개시의 심판을 할 때 본인의 의사를 고려해야 할 의무를 가정법원에게 부과하고 있다(제9조 제2항).[32] 기존 가사소송법은 라류 가사비송사건의 경우 본인을 비롯한 사건관계인을 심문하지 아니하고 심판할 수 있도록 규정하고 있는데(제45조), 향후 위와 같은 개정민법의 정신을 반영하여 본인의 의사를 충실히 확인할 수 있도록 개정해야 할 것이다. 본인의 의사를 확인하는 방법으로는 대면을 통한 직접 확인 방식과 주변인의 진술이나 서면을 통한 간접 확인 방식을 생각할 수 있다. 후자는 신속한 심리가 가능한 장점을 가지고 있으나, 사건 본인의 정신능력이나 의사표현력이 미숙한 경우에는 주변인이 진술이나 서면의 내용을 조작하여 본인의 의사를

별히 필요한 경우에 한하여 후견개시심판 가정법원에서 관련 후견심판을 처리하는 것이 바람직할 것이다[법무부 성년후견제 관계 법령 정비위원회 제12차 회의(2011. 4. 19.) 중 이승우 위원장 발언 부분(내부 회의록 5면) 참조].

31) 원래 법무부가 제출한 가사소송법 개정안에서는 피후견인뿐만 아니라 후견인의 주소지를 소관하는 가정법원도 관할에 포함시키고 있었다. 하지만 국회 심의 과정에서 사무 처리 능력이 부족한 피후견인의 절차적 참여권 보장에 미흡할 수 있다는 이유로 후자는 삭제되었는데 타당한 입법이라고 생각한다[국회 법제사법위원회, 『가사소송법 일부개정법률안 심사보고서』, 2013. 3, 5~6면 참조].

32) 그밖에 개정민법은 성년후견인이 피후견인의 재산관리와 신상보호를 할 때 그의 복리에 부합하는 방법으로 사무를 처리하여야 하며(제947조), 특히 신상에 관한 사항은 피후견인이 직접 결정하는 것이 원칙이라는 점도 분명히 하였다(제947조의2 제1항).

왜곡할 우려가 있다. 따라서 본인의 의사 확인은 대면을 원칙으로 하는
것이 상당하다.[33] 다만, 본인이 장기간 의식 불명 상태에 있다든지 의도
적으로 법원의 출석 요구에 불응하는 경우에는 대면 확인 없이 절차를
진행할 수도 있을 것이다.[34] 이 경우 대면 확인을 생략할 만한 사정이
있는가는 주변인의 주관적 진술에 의존하지 말고 의사의 진단 등 객관
적 자료를 토대로 판단해야 할 것이다.[35]

실제로 개정가사소송법은 성년후견 개시 및 종료 심판을 하는 경우 피성년후견
인(피성년후견인이 될 사람 포함)이 의식불명 그 밖의 사유로 자신의 의사를 표명
할 수 없는 경우를 제외하고는 반드시 법관이 직접 그의 진술을 들어야 하도록
규정하고 있다(제45조의3).[36]

---

33) Bundesministerium der Justiz, *Betreuungsrecht* (2009), S. 24-25; 小林昭彦 外
    5人,『新成年後見制度の解說』, 社團法人 金融財政事情研究會, 2003, 292~293頁;
    법무부 성년후견제 관계 법령 정비위원회 제1차 회의(2010. 10. 12.) 중 구상엽
    간사 발언 부분 (내부 회의록 1면); 법무부 성년후견제 관계 법령 정비위원회
    제3차 회의(2010. 11. 9.) 중 김원태 위원 발언 부분 (내부 회의록 5~6면) 참조.
    '대면 확인'에는 판사가 법정에서 본인을 심문하는 것뿐만 아니라 병원이나 요
    양시설에 방문하여 본인의 상태와 의사를 확인하는 방식도 포함될 것이다. 가사
    조사관 등이 출장 조사를 통해 판사 대신 본인의 의사를 확인하는 것도 가능한
    지에 대해서는 견해의 대립이 있을 수 있다. 결국 가사조사관 등의 전문성과 신
    뢰도에 따라 결정될 문제라고 생각한다.
34) 小林昭彦 外 5人,『新成年後見制度の解說』, 社團法人 金融財政事情研究會, 2003,
    291頁.
35) 프랑스에서는 판사가 피보호자의 신체나 사생활에 중대한 침해를 가져오는 결
    정을 할 때에는 본인 청문을 특히 강조하고 있으며, 이를 생략하기 위해서는 검
    사가 작성한 인명부에서 선정된 의사의 의견에 근거하여 특별한 이유를 밝히도
    록 하고 있다[프랑스 민법 제432조; Ministère de la Justice, Circulaire de la
    DACS no CIV/01/09/C1 du 9 février 2009 relative à l'application des
    dispositions législatives et réglementaires issues de la réforme du droit de la
    protection juridique des mineurs et des majeurs (2009), pp. 10-11 참조].
36) 법안 심의 과정에서 법원행정처는 법관의 업무 부담을 이유로 법관 대신 가사조
    사관이나 참여관이 피후견인의 의견을 들을 수 있도록 수정해 줄 것을 요청하였

(3) 정신감정

어떠한 경우에 후견이 청구된 사람에 대하여 정신감정을 거치도록 할 것인지는 어려운 문제이다. 정확한 판단을 위해서는 정신감정을 거치도록 하는 것이 바람직할 것이나, 감정에는 많은 시간과 비용이 소요되고 피감정인의 신체적·정신적 고통을 수반할 수 있기 때문이다.

금치산제도에서는 사건 본인의 심신상태에 관하여 의사에게 감정을 시키는 것을 원칙으로 하되, 사건 본인의 심신상태를 판단할 만한 다른 충분한 자료가 있는 때에는 감정을 하지 않을 수 있었다(가사소송규칙 제33조). 금치산선고가 있을 경우 피후견인의 행위능력이 심각하게 제한되므로 신중한 판단을 위하여 가급적 감정을 거쳐야 하며, 비슷한 시기에 다른 재판절차에서 현출된 정신감정 결과를 활용할 수 있는 등 예외적인 경우에 한해서 감정을 생략할 수 있다고 해석되어 왔다.[37] 행위능력에 대한 심판은 법률적 판단이기 때문에 감정을 거친 경우에도 판사가 그 결과에 구속되지 않는다.[38]

성년후견개시심판도 금치산 선고에 준할 정도로 행위능력을 제한할 수 있기 때문에 본인의 이익을 위하여 원칙적으로 정신감정을 거치도록 해야 할 것이다. 다만, 진단서 등을 종합해 볼 때 사건 본인이 식물인간 상태에 있음이 명백하거나, 비슷한 시기에 다른 재판에서 현출된 정신감정 결과를 활용할 수 있는 경우 등에 한해서 감정 절차를 생략할 수 있을 것이다.[39] 금치산제도에서와 마찬가지로 판사는 감정 결과에 구속되

으나, 피후견인의 진술권 보장 차원에서 법무부의 개정안이 그대로 관철되었는 바, 타당한 입법이라고 생각한다(국회 법제사법위원회, 『가사소송법 일부개정법률안 심사보고서』, 2013. 3, 11~12면 참조).

37) 小林昭彦 外 5人, 『新成年後見制度の解説』, 社團法人 金融財政事情硏究會, 2003, 287頁; 법원행정처, 『법원실무제요 가사』, 581면.

38) 곽윤직 편집대표, 『민법주해』[Ⅰ], 308면; 박준서 편집대표, 『주석민법 총칙』[Ⅰ], 349면.

지 않고 법률적 관점에서 행위능력의 유무를 판단하면 될 것이나, 적확
(的確)한 결정을 위해서 전문가의 의견을 충분히 고려하는 것이 바람직
하다고 생각한다.40) 정신감정의 주체를 어떻게 정할 것인지도 쉽지 않
은 문제이다. 정확한 의학적 판단 자료를 확보하기 위해서는 전문성이
높은 신경정신과 전문의로 감정 주체를 한정하는 것이 효과적일 것이나,
감정비용을 증가시킬 수 있기 때문에 후견의 접근성을 떨어뜨릴 우려가
있다. 따라서 향후 후견심판에 관한 절차 규정 정비시 관련 직역의 전문
성과 공정성, 무자력자에 대한 공적 지원 시스템 구비 정도 등을 종합적
으로 고려하여 감정 주체의 범위를 결정해야 할 것이다.41)

---

39) 小林昭彦 外 5人, 『新成年後見制度の解説』, 社團法人 金融財政事情研究會, 2003,
   287頁. 참고로 진단서만으로는 식물인간 상태인지 불분명할 경우가 있을 수 있는
   데, 일본의 재판 실무에서는 ① 의미 있는 발언 불가능, ② 의사소통 불가능, ③
   추시(追視)에 의한 사물 인식 불가능, ④ 자력으로 이동 불가능, ⑤ 자력으로 식
   사 불가능, ⑥ 배설 실금 상태 등이 3개월 이상 지속되고 있는지를 의사에게 확
   인하여 감정 요부를 판단한다고 한다(東京家裁後見問題研究會編著, "東京家裁後見
   センターにおける成年後見制度運用の狀況と問題", 『判例タイムズ』 第1165號,
   2005, 39~40頁; 新井誠·赤沼康弘·大貫正男, 『成年後見制度 - 法の理論と實務』,
   有斐閣, 2007, 69~72頁 참조). 나아가 일본변호사연합회에서는 정신감정의 필요
   성 여부의 판단과 관련하여 실무상 일정한 기준을 마련할 것을 제안한 바 있다
   (日本辯護士聯合會, 『成年後見制度に關する改善提言』, 2005, 8頁).
40) 우주형, "장애성년후견제도 도입에 관한 소고", 『중앙법학』 제10집 제4호, 2008,
   208면.
41) 참고로 독일에서는 '정신과 의사'나 '정신과 분야의 경험을 지닌 의사'를 감정인
   으로 정하고 있으며(FamFG 제280조 제1항), 일본에서는 감정의 주체를 '의사 기
   타 적당한 자'로 규정하고 있다(가사심판규칙 제24조). 규정 형식상 일본은 감정
   인의 범위를 탄력적으로 확장하는 것처럼 보이나, 사건 본인의 정신 상태를 의학
   적으로 판단하는 데 필요한 전문지식을 갖추어야 한다고 해석하고 있다[小林昭彦
   外 5人, 『新成年後見制度の解說』, 社團法人 金融財政事情研究會, 2003, 287頁].

실제로 개정가사소송법은 성년후견 개시 심판을 할 경우 피성년후견인이 될 사람의 정신 상태에 관하여 의사에게 감정을 시키는 것을 원칙으로 하되, 피성년후견인이 될 사람의 정신상태를 판단할 만한 다른 충분한 자료가 있는 경우에는 이를 생략할 수 있도록 규정하고 있다(제45조의2 제1항).[42]

나. 성년후견개시심판의 효과

성년후견이 개시되면 원칙적으로 피성년후견인은 행위능력을 상실하여 후견인의 대리를 통해서 법률행위를 해야 하며 이를 위반한 법률행위는 취소할 수 있게 된다(제10조 제1항). 피성년후견인은 금치산자와 마찬가지로 의사무능력 상태에 있는 경우가 많을 것이기 때문에 두터운 보호를 위하여 금치산 선고의 효과와 비슷한 태도를 취한 것이다.

그러나 개정민법은 금치산제도와 달리 피성년후견인이 독자적으로 행한 법률행위 중 일용품의 구입 등 일상생활에 필요하고 그 대가가 과도하지 않은 것(이하 '일상적 법률행위')은 취소할 수 없도록 하였다(제10조 제4항). 일상적 법률행위까지 취소권을 인정할 경우 피성년후견인과 거래하는 것을 기피하게 되어 피성년후견인의 불편과 사회적 고립을 초래할 수 있다. 따라서 개정민법에서는 피성년후견인의 자기결정권과 현존능력을 존중하고 정상화(normalization)의 이념을 실현하기 위하여 일상적 법률행위에 대해서는 행위능력을 인정하였으며,[43] 이는 부수적 효과로서

---

42) 원래 피후견인의 정신감정에 대한 규정은 개정 전 가사소송규칙 제33조에서 규정하고 있었다. 하지만 필자는 가사소송법 등의 개정 작업을 진행한 「법무부 성년후견제 관계 법령 정비위원회」에 간사로 참여하면서 사건본인의 의견진술이나 정신감정 등 피후견인의 절차권 내지 인권과 관련된 중요한 사항은 규칙이 아닌 법률에서 구체적으로 규정해야 한다고 누차 강조한 바 있었다. 개정가사소송법 제45조의2는 피후견인의 인권과 관련된 규정을 규칙이 아닌 법률로 끌어올렸다는 점에서도 큰 의미가 있다고 생각한다.

43) 독일 민법에서도 성년의 행위무능력자가 소액의 재원으로 할 수 있는 일상생활상의 행위를 하고 급부가 실행된 경우에는 그 급부를 유효한 것으로 보고 있으며(제105의a), 일본 민법에서도 일용품의 구입 그 밖에 일상생활에 관한 법률행

거래안전에도 기여할 것으로 예상된다. 일상적 법률행위에 해당하는지 여부는 피성년후견인의 직업, 자산, 당해 행위의 목적과 규모 등 제반 사정을 종합하여 판단해야 할 것이다. 따라서 일률적으로 특정 행위가 일상적 법률행위라고 말할 수는 없으나, 식료품 구입이나 간단한 공과금 납부 등은 이에 해당할 가능성이 높을 것이다.44) 또한 가정법원은 일상적 법률행위와는 별도로 취소할 수 없는 피성년후견인의 법률행위를 정할 수 있다(제10조 제2항). 피성년후견인의 현존능력에 따라 탄력적으로 행위능력의 범위를 정할 수 있도록 한 것이다. 성년후견개시심판 이후 판단능력이 호전되거나 악화됨에 따라 취소할 수 없는 법률행위의 범위가 적합하지 않게 된 경우에는 가정법원이 본인, 배우자, 4촌 이내의 친족, 성년후견인, 성년후견감독인, 검사 또는 지방자치단체의 장의 청구에 의하여 그 범위를 변경할 수 있다(제10조 제3항).

위에서 설시한 취소할 수 없는 법률행위에 대해서도 성년후견인이 대리권을 행사할 수 있는지에 대해서는 개정민법상 명확한 규정이 없어 견해가 대립될 수 있다. 독일 민법에서는 피후견인이 법정대리인으로부터 허락받은 영업이나 근로와 관련된 법률행위에 대해서는 완전한 행위능력을 가지는 것으로 규정하고 있는데(제1903조 제1항, 제112조 제1항, 제113

위는 취소할 수 없도록 규정하고 있다(제9조 단서).

44) 일본에서는 민법 제761조의 일상가사에 관한 판례와 이론을 원용하여 일상적 법률행위의 판단 기준을 설명하는 경우도 있으나[最判 昭和 44·12·18 (民集 第23券 第12號 2476頁); 小林昭彦 外 5人, 『新成年後見制度の解説』, 社團法人 金融財政事情研究會, 2003, 100頁 참조], 우리 민법 제827조, 제832조의 일상가사에는 가옥의 임차, 아파트 구입비의 차용 등 중대한 법률행위도 포함될 수 있으므로 일상가사에 관한 이론을 그대로 적용할 경우 일상적 법률행위의 범위를 지나치게 확장시킬 우려가 있다[김주수, 『친족·상속법』, 법문사, 2002, 159면; 송덕수, 『신민법강의』, 박영사, 2010, 1630~1631면; 지원림, 『민법강의』, 홍문사, 2011, 1861~1862면; 대법원 1997. 11. 28. 선고 97다31229 판결; 대법원 1999. 3. 9. 선고 98다46877 판결; 대법원 2000. 4. 25. 선고 2000다8267 판결 등 참조].

조 제1항), 위 법률행위에 대해서는 법정대리권이 소멸된다고 보는 것이 통설적 견해이다.[45] 나아가 프랑스 민법에서는 법률이나 관습에 의해 피후견인이 스스로 할 수 있는 행위는 후견인의 대리권 범위에서 제외하는 규정을 따로 두고 있다(제473조 제1항). 반면, 일본에서는 민법에 이에 관한 별도의 규정은 없으나, 피후견인의 생활을 유지하기 위하여 후견인의 대리가 필요하다는 이유로 일상적 법률행위도 대리권의 대상에 포함된다는 해석론을 펼치고 있다.[46] 우리 개정민법의 해석론으로는 먼저 제938조 제1항에서 성년후견인에게 포괄적 대리권을 인정하기 때문에 같은 조 제2항에 의해서 성년후견인의 대리권을 특별히 제한하지 않는 한 문리 해석상 성년후견인은 피후견인이 단독으로 할 수 있는 행위에 대해서도 대리권을 갖는다는 견해가 있을 수 있다. 하지만 기존 민법의 해석에 있어서도 법정대리인의 허락을 받은 영업에 대해서는 미성년자도 온전한 행위능력을 가지며, 그 범위에서 법정대리인의 대리권은 소멸한다고 보는 것이 통설이었다.[47] 무엇보다 피후견인이 독자적으로 사무 처리를 할 수 있는 영역에 후견인이 대리의사결정을 통해 간섭하는 것은 성년후견제도의 지도이념인 '필요성·보충성의 원칙'에 반하는 것이다. 따라서 피성년후견인의 행위능력이 인정되는 법률행위에 대해서는 성년후견인의 법정대리권이 배제된다고 보아야 할 것이다.

입법론으로서 가정법원이 피성년후견인에 대해서 취소할 수 없는 법률행위뿐만 아니라 성년후견인의 동의를 받아 할 수 있는 법률행위도

---

45) Köhler, *BGB Allgemeiner Teil* (1996), S. 220; Brox, *Allgemeiner Teil Des BGB* (2002), S. 147; 최봉경, 『독일의 성년후견제도에 관한 연구』, 법무부 연구용역, 2009, 19면.
46) 小林昭彦 外 5人, 『新成年後見制度の解說』, 社團法人 金融財政事情硏究會, 2003, 98頁.
47) 곽윤직, 『민법총칙』, 박영사, 2005, 90, 94면; 송덕수, 『신민법강의』, 박영사, 2010, 118~119면; 지원림, 『민법강의』, 홍문사, 2011, 78~79면 참조.

정할 수 있도록 하자는 주장이 제기될 수 있다.[48] 즉 피성년후견인의
행위능력이 인정되는 영역과 성년후견인의 대리가 필요한 영역이 존재
한다면 그 중간 형태로서 동의 유보의 영역도 설정할 수 있지 않겠냐는
것이다. 하지만 의사무능력자를 주된 대상으로 하는 성년후견에서는 동
의 유보만으로는 피성년후견인의 보호에 미흡한 경우가 많고 오히려 법
률관계만 복잡해질 우려가 있다. 또한 동의 유보를 인정할 경우 성년후
견과 한정후견의 경계가 불투명해질 수 있기 때문에 개정민법의 체제에
서 동의 유보를 도입하기보다는 장기적으로 일원적 후견체제를 도입하
는 방안을 검토하는 것이 보다 합리적이라고 생각한다.[49]

다. 상대방과의 관계

피성년후견인의 법률행위는 취소할 수 있으므로 그 상대방의 법적 지
위가 불안해질 수 있다. 이를 보완하기 위하여 개정민법은 상대방에게
최고권, 철회권 및 거절권을 부여하는 한편, 제한능력자가 속임수를 사
용한 경우 취소권을 박탈하고 있다(제15조, 제16조, 제17조). 이는 개정 전
민법의 태도를 계승한 것이나, 개정민법은 제15조 이하에서 행위능력
이 제한되는 사람을 나타내는 "무능력자"를 "제한능력자"라는 용어로

---

48) 금치산자의 재산적 법률행위에 대한 후견인의 동의권 유무와 그 효력에 대해서
도 견해의 대립이 있었다(오경희, "성년후견제도에 관한 연구 : 고령자 보호를
중심으로", 부산대학교 박사학위논문, 1999, 30~31면 참조). 참고로 프랑스 민
법에서는 판사가 피후견인이 단독으로 할 수 있는 행위뿐만 아니라 후견인의 원
조를 받아 할 수 있는 행위도 지정할 수 있도록 하고 있다(제473조 제2항).

49) 민법개정위원회 논의 과정에서도 한때 성년후견에 동의 유보 조항을 넣는 방안
을 검토한 적이 있으나, 위와 같은 이유로 채택하지 않았다[제1기 민법개정위원
회, 제2분과 제15차 회의(2009. 9. 1.) 중 김형석 위원 발언 부분(내부 회의록
6~면) 참조]. 일원적 후견체제 도입에 관한 입법론에 대해서는 제2장 성년후견
제도의 도입 배경과 주요 쟁점 제2절 주요 쟁점 및 정책적 판단 Ⅱ. 입법 형식
및 후견 유형 중 2. 후견 유형 - 일원론 대(對) 다원론 부분 참조.

대체하였다.50) "무능력자"는 피후견인의 법적 지위를 지나치게 제약하
는 인상을 주기 때문에 기존 후견제도가 가지는 부정적 인식을 개선하
기 위하여 "금치산", "한정치산" 용어의 폐지와 더불어 표현을 순화한
것이다.51)

제한능력자의 상대방은 제한능력자가 능력자가 된 후에는 본인에게
직접 1개월 이상의 기간을 정하여 그 취소할 수 있는 행위를 추인할 것
인지 여부의 확답을 촉구할 수 있으며, 위 기간 내에 본인이 확답을 발
송하지 아니하면 그 행위를 추인한 것으로 본다(제15조 제1항).52) 금치산

50) 개정 전 민법에서는 원칙적으로 모든 피후견인이 행위무능력자에 해당했으나,
개정민법에서는 그렇지 않다는 점에 주의해야 한다. 먼저 피특정후견인과 피임
의후견인은 행위능력에 제한이 없으므로 제한능력자가 아니다. 피한정후견인도
개인별로 정신능력에 광범위한 편차가 있을 수 있고 동의 유보가 있는 범위에서
만 행위능력이 제한되기 때문에 일률적으로 제한능력자에 해당된다고 볼 수 없
다. 위와 같은 이유로 민법개정위원회 논의 과정에서는 한때 "피성년후견인, 취
소할 수 있는 법률행위와 관계된 범위에서의 피한정후견인" 등으로 상술하는 방
안도 검토하였으나 표현이 너무 장황하다는 이유로 "제한능력자"라는 용어를 사
용하기로 하였다[제1기 민법개정위원회, 제2분과 제15차 회의(2009. 9. 1.) 중
분과 의결 부분(내부 회의록 3~면) 참조].
51) 일본 민법에서도 성년후견제도를 도입하면서 무능력자를 "제한행위능력자"라는
용어로 순화하였으며, 프랑스 민법에서도 2007년 개정을 통해 "성년자의 법적 보
호(protection juridique du majeur)"라는 용어를 사용하면서 "무능력(incapable)"
이라는 표현을 없앴다[Jacqueline Jean·Agnès Jean, Mieux comprendre la tutelle et
la curatelle 2e édition (Librairie Vuibert, 2008), p. 19]. 참고로 일본에서는 불법
행위 책임능력과 관련된 제714조의 "무능력자"는 행위능력과 관련이 없다는 이
유로 그대로 존치하였으나(小林昭彦 外 5人, 『新成年後見制度の解說』, 社團法人
金融財政事情研究會, 2003, 200頁), 우리 개정민법에서는 부정적 어감이 있는 용
어는 최대한 순화한다는 측면에서 제755조의 "무능력자"라는 표현도 "책임이 없
는 경우"로 수정하였다.
52) 개정 전 민법에서는 "최고"라는 용어를 사용하였으나, 개정민법에서는 "촉구"라
는 우리말 표현으로 순화하였다. 이번 민법 개정은 일부 개정으로서 민법전 전
반에 대한 표현 순화를 완료하지 못했기 때문에 "촉구"와 "최고"가 병존하게 되
어 혼동을 초래할 수도 있으나, 두 용어의 의미는 같은 것이다. 참고로 민법전

자의 경우 '능력자가 된 때'란 금치산 선고의 취소를 받은 경우를 의미한다.[53] 개정민법에서도 피성년후견인의 정신능력이 회복되었다는 사실만으로는 능력자가 되었다고 할 수 없다. 왜냐하면 행위능력제도의 근본 취지 중 하나가 법원의 심판을 통해 법률관계를 명확하게 하는 것이므로 성년후견종료의 심판을 받아야 능력자로 인정받을 수 있을 것이다 (제11조). 제한능력자가 능력자가 되지 못한 경우에는 법정대리인에게 확답을 촉구해야 하며, 정해진 기간 안에 확답을 발송하지 않은 경우에는 그 행위를 추인한 것으로 본다(제15조 제2항). 나아가 상대방은 철회권 내지 거절권을 행사하여 적극적으로 불안한 법적 지위에서 해방될 수 있다. 제한능력자가 맺은 계약은 추인이 있을 때까지 상대방이 그 의사표시를 철회할 수 있고, 제한능력자의 단독행위는 추인이 있을 때까지 상대방이 거절할 수 있다(제16조 제1항, 제2항). 철회와 거절의 의사표시는 법률관계로부터 당사자를 해방시키는 것이고 특별히 불이익을 주는 것이 아니기 때문에 법정대리인뿐만 아니라 제한능력자에 대해서도 할 수 있다(제16조 제3항). 마지막으로 제한능력자가 속임수로써 자기를 능력자로 믿게 한 경우에는 취소권이 배제된다(제17조 제1항).[54]

전체에 대한 표현 순화는 순차적 부분 개정이 마무리 된 직후 추진될 예정이다.
53) 박준서 편집대표, 『주석민법 총칙』 [I], 한국사법행정학회, 2002, 362면.
54) 개정 전 민법에서는 "사술(詐術)"이라는 표현을 쓰고 있었으나, 개정민법에서는 "속임수"라는 우리말로 순화하였다.

II. 성년후견인의 선임 및 직무

1. 성년후견인의 선임

가정법원이 성년후견개시심판을 하는 때에는 피성년후견인을 위하여 직권으로 성년후견인을 선임하여야 한다(제929조, 제936조 제1항). 성년후견에서는 성년후견인을 통한 지속적 후견이 중요하므로 성년후견인이 사망, 결격, 그 밖의 사유로 존재하지 않게 된 경우에는 보호의 공백이 생기지 않도록 가정법원이 피성년후견인, 친족, 이해관계인, 검사, 지방자치단체장의 청구에 의하거나 직권으로 성년후견인을 선임하여야 한다(제936조 제2항).

가. 복수 · 법인 후견인제도 신설

개정 전 민법에서는 자연인 한 명만 후견인이 될 수 있었으나(제930조), 개정민법은 후견의 효율성과 전문성을 높이기 위하여 복수 또는 법인 후견인도 선임할 수 있도록 하였다(제930조 제2항, 제3항).55) 예컨대 재산 또는 신상에 관한 사무가 방대하여 후견인 한 명만으로는 임무를 제대로 수행하기 어려운 경우 복수의 후견인을 선임하여 업무 분장을 통해 직무 수행의 효율성을 높일 수 있으며 상호 견제와 균형을 통해 피후견인의 권익을 보호할 수 있다. 또한 법인에 의한 후견의 근거가 마련되었으므로 향후 후견전문법인이 설립되어 양질의 서비스를 저렴한 비용으로 제공할 수 있을 것으로 기대된다. 후견인이 선임된 이후 업무 증가

---

55) 이하 성년후견에 관한 복수·법인 후견인 규정은 한정·특정후견인 및 모든 후견감독인에게도 준용된다(제940조의7, 제959조의3, 제959조의5, 제959조의9, 제959조의10 참조). 다만, 미성년후견인은 친권의 공백을 보완하는 특성을 가지므로 여전히 자연인 한 명으로 제한하였다(제930조 제1항).

등으로 더 많은 후견인이 필요하게 된 경우에는 가정법원이 피후견인, 친족, 이해관계인, 검사, 지방자치단체장의 청구에 의하거나 직권으로 후견인을 추가로 선임할 수 있다(제936조 제3항).

법인에 의한 후견(이하 '법인 후견')과 자연인에 의한 후견(이하 '자연인 후견') 사이에 우선순위가 있는지에 대해서는 견해가 대립될 수 있다. 개정 민법상 이에 대한 명문의 규정이 없기 때문에 자연인 후견과 법인 후견 사이에 우열이 없다는 견해도 있을 수 있으나, 후견의 공정성과 전문성에 별 차이가 없다면 개인적 접촉과 신뢰관계 형성에 유리한 자연인 후견을 우선하는 것이 바람직할 것이다.[56] 다만, 공정성과 전문성에서 법인이 크게 우월한 경우에는 피후견인의 이익을 위하여 법인 후견인을 선임해야 할 것이다. 이 경우에도 법인에 소속된 특정인에게 후견 업무를 전담하도록 하고 가급적 업무 담당자를 교체하지 않는 것이 개인적 친밀도를 높이는 데 효과적일 것이다.[57]

나. 후견인의 결격사유

개정 전 민법은 미성년자, 금치산자, 한정치산자, 파산선고를 받은 자, 자격정지이상의 형의 선고를 받고 그 형기 중에 있는 자, 법원에서 해임된 법정대리인 또는 친족회원, 행방이 불명한 자, 피후견인에 대하여 소송을 하였거나 하고 있는 자 또는 그 배우자와 직계혈족은 후견인이 될

---

56) 독일 민법에서는 후견인과 피후견인 사이의 유대를 강화하기 위하여 명문으로 자연인 후견을 법인 후견보다 우선하고 있다[제1897조 제1항, 제1900조 제1항; 송호열, "독일의 성년후견법제", 『민사법이론과 실무』 제8권 제2호, 2004, 52~53 면; Bundesministerium der Justiz, *Betreuungsrecht* (2009), S. 9, 13 참조].

57) 독일 민법에서는 후견사단이 후견업무를 사단의 후견인들에게 양도하고 이를 후견법원에 즉시 통보하도록 하고 있다(제1900조 제2항). 일본에서도 이른바 "얼굴이 보이는 후견"을 이유로 법인 후견에서 고정적인 담당자를 둘 것을 강조하고 있다(新井誠·赤沼康弘·大貫正男, 『成年後見制度 - 法の理論と實務』, 有斐閣, 2007, 51頁 참조).

수 없도록 했다(제937조). 개정민법에서도 그 기본 틀은 유지하였으나, 새로운 후견제도의 내용을 반영하여 몇 가지 수정된 사항이 있다.

첫째로 "금치산자, 한정치산자"를 "피성년후견인, 피한정후견인, 피특정후견인, 피임의후견인"으로 바꾸었는데(제937조 제2호), 그 타당성에 대해서는 의문이 있다. 후견인이 피후견인의 권익에 중대한 영향을 끼치기 때문에 어느 정도의 정신적 제약을 전제로 하는 피후견인을 모두 후견인이 되지 못하도록 한 취지를 전혀 이해하지 못할 바는 아니다. 하지만 이번 민법 개정을 통하여 후견의 이용 주체가 대폭 확대되었음을 간과해서는 안 된다. 특히 피특정후견인과 피임의후견인은 행위능력을 그대로 보유하고, 피한정후견인도 일률적으로 정신능력에 중대한 흠결이 있다고 할 수 없다. 경미한 정신적 제약이 있다고 하더라도 피후견인과 장시간 개인적 유대와 신뢰관계를 형성해 왔고 피후견인이 원하는 사람이라면 후견인으로 선임하는 것이 옳다. 후견 직무를 온전히 수행하지 못할 정도의 정신적 제약을 가진 사람이라면 판사가 후견인 선임 절차 과정에서 배제하면 될 것이다. 그럼에도 불구하고 후견을 받고 있다는 사실만으로 자격을 제한하는 것은 후견의 부정적 낙인 효과를 없애고자 했던 성년후견제도의 근본 취지에 역행하는 것이다. 따라서 후견인의 결격사유에서 피후견인은 삭제되어야 할 것이다.[58]

둘째로 "파산선고를 받은 자"뿐만 아니라 "회생절차개시결정을 받은

---

58) 프랑스 민법과 독일 민법에서도 우리와 유사한 규정은 찾아볼 수 없으며, 일본에서도 구(舊) 민법상 준치산·준금치산자에 대한 후견인의 결격 조항(제846조 제2호)은 정상화(normalization)의 이념에 반하고 사회적 편견을 가져올 수 있다는 이유로 삭제되었다(小林昭彦 外 5人, 『新成年後見制度の解說』, 社團法人 金融財政事情研究會, 2003, 135~136頁; 新井誠·赤沼康弘·大貫正男, 『成年後見制度 － 法の理論と實務』, 有斐閣, 2007, 46頁 참조). 피후견인에 대한 각종 자격 제한의 부당성에 대해서는 제4장 관련 제도의 개선 방향 제2절 관계 법령과의 정합성 중 Ⅳ. 자격 제한 관련 법령 부분 참조.

자"도 결격 사유에 추가하였는데(제937조 제3호), 이는 채무자 회생 및 파산에 관한 법률 제정 등 변화된 입법 현실을 반영한 것이다.59)

셋째로 "법원에서 해임된 법정대리인 또는 친족회원"을 "법원에서 해임된 법정대리인"으로 고쳤는데(제937조 제5호), 이는 친족회 폐지에 따라 친족회원 부분을 삭제한 것이다.

넷째로 "법원에서 해임된 성년후견인, 한정후견인, 특정후견인, 임의후견인과 그 감독인"을 결격 사유에 추가하였다(제937조 제6호). 개정 전 민법에서는 모든 후견인이 법정대리인에 당연히 포함되었으나 새로운 후견제도에서는 특정후견인 등 법정대리권이 제한된 후견인이 존재할 수 있기 때문에 제937조 제5호만으로는 모든 후견인을 포섭할 수 없다는 점과 후견감독인제도가 신설된 점을 고려한 것이다.60)

참고로 독일 민법에서는 피후견인이 수용되어 있거나 거주하는 시설이나 단체와 밀접한 관계에 있는 자는 후견인으로 선임될 수 없도록 규정하고 있다(제1897조 제3항). 또한 프랑스 민법에서도 의료 분야 종사자는 자신의 환자에 대해서, 신탁계약의 수탁자는 신탁자에 대해서 부조나 후견 사무를 행할 수 없도록 규정하고 있다(제445조 제2항, 제3항). 우리 민법 개정 과정에서도 위와 같은 결격 조항을 둘 것인지에 대해 신중한 검토가 있었으나, 충분한 공감대가 형성되지 못했다는 이유로 개정민법에 반영되지 못했다. 결격사유에 대한 개정이 이루어지기 전까지는 후견인 선임에 있어 피후견인과의 이해관계를 고려하도록 한 규정(제936조 제4항)을 적극적으로 활용해서 이해상반 문제를 해결해야 할 것이다.61)

---

59) 제1기 민법개정위원회, 전체회의 제1차 회의(2009. 8. 21.) 중 김재형 위원 발언 부분(내부 회의록 7면) 참조.
60) 성년후견인은 개정민법에서도 법정대리인이 되기 때문에 제937조 제5호와 제6호가 모두 적용될 수 있다. 비(非)법률가를 위한 알기 쉬운 규정 형식일지는 모르나 중복 입법이라는 비판은 피하기 어려울 것이다.
61) 일본 민법에서도 피후견인이 입소하고 있는 보호시설의 후견인 자격을 당연히

다. 후견인의 선임 기준

개정 전 민법에서는 후견인의 순위가 일률적으로 법정되어 있었으나 (제932조~제935조), 개정민법은 이해가 상반되는 배우자, 직계혈족 등도 자동적으로 후견인이 되는 폐해를 막고 가정법원이 가장 적격인 후견인 을 선임할 수 있도록 후견인의 법정 순위를 폐지하였다(제932조 개정, 제 933조~제935조 삭제).[62] 하지만 개정민법이 시행되더라도 개인적 유대와 신뢰를 중요시하는 후견의 특성상 배우자나 근친자가 후견인으로 선임 되는 비율은 여전히 높을 것으로 예상된다.[63]

개정민법상 후견인을 선임하는 가장 중요한 기준은 본인의 의사이다 (제936조 제4항 전단).[64] 성년후견개시심판에서는 "본인의 의사를 고려하 여야 한다"고 규정했으나(제9조 제2항), 후견인의 선임에 있어서는 "피성 년후견인의 의사를 존중하여야 (한다)"고 규정한 점에서도 이러한 취지

박탈하고 있지는 않으나(제847조), 위와 같은 보호시설에 대해서는 후견법인의 적격성 심사 과정에서 보다 엄격히 이해관계 유무를 판단해야 한다고 해석하고 있다(小林昭彦 外 5人, 『新成年後見制度の解說』, 社團法人 金融財政事情研究會, 2003, 128頁 참조).

62) 독일 민법에서도 후견에 적합한 자를 후견인으로 선임한다는 규정만 두고 있으며(제1897조 제1항), 일본 민법에서도 배우자가 당연히 후견인이 되는 규정을 삭제하였다(제840조 연혁 입법 참조). 프랑스 민법에서는 본인이 사전에 후견인을 지정하지 않은 경우 생활을 같이 하는 배우자를 후견인으로 선임하도록 하고 있으나 그에게 보호조치를 맡길 수 없는 사정이 있는 경우는 예외로 하고 있다(제449조 제1항).

63) 일본에서도 가족이나 친척 중에 후견인이 선임되는 비율이 2003년 82.5퍼센트에서 2007년 72.2퍼센트로 낮아지기는 했으나 여전히 큰 비중을 차지하고 있다고 한다(日本 最高裁判所事務總局, 成年後見關係事件現況, 2008; 김명중, "일본의 성년후견제도의 동향과 과제", 『국제노동브리프』 제8권 제6호, 2010, 73면). 프랑스 민법에서 주변인을 우선적으로 후견인에 선임하도록 한 것도 개인적 유대를 강조한 취지라고 할 수 있다(제449조 참조).

64) 이하 성년후견인 선임에 관한 기준은 한정·특정후견인 및 모든 후견감독인에게도 준용된다(제940조의7, 제959조의3, 제959조의5, 제959조의9, 제959조의10 참조).

가 잘 드러나 있다. 가정법원의 후견적 기능을 강조하는 가사비송사건의
특성상 후견의 개시 여부는 본인의 의사에 절대적으로 구속될 수 없으
므로 "고려"라는 다소 완화된 용어를 사용했으나, 일단 후견을 개시하기
로 한 이상 누가 후견인이 될 것인가에 대해서는 가급적 본인의 의사를
수용해야 한다는 취지로 "존중"이라는 강화된 표현을 쓴 것이다.[65]

본인의 의사와 더불어 가정법원은 피후견인의 건강과 재산상황, 후견
인의 자질과 이해관계 등도 고려해야 한다(제936조 제4항 후단). 이러한 사
항들은 예시적 열거로서 가정법원은 피후견인과의 개인적 유대, 공정성
과 전문성 등 모든 사정을 고려하여 피후견인의 의사와 복리를 가장 잘
실현할 수 있는 사람을 후견인으로 선임해야 한다.[66] 특히 가정법원은
피후견인과 이해관계가 충돌되는 사람이 후견인으로 선임되지 않도록

---

65) 독일 민법에서도 성년후견인의 선임은 본인의 자유의사에 반해서는 아니되고
(제1896조 제1a항), 본인이 성년후견인을 지정하는 경우 그의 복리에 반하지 않
는 한 그 지정에 따라야 함을 명시하고 있으며(제1897조 제4항), 프랑스 민법에
서도 본인이 부조 또는 후견의 대상이 될 때에 대비하여 부조인 또는 후견인을
미리 지정한 경우 법관이 그 지정에 구속된다고 규정하고 있다(제448조 제1항).
나아가 일정한 요건을 갖춘 부모가 자신의 사망 또는 유고(有故)시에 대비하여
자녀를 위한 부조인 또는 후견인을 지정한 경우에도 특별한 사정이 없는 한 법
원이 이에 구속된다는 규정을 두고 있다(제448조 제2항). 우리나라에서도 성년
후견제도를 도입하게 된 가장 큰 계기 중 하나가 사후(死後)에 자식을 믿고 맡
길 수 있는 보호장치에 대한 부모들의 열망이었음을 고려할 때 부모의 의사를
보다 진지하게 고려할 수 있는 방안을 검토할 필요가 있다. 물론 부모의 의사가
자녀의 이익에 부합하지 않거나 자녀의 자기결정권을 침해할 우려가 있다는 비
판이 제기될 수도 있다. 하지만 대부분의 경우 가장 사심(私心) 없이 자녀를 위
한 판단을 내릴 수 있는 사람은 부모일 것이다. 본인의 복리에 반하지 않는 한도
에서 일정한 자격을 갖춘 부모의 의사를 충실히 고려하도록 하는 원칙적 규정을
두는 것은 부모와 자식 간의 정리(情理)와 의존도가 강한 우리나라의 정서와 현
실에도 부합할 수 있다고 생각한다.
66) 독일과 프랑스에서도 대체로 피후견인과의 친밀도, 이해관계 등을 고려하여 본
인의 의사와 이익에 가장 잘 부합하는 후견인을 선임하도록 규정하고 있다(독일
민법 제1897조, 프랑스 민법 제449조 참조).

주의하여야 한다. 자연인을 후견인으로 선임할 경우 피후견인과의 채권
채무관계 등 직접적 이해관계뿐만 아니라 피후견인과 이해가 대립되는
주변인과의 친밀도 등 간접적 이해관계도 고려해야 한다. 법인을 후견인
으로 선임할 경우에는 법인의 사업 종류와 내용, 법인이나 그 대표자와
피성년후견인 사이의 이해관계 유무를 판단해야 한다(제936조 제4항 후단).
만약 법인의 모든 구성원과 이해관계 충돌 여부를 판단해야 한다면 개
인적으로 피후견인과 이해가 상반되는 직원이 사실상 당해 후견 업무와
무관하더라도 법인 전체가 후견인이 될 수 없기 때문에 법인과 대표자
를 기준으로 이해관계를 판단하도록 한 것이다. 만약 법인이나 그 대표
자가 피후견인과 이해가 상충된다면 직접 후견 업무를 수행할 법인의
직원이 피후견인과 이해관계가 없더라도 당해 법인은 후견인으로 선임
할 수 없을 것이다.[67]

---

67) 참고로 가정법원이 후견인으로 선임하고자 하는 사람이 이에 응할 의무가 있는
지에 대해서는 개정민법에 규정이 없다. 독일 민법에서는 후견법원에서 후견인
으로 지정된 사람은 그가 후견에 적합하고 후견인으로서 직무 수행이 가능한 경
우 이를 인수할 의무가 있다고 규정하고 있다(제1898조 제1항, 다만 같은 조 2
항에서는 후견인으로 지정된 사람이 이를 받아들일 준비가 되었음을 선언한 경
우에만 후견인으로 선임될 수 있도록 규정하고 있으므로 후견인 선임이 무조건
강제되는 것은 아닌 것으로 보인다). 후견인의 자발적 참여가 중요시되는 후견
제도의 특성과 후견인으로 지정된 사람의 자기결정권도 존중되어야 한다는 점
을 고려할 때 가정법원이 강제적으로 후견인을 선임할 수는 없을 것이다. 다만,
향후 직업 후견인이 양성되고 그의 공익적 지위가 확립될 경우 관계 법령에서
특별한 이유 없이 후견인 지정을 거부하는 것을 규제하는 방안도 검토할 여지가
있을 것이다.

2. 성년후견인의 직무

가. 재산관리

개정민법은 친족편 제5장(후견) 제1절(미성년후견과 성년후견) 제1관(후견인)에서 성년후견인에게 법정대리권을 인정하고 있으며(제938조 제1항), 같은 절 제3관(후견인의 임무)에서 성년후견인은 피성년후견인의 재산을 관리하고 그 재산에 관한 법률행위에 대하여 피성년후견인을 대리한다고 규정하고 있다(제949조 제1항).[68] 피성년후견인의 경우 대부분 정신능력이 현저하게 결여된 상태에 있기 때문에 효율적인 보호를 위하여 성년후견인에게 포괄적인 권한을 부여한 것이다.[69] 이는 개정 전 민법의 규정 형식과 유사한 것이나 신설 조문과 연계하여 해석해야 할 것이다.

대리의 대상에는 재산관리뿐만 아니라 신상보호와 관련된 법률행위 및 이들과 관련된 소송행위도 포함되나, 유언이나 혼인 등 일신전속적 행위는 배제된다.[70] 대리권 행사시 후견인의 임무 수행에 관한 일반 원칙인 제947조를 준수해야 하며, 특히 피후견인의 신상에 관한 사항은 제947조의2의 제한을 받게 된다는 점을 주의해야 한다.[71] 또한 재산관리

---

68) 다만, 성년후견인의 대리를 통해 피성년후견인의 행위를 목적으로 하는 채무를 부담할 경우에는 본인의 동의를 얻어야 한다(제949조 제2항, 제920조 단서).

69) 프랑스, 독일, 일본에서도 후견인에게 피후견인의 재산관리와 법률행위 대리에 관하여 폭넓은 권한을 인정하고 있다(프랑스 민법 제473조 제1항, 제475조 제1항; 독일 민법 제1902조; 일본 민법 제859조 제1항 참조).

70) 法典調查會,『民法議事速記錄』7, 社團法人 商事法務研究會, 1984, 52頁; 大判 明治 29·3·26 (民錄 第2輯 第3券 108頁); 小林昭彦 外 5人,『新成年後見制度の解說』, 社團法人 金融財政事情研究會, 2003, 97~98頁 참조. 참고로 프랑스 민법에서는 피보호자의 일신적인 동의가 필요한 행위는 후견인이나 부조인의 원조나 대리가 불가능함을 명시하고 있으며(제458조 제1항), 자녀의 출생신고, 인지 등을 예시로 규정하고 있다(제458조 제2항).

71) 신상보호에 대한 보다 자세한 내용은 제3장 개정민법상 성년후견제도 분석 제2절 성년후견 Ⅱ. 성년후견인의 선임 및 직무 3. 성년후견인의 직무 중 나. 신상보

에 있어서도 피후견인의 신상과 관련된 사항이 있을 수 있으므로 신상
보호와의 관계를 염두에 두어야 할 것이다.[72]

개정민법은 금치산제도에서와는 달리 가정법원이 성년후견인의 법정
대리권 범위를 따로 정할 수 있도록 하였다(제938조 제2항). 이는 피성년후
견인의 의사와 현존능력을 존중하기 위하여 그가 독자적으로 할 수 있는
법률행위를 별도로 정할 수 있도록 한 것과 그 흐름을 같이 한다(제10조
제2항). 피성년후견인의 정신능력이 호전 또는 악화되는 등 사정변경이
생겨 법정대리권의 범위가 적절하지 않게 된 경우에는 가정법원이 본인,
배우자, 4촌 이내의 친족, 성년후견인, 성년후견감독인, 검사 또는 지방자
치단체장의 청구에 의하여 이를 변경할 수 있다(제938조 제4항).[73]

가정법원이 복수의 성년후견인을 선임할 경우에는 직권으로 그들이
공동으로 또는 사무를 분장하여 권한을 행사하도록 정할 수 있다(제949
조의2 제1항).[74] 또한 가정법원은 직권으로 위 결정을 변경하거나 취소할

호 부분 참조.

72) 於保不二雄·中川淳,『新版註釋民法』第25券 親族 (5), 有斐閣, 2004, 131頁; 新井
誠,『高齡社會の成年後見法』, 有斐閣, 1999, 164, 168頁; 新井誠·赤沼康弘·大貫正
男,『成年後見制度 - 法の理論と實務』, 有斐閣, 2007, 90~91頁.

73) 독일 민법에서는 후견인이 직무 범위의 제한 또는 확대를 가져올 수 있는 사정
이 생기면 이를 후견법원에 알려야 될 의무를 규정하고 있다(제1901조 제5항).
우리 개정민법에는 이러한 규정이 없으나, 후견인에게 선관의무와 피성년후견인
의 복리와 의사를 존중해야 할 의무가 있기 때문에 이를 근거로 피후견인의 고
지 의무를 이끌어낼 수 있을 것이다(제947조, 제956조, 제681조 참조).

74) 나아가 프랑스에서는 신상보호를 위한 후견인과 재산관리를 위한 후견인을 따
로 둘 수 있으며, 독일에서는 복수 후견인 중 일인은 다른 후견인의 후견사무
처리에 장애가 있을 때에만 후견사무를 처리할 수 있도록 하는 규정까지 두고
있다(프랑스 민법 제447조 제3항, 독일 민법 제1899조 제4항 등 참조). 우리 개
정민법에는 이러한 규정이 없으나 "사무를 분장"하는 방법은 탄력적으로 해석할
수 있으므로 다양한 형태의 복수 후견인을 둘 수 있다고 생각한다. 다만, 우리나
라에서는 아직 신상보호와 재산관리의 구분에 대한 연구와 실무가 축적되지 않
은 상태이므로 양 영역을 구분하여 후견인을 선임할 경우 후견인 사이의 충돌로

수 있다(제949조의2 제2항). 만약 가정법원이 복수의 성년후견인을 선임하면서 권한 행사 방식에 대해서 정하지 않은 경우는 어떻게 되는가. 독일 민법에서는 복수의 후견인들이 같은 직무를 지정받은 범위에서는 사무를 공동으로 처리할 수 있다고 규정하고 있으나(제1899조 제3항), 우리 개정민법에서는 이러한 규정을 두고 있지 않기 때문에 대리의 일반 법리에 따라 해석해야 할 것이다. 따라서 성년후견인들은 모두 동일한 권한을 수여받은 법정대리인으로서 대리권의 범위 안에서 각자 피성년후견인을 대리하여 업무를 처리할 수 있다.[75] 피성년후견인의 이익이 침해될 우려가 있음에도 일부 후견인이 법률행위의 대리 등 필요한 권한행사에 협력하지 아니할 때에는 가정법원이 피성년후견인, 성년후견인, 후견감독인 또는 이해관계인의 청구에 의하여 비협조적인 후견인의 의사표시에 갈음하는 재판을 할 수 있다(제949조의2 제3항).

만약 성년후견인이 피성년후견인과 이해상반되는 행위 등을 할 경우에는 특별대리인의 선임을 청구해야 한다. 다만, 후견감독인이 있을 경우에는 그러하지 아니하다(제949조의3, 제921조).

개정 전 민법에서와 마찬가지로 성년후견인은 선임된 직후 지체없이 피후견인의 재산을 조사하여 2개월 안에 그 목록을 작성하여야 하고(제941조), 피후견인과의 사이에 채권, 채무 관계가 있는 때에는 재산목록의 작성을 완료하기 전에 그 내용을 제시하여야 하며, 이를 의도적으로 해태한 경우에는 그 채권을 포기한 것으로 본다(제942조). 다만, 친족회 폐지 및 후견감독인제도 신설에 따라 몇 가지 변화가 있다. 첫째로 재산조

인해 피후견인에게 피해가 갈 수도 있다는 점을 주의해야 할 것이다.
75) 후견인은 피후견인의 법정대리인이 된다는 제938조 제1항의 규정은 이러한 각자 대리의 원칙을 전제로 한 것이라고 볼 수도 있다(小林昭彦 外 5人,『新成年後見制度の解説』, 社團法人 金融財政事情研究會, 2003, 118~119頁; 新井誠·赤沼康弘·大貫正男,『成年後見制度 － 法の理論と實務』, 有斐閣, 2007, 48~49頁 참조).

사와 목록작성시 친족회가 지정한 회원 대신 후견감독인이 참여하도록
하였다. 그런데 후견감독인은 필수적으로 선임되는 것이 아니기 때문에
후견감독인이 없다면 후견인은 단독으로 재산조사와 목록작성을 할 수
있다. 둘째로 성년후견인과 피성년후견인 사이의 채권·채무 관계는 친
족회 또는 친족회가 지정한 회원 대신 후견감독인이 있는 경우에 한해
그에게 제시하도록 하였다.

나. 신상보호

(1) 신상보호의 필요성과 근거

인간답고 풍요로운 삶을 위해서는 재산뿐만 아니라 정신적, 신체적
건강 등 신상에 관한 복리도 매우 중요하다. 개정 전 민법에서도 피후견
인의 신상보호에 관한 규정이 전혀 없었던 것은 아니다. 제947조에서 금
치산자의 요양, 감호에 관하여 규정하고 있었으나 위 규정이 금치산자의
신상보호 전반에 대하여 후견인의 직무를 인정할 근거가 될 수 있는지
에 대해서는 해석상 대립이 있었고, 그나마 한정치산자의 신상보호에 대
해서는 근거 규정을 찾기 힘들었다.[76] 그 결과 기존의 후견제도는 주로
재산관리에 치중하는 형태로 운용되었다. 개정민법에서는 피후견인의
복지를 보다 적극적으로 증진시킬 수 있도록 신상복리 전반으로 후견의
영역을 확대할 수 있는 근거를 마련하였다.[77] 먼저 제947조를 피성년후

---

76) 개정 전 민법 제947조에 대해서는 ① 제1항은 제2항과 관련된 후견인의 '선관주
의의무'를 규정한 것으로 감호의무의 구체적인 내용은 제2항의 임무와 관련된 법
률행위에 한정된다는 견해와 ② 제1항의 의미를 적극적으로 해석하여 감호의무
에 법률효과를 수반하지 않는 행위도 포함된다는 견해가 대립하고 있었다(홍춘
의, "후견제도 개혁의 과제", 『가족법연구』 제16권 제2호, 2002, 28~29면; 道垣
內弘人, "身上監護, 本人の意思の尊重について", 『ジュリスト』 1141號, 2009. 9,
33頁; 新井誠, 『高齢社會の成年後見法』, 有斐閣, 1994, 149頁; 백승흠, "후견인의
요양·감호의무에 관한 고찰 – 개정전 일본 민법의 해석론과 성년후견을 중심으
로", 『가족법연구』 제18권 제2호, 2004, 157면 참조).

견인의 신상보호 일반에 대한 규정으로 확대하면서 본인의 복리와 의사 존중을 재산관리와 신상보호에 공통되는 성년후견인의 의무로 규정하였다. 또한 성년후견인의 신상보호 활동이 적합한 범위 내에서 원활히 이루어질 수 있도록 가정법원이 피성년후견인의 신상에 관하여 성년후견인이 결정할 수 있는 권한의 범위를 정할 수 있으며(제938조 제3항), 피성년후견인의 정신능력의 변화 등과 같은 사정변경이 있게 되어 성년후견인의 신상에 관한 권한의 범위가 적절하지 않게 된 경우에는 가정법원이 본인, 배우자, 4촌 이내의 친족, 성년후견인, 성년후견감독인, 검사 또는 지방자치단체장의 청구에 의하여 그 권한의 범위를 변경할 수 있도록 하였다(제938조 제4항).

(2) 신상보호의 의의와 범위

우리나라에서는 아직 '신상' 내지 '신상보호'의 개념이 법령이나 강학상 확립되지 않은 상태이다. 입법자의 의도는 후견인이 비(非)재산적, 비(非)법률행위 영역까지 후견의 대상을 확대할 수 있는 근거를 마련하고자 "신상"이란 열린 표현을 사용한 것으로 보인다.[78] 따라서 향후 학설과 판례에 의하여 신상의 개념을 정립해가야 하겠지만, 일응 재산관리의 대상과 대비되는 영역으로서 "피후견인의 프라이버시와 자기결정권이 중요시되는 신체적, 정신적 복리에 관한 사항"이라고 정의할 수 있다.[79]

---

77) 신상보호 규정의 입법 취지에 대해서는 법무부 보도자료, 「성년 연령 19세로 하향, 장애인·고령자를 위한 새로운 후견제 도입」(2011. 2.), 5면 참조. 이하 피성년후견인의 신상보호에 관한 규정은 대부분 한정·특정후견에도 준용되기 때문에 후견 전반에 걸쳐 신상보호의 근거가 마련되었다고 볼 수 있다(제959조의4, 제959조의6, 제959조의12 참조).

78) 법무부 보도자료, 「성년 연령 하향 및 성년후견제 도입을 위한 민법 일부 개정안 국무회의 통과」(2009. 12.), 3면 참조.

79) 따라서 신상에 관한 결정 권한은 인간의 존엄과 가치, 자기결정권이 중요시된다는 점에서 인격권 내지 프라이버시권하고도 밀접한 관련이 있다고 할 수 있다.

개정민법상 신상이 불확정개념인 만큼 신상보호의 범위도 확정하기 어렵다. 참고로 일본에서는 "개호, 생활유지, 시설의 입·퇴소 및 처우감시, 의료, 교육, 재활에 관한 사항" 등을 신상감호의 대표적 사례로 들고 있는데, 우리나라에서도 위 사항들이 신상보호의 대상에 해당할 가능성이 높다.[80] 그런데 일본에서는 "신상감호가 법률행위(당연 수반되는 사실행위 포함) 영역에 한정되기 때문에 식사보조나 개호보조 등과 같은 순수한 사실행위나 의료적 침습행위에 대한 결정이나 동의는 배제된다"는 것이 통설적 견해이다.[81] 이러한 해석은 법률행위와 비(非)법률행위[82]의 영

　인격권은 헌법 제10조, 제17조 등에 근거하고 있으며 아직 계속 형성 중인 권리로서 신상과 마찬가지로 그 실체를 명확하게 정의하기 어려운 상태이다(김재형, "언론의 사실보도로 인한 인격권 침해", 『서울대학교 법학』 제39권 제1호, 1998, 189면 이하 참조).

80) 小林昭彦 外 5人, 『新成年後見制度の解説』, 社團法人 金融財政事情研究會, 2003, 143頁 참조.

81) 김명중, "일본의 성년후견제도의 동향과 과제", 『국제노동브리프』 제8권 제6호, 2010, 69면; 백승흠, "후견인의 요양·감호의무에 관한 고찰 - 개정전 일본 민법의 해석론과 성년후견을 중심으로", 『가족법연구』 제18권 제2호, 2004, 167면; 岡部 喜代子, "일본의 성년후견제도의 문제점", 『한림법학 FORUM』 제20권, 2009, 200~201면; 日本 法務省 民事局 參事官室, "成年後見問題研究會報告書の概要", 『ジュリスト』 第1121號, 1997, 87頁 이하; 日本 法務省 民事局 參事官室, "成年後見制度の見直しについて - 成年後見問題研究會報告書の概要", 『ひろば』 第51券 第2號, 1998, 4頁 이하; 能手歌織, "成年後見制における「身上監護」の檢討", 『立命館法政論集』 第1號, 2003, 298頁; 日本 法務省, 成年後見問題研究會, <http://www.moj.go.jp/MINJI/minji95.html>; 小林昭彦 外 5人, 『新成年後見制度の解說』, 社團法人 金融財政事情研究會, 2003, 141~144頁 참조.

82) 일본에서는 "사실행위"라는 표현을 사용하고 있으나, 전통적인 법률요건·법률사실론상 '의식의 내용을 불문하고 행위 내지 행위의 결과에 법률이 일정한 효과를 부여하는 행위'를 의미하는 "사실행위"와 혼동될 수 있으므로, 본 논문에서는 '법률행위(일정한 법률효과의 발생을 목적으로 하는 하나 또는 수개의 의사표시)를 제외한 나머지 행위'를 나타내는 표현으로서 "비(非)법률행위"라는 용어를 사용하기로 한다(사실행위 내지 법률행위의 분류 및 개념에 대해서는 곽윤직, 『민법총칙』, 박영사, 2005, 188~189, 194면 참조).

역이 명확히 구분된다는 것을 전제로 하여 후견의 대상을 전자의 영역
에 한정하는 것으로 보인다. 그러나 위와 같은 제한적 해석은 이론적으
로나 현실적으로 논쟁의 소지가 있다고 생각한다. 예컨대 침습적 의료행
위에 대한 동의는 신체침해를 허용하는 의사의 표현으로서 그 자체로
일정한 법률효과의 발생을 목적으로 하는 것이 아니기 때문에 엄밀한
의미에서는 법률행위가 아니다.[83] 하지만 현대 사회에서는 의료행위에
대한 동의가 대부분 의료계약을 통해 이루어지며 침습행위의 위법성을
조각시키는 법률효과를 수반하기도 하기 때문에 사실상 법률행위의 영
역과 중첩되는 경우가 많다.[84] 또한 의사결정이 어려운 피후견인의 생
명과 신체를 보호하기 위해서 불가피하게 제3자가 침습적 의료행위에
관한 의사결정에 관여해야 할 경우가 존재하기 때문에 후견인이 그러한
비상상황에 대처할 수 있도록 법적 근거를 마련할 현실적 필요성이 있
다.[85] 침습적 의료행위에 대한 후견인의 개입을 인정할 경우에도 일본

---

83) 기존 학설에서는 침습적 의료행위에 대한 동의를 준법률행위(rechtsgeshäftsähnliche
　　Handlung) 중 의사의 통지에 해당한다고 보고 있다(BGHZ 29, 179. 이덕환, "의료행
　　위에 대한 동의의 대리", 『현대법학의 이론 : 우제 이명구 박사 화갑 기념 논문집』
　　[Ⅲ], 1996. 11, 46면; 김천수, "의료행위에 대한 동의능력과 동의권자", 『민사법학』
　　제13·14호, 1996, 234면 참조).
84) 일본에서도 의료행위에 대한 승낙은 의료행위의 적부(適否)를 좌우하기 때문에
　　법률행위라고 해석해도 무방하다는 견해가 있다(新井誠·赤沼康弘·大貫正男, 『成
　　年後見制度 - 法の理論と實務』, 有斐閣, 2007, 13頁).
85) 일본에서도 후견인이 피후견인의 의료적 침습에 대한 동의를 요구받는 경우가
　　빈번함에도 그 때마다 친족을 찾아 동의를 얻을 수 없어 문제가 심각하다는 비
　　판이 제기되고 있으며, 성년후견인에게 의료행위에 대한 동의권을 인정해야 한
　　다는 입법론 내지 해석론이 강력히 대두되고 있다(岡部喜代子, "일본의 성년후
　　견제도의 문제점", 『한림법학 FORUM』제20권, 2009, 200면; 四宮和夫·能見善
　　久, 『民法總則』, 弘文堂, 2004, 65頁 이하; 上山泰, "身上監護をめぐる諸問題につ
　　いで", 『ジュリスト』第1211號, 2001, 53頁; 日本辯護士聯合會, 『成年後見制度
　　に關する改善提言』, 2005, 19頁 이하; 須永醇, "成年後見制度について", 『法と
　　精神醫療』第17號, 2003, 28頁 이하; 新井誠·赤沼康弘·大貫正男, 『成年後見制度

의 전통적 해석론처럼 그 대상을 법률행위에 한정하는 것은 곤란할 수 있다. 예컨대, 위 해석론에 따르면 침습적 의료행위에 대한 동의가 의료계약을 통해 이루어질 때에는 의료계약에 수반되는 비법률행위로서 후견의 영역에 포함될 것이나,[86] 위 동의가 의료계약에 수반되지 않고 독립적으로 행해진다면 후견의 대상이 될 수 없을 것이다. 그러나 본질적으로 차이가 없는 의료행위에 대한 동의를 단지 의료계약이라는 매개를 통하였는지 여부에 따라 달리 취급하는 것은 부당할 것이다.[87] 따라서 신상보호의 범위는 필요에 따라 침습적 의료행위를 비롯한 비법률행위의 영역까지 확대될 필요가 있다.

물론 위와 같이 후견의 영역을 넓히는 것에 대한 사회적 공감대가 충분한 것인지, 부작용은 없는지에 대한 의구심이 들 수 있다. 또한 입법기술상으로도 민법이 아닌 개별 법령들에 관련 규정을 두는 것이 효과적이라는 주장도 있을 수 있다. 하지만, 후술하다시피 정신보건법 등에 존재하는 신상보호에 관한 규정들이 타당한 것인지에 대해서 많은 비판이 제기되어 왔다.[88] 따라서 기본법에 통일적인 기준을 마련한다는 차원에서 개정민법이 후견인에게 신상보호에 관한 폭넓은 근거와 엄격한 기준을 마련한 것은 이론적으로나 현실적으로 합당하다고 생각한다.

- 法の理論と實務』, 有斐閣, 2007, 13~14頁 참조).

86) 현재 일본에서도 당해 의료계약에서 당연히 예상되는 경미한 신체적 침습에 대한 후견인의 동의권을 인정하는 견해가 있다(上山泰, 『成年後見と身上配慮』, 筒井書房, 2001, 91頁 이하 참조).

87) 오호철, "일본의 성년후견제도의 개선 논의에 대한 동향", 『비교사법』 제13권 제4호, 2006, 457면 참조.

88) 이에 대한 보다 자세한 내용은 제4장 관련 제도의 개선 방향 제2절 관계 법령과의 정합성 중 Ⅴ. 정신보건법 부분 참조.

(3) 신상보호의 요건과 절차

신상에 관한 사항은 피후견인의 생명, 신체, 프라이버시와 밀접한 관련이 있기 때문에 후견인에 의한 신상보호가 남용될 경우 피후견인의 자기결정권을 본질적으로 훼손하는 등 회복될 수 없는 피해를 가져올 수 있다. 이러한 우려 때문에 개정민법은 성년후견인이 피성년후견인의 재산관리와 신상보호에 있어서도 여러 사정을 고려하여 그의 복리에 부합하는 방법으로 사무를 처리해야 하며 이 경우 피후견인의 의사를 존중해야 한다는 기본 원칙을 천명하는 한편(제947조), 특히 신상보호에 관해서는 그 요건과 절차를 엄격히 규정하고 있다.

먼저 피성년후견인이라도 신상에 관한 사항은 상태가 허락하는 한 단독으로 결정하는 것이 원칙임을 분명히 했다(제947조의2 제1항).[89] 다만, 신체를 침해하는 의료행위에 대하여 피후견인이 직접 동의할 수 없는 경우에는 성년후견인이 피후견인을 대신해서 동의를 할 수 있는 근거를 마련했다(제947조의2 제3항). 나아가 피후견인의 생명, 신체 등에 중대한 영향을 미치는 사항에 대해서 성년후견인이 대신 결정하려고 할 경우에는 엄격한 절차를 거치도록 하였다. 첫째로 성년후견인이 피성년후견인을 치료 등의 목적으로 정신병원이나 그 밖의 장소에 격리하려는 경우에는 반드시 가정법원의 허가를 받아야 한다(제947조의2 제2항). 이 경우에는 피후견인의 생명과 신체에 대한 응급조치와는 관련이 적기 때문에 반드시 사전 허가만 허용하고 사후 허가는 불가능하다. 둘째로 성년후견인이 피후견인을 대신하여 침습적 의료행위에 동의하려고 할 경우 당해 의료행위의 직접적인 결과로 피후견인이 사망하거나 상당한 장애를 입을 위험이 있는 때에는 가정법원의 허가를 받아야 한다(제947조의2 제4항 본문). 다만, 허가절차로 인하여 의료행위가 지체되어 피성년후견인의 생

---

89) 프랑스 민법도 "피보호자의 상태가 허락하는 한 본인이 스스로 신상에 관한 결정을 한다"고 명시하고 있다(제459조 제1항).

명에 위험을 초래하거나 심신상의 중대한 장애를 초래할 때에는 사후에 허가를 청구할 수 있다(제947조의2 제4항 단서). 셋째로 성년후견인이 피성년후견인을 대리하여 피성년후견인이 거주하고 있는 건물 또는 그 대지에 대하여 매도, 임대, 전세권 설정, 저당권 설정, 임대차의 해지, 전세권의 소멸, 그 밖에 이에 준하는 행위를 하는 경우에도 가정법원의 허가를 받아야 한다(제947조의2 제5항).

원래 법무부가 국회에 제출한 민법개정안에는 "그 밖에 피성년후견인이 신상에 대하여 결정할 수 없는 경우 성년후견인의 결정이 피성년후견인의 신체의 완전성, 거주·이전, 통신, 주거의 자유, 사생활에 대한 중대한 침해를 수반하는 때에는 성년후견인은 가정법원의 허가를 얻어야 한다. 그러나 긴급을 요할 상태인 때에는 사후에 허가를 청구할 수 있다"라는 일종의 포괄 규정(residual clause)이 포함되어 있었다. 그러나 법원행정처와의 협의 과정에서 '어떤 경우에 중대한 침해가 있는지 판단하는 데 애로가 있다'는 강력한 반대가 있어 개정민법에서 삭제되었다. 원래 위 조항의 취지는 후견인의 입장에서 그 판단이 어려울 경우 일단 가정법원의 허가를 구하도록 유도하는 것으로서 학계에서는 긍정적으로 평가되어 왔던 것이다. 그러나 위 조항이 삭제됨으로써 피후견인의 인권 보호에 공백이 생길 우려가 있다. 예컨대 피후견인의 전신, 전화, 우편물에 대한 수령, 개봉, 보관을 후견인이 대신 할 수 있는지에 대하여 견해가 대립될 수 있다. 독일 민법에서는 피후견인의 통신의 자유와 프라이버시권을 보호하기 위하여 위 행위들은 법원에 의해 명시적으로 지정된 경우에만 후견인의 직무로 인정될 수 있도록 규정하고 있다(제1896조 제4항). 하지만 개정민법에서는 성년후견인이 포괄적 법정대리권을 가지기 때문에 대리권 행사와 연계하여 위 행위들을 대신할 가능성이 있다. 신상에 관한 사항은 피성년후견인이 단독으로 결정한다는 제947조의2 제1항의 원칙을 엄격히 적용하여 성년후견인의 개입을 배제해야 한다는 반론도 가능하나, 이에 따르면 피성년후견인이 단독으로 결정할 수 없는 경우에 대처하기 어렵다. 제947조의2의 제2항 내지 제5항을 유추 적용하여 가정법원의 허가를 받아 후견인이 개입할 수 있도록 하는 해석론도 가능하지만, 위 조항들은 문언상 의료행위와 부동산 처분에 한정되어 있기 때문에 논란이 생길 수 있다. 따라서 피성년후견인의 권익을 보호하기 위하여 향후 민법에 의료행위나 거주용 부동산 처분행위 외에도 피성년후견인의 신체나 사생활에 관한 중요한 행위에 성년후견인이 개입할 수 있는 근거와 요건을 엄격히 정하는 것이 바람직할 것이다.[90]

(4) 성년후견인의 본질적 역할

새로운 후견제도에서 성년후견인의 본질적인 역할은 무엇인가.[91] 특히 신상보호와 관련하여 후견인이 피후견인의 주거, 의복, 식생활까지 세심히 돌보아야 하는 것인가. 이에 대해서는 개정민법에 추상적인 규정만 두었기 때문에 그 해석과 운용에 있어서 의견의 대립이 있을 수 있고 향후 얼마든지 그 모습이 달라질 수 있다. 다만 법무부에서 위 규정을 둘 당시의 구상, 특히 성년후견제도의 시행 초기에 기대한 운용 모습은 어디까지나 '법률서비스(legal service)'에 초점이 맞추어져 있었다. 즉, 기술한 바와 같이 필요에 따라 비법률행위의 영역도 후견의 대상이 될 수는 있으나, 피후견인의 주거, 의복 등에 관한 사실적 보호행위는 사회복지

---

90) 프랑스 민법에서도 보호의무자가 피보호자의 신체나 사생활에 중대한 침해를 일으키는 결정을 하기 위해서는 판사나 친족회의 동의를 받도록 하는 규정을 두고 있다(제459조 제4항).
91) 이는 '성년후견제도의 본질을 어떻게 볼 것인지, 사회복지의 패러다임이 어떻게 변화되었는지'와도 밀접한 관련이 있다. 이에 대한 보다 자세한 내용은 제2장 성년후견제도의 도입 배경 제1절 성년후견제도의 의의 및 입법 배경 II. 성년후견제도의 도입 배경 중 2. 사회복지 패러다임의 변화 – 이른바 '조치에서 계약으로' 부분 참조.

의 영역에서 담당하는 것이 효과적이며, 후견인은 계약 체결 등 법적 지원을 통해서 피후견인이 가장 적합한 사회복지서비스를 이용할 수 있도록 조정(coordinate)하는 것이 핵심적 역할이라고 기대했다.[92] 독일 민법에서도 과거에는 후견인이 피후견인의 사무를 처리한다는 포괄적 규정을 두었으나, 1998년 개정을 통하여 사무 처리에 "법적으로(rechtlich)"라는 표현을 추가함으로써 후견의 본질이 법적 지원이라는 점을 분명히 했다(제1901조 제1항).[93] 또한 일본에서도 기술한 바와 같이 개호행위와 같은 이른바 "순수한 사실행위"는 후견인의 신상보호 활동 영역에 포함되지 않는다고 해석하고 있다.[94] 요컨대, 개정민법의 입법 취지나 외국의 입법례 및 해석론에 비추어 볼 때 성년후견인의 본질적인 역할은 어디까지나 의사결정의 조력, 법률행위의 대리 등 법적 지원이라고 할 것

---

[92] 일본의 아라이 교수는 "신상감호는 전형적인 법률행위와는 그 성격을 달리하는데, 예를 들어 춤을 출 때 어떤 옷을 입을 것인가, 산책하러 어디에 갈 것인가 하는 결정 등이다"라고 설명하고 있다(新井誠,『高齡社會の成年後見法』, 有斐閣, 1994, 148頁 참조). 그러나 "보호자가 구체적인 사실행위를 할 의무를 항상 부담하는 것이라고 주장하는 것은 아니며, 피보호자의 생활상의 필요성, 의식주의 니즈(needs) 등을 충족하기 위해서 피보호자의 생활 전반을 코디네이트해야 한다"고 보충 설명하고 있다(新井誠,『高齡社會の成年後見法』, 有斐閣, 1999, 165~166頁; 백승흠, "후견인의 요양·감호의무에 관한 고찰 - 개정전 일본 민법의 해석론과 성년후견을 중심으로",『가족법연구』제18권 제2호, 2004, 163면; 新井誠·赤沼康弘·大貫正男,『成年後見制度 - 法の理論と實務』, 有斐閣, 2007, 101頁 참조). 따라서 외견상으로는 아라이 교수의 견해가 필자의 견해보다 넓게 보일 수는 있으나, 후견인의 코디네이트 기능을 강조한다는 점에서 아라이 교수와 필자의 견해가 본질적으로 충돌하거나 양립할 수 없는 것은 아니라고 생각한다.
[93] 최봉경,『독일의 성년후견제도에 관한 연구』, 법무부 연구용역, 2009, 24~25면; Wagenitz·Engers, Betreuung - Rechtliche Betreuung - Sozial(rechtlich)e Betreuung, FamRZ (1998), S. 1273 f; 한봉희, "독일의 成年後見制度小考",『아세아여성법학』제3호, 2000, 50면; Bundesministerium der Justiz, Betreuungsrecht (2009), S. 8. 참조.
[94] 小林昭彦 外 5人,『新成年後見制度の解說』, 社團法人 金融財政事情硏究會, 2003, 143~144頁 참조.

이다.95)

한 가지 주목할 만한 현상은 과거에는 법률서비스의 영역과 복지서비스의 영역의 구분이 명확했으나 현대 복지국가에서는 그 영역이 점차 융합되어 간다는 것이다.96) 그리고 그 융합의 중심에 바로 성년후견제도가 있다. 즉 후견제도의 영역이 광범위해지고 전문화될 경우 법률서비스와 복지서비스 전반을 아우르게 될 것이다. 요컨대 우리 개정민법은 후견인이 법률서비스를 통해 법적 영역과 복지 영역을 이어주는 가교(架橋) 역할을 하는 데 중점을 두고 만들어졌으나, 향후 성년후견제도가 사회 전반에 확대될 경우 그 영역이 확대될 것으로 기대한다.

다. 피후견인의 복리 및 의사 존중 의무

개정민법은 재산관리와 신상보호에 관한 성년후견인의 직무 수행시 강화된 주의의무를 부과하고 있다. 금치산자의 후견인이나 성년후견인 모두 수임인의 선관주의의무가 부과되는 것은 마찬가지이다(제956조, 제681조). 그러나 개정 전 민법은 금치산자의 요양, 감호와 관련해서 일상의 주의를 해태하지 아니하여야 한다는 규정만 두고 있었던 반면(제947

---

95) 사회복지학에서도 후견인의 직무와 권한범위를 법률행위와 그에 관련한 합리적 범위에서의 사실적 보호행위로 한정하는 견해가 있다[이명헌, "복지서비스 이용자의 애드보커시(Advocacy)를 위한 성년후견제도에 대한 연구", 『사회법연구』 제1호, 2003, 233면].

96) 독일의 Becker 교수는 "독일의 후견법은 드라마틱한 변화를 겪으며 사적 자치를 더 존중하는 방향으로 나아가고 있다. 동시에, 후견인과 무능력자 사이의 개인적인 관계 및 충분한 인프라를 구축하는 것이 후견법 분야에서 점점 더 중요한 이슈로 부각되고 있다. 현재 우리는 social benefit의 분야에서 개인의 책임 및 사적 자치의 중요성이 증대되고 있는 현상을 목도(目睹)하고 있는 상태"라며 복지와 법적 영역의 수렴 현상을 설명하였다[Ulrich Becker, "Guardianship and Social Benefits", The World Congress on Adult Guardianship Law 2010 (October 2–4, 2010, Yokohama, Japan)].

조 제1항), 개정민법은 성년후견인이 피성년후견인의 재산관리와 신상보호를 할 때 여러 사정을 고려하여 그의 복리에 부합하는 방법으로 사무를 처리하여야 하며 피성년후견인의 복리에 반하지 아니하면 피성년후견인의 의사를 존중해야 함을 명시하고 있다(제947조). 이는 후견인의 직무 범위가 재산관리뿐만 아니라 신상보호 전반으로 확대될 수 있음을 암시하는 한편, 후견사무처리의 지도 이념을 강력히 선언함으로써 직무 수행의 실효성을 제고하려는 데 그 취지가 있다.[97]

피후견인의 복리와 의사가 무엇을 뜻하는 것인지 한 마디로 정의하기는 어렵다. 독일 민법에서는 성년후견인이 피후견인의 복리(Wohl)에 부합하도록 사무를 처리해야 하고, 피후견인의 복리에 반하지 않으면 그의 소망(Wunsch)에 부응할 의무를 명시하고 있는데(제1901조 제2항, 제3항), 여기서 복리란 "사람이 하나의 인격체로서 누릴 수 있는 이익들, 즉 생명, 신체, 건강을 온전히 보존하고 자신의 인격을 발현, 발전시키며 신상과 재산을 관리함으로써 향유할 수 있는 이익들의 총체"를 의미하고, 소망은 "자연적 의사(natürlicher Wille)"와 같은 개념이라고 설명하고 있다.[98] 이러한 설명에 따르면 소망은 피후견인의 순수한 주관적 의사이기 때문에 객관적 가치 평가가 꼭 필요하지 않고 피후견인이 의사 표현만 제대로 할 수 있다면 이에 근거하여 소망의 본질을 파악할 수 있을 것이다. 그런데 복리에 대해서는 여러 시각이 존재할 수 있다. 먼저 복리는 객관적으로 판단되어야 하고, 그 결과 주관적인 소망과 개념상 충돌할 수밖에 없고 소망의 우월적 지위란 공허한 명제에 불과하다는 견해가 있다.[99] 하지만

---

97) 일본에서도 구(舊) 민법 제858조 제1항의 개정 이유를 위와 같은 취지로 설명하고 있다(小林昭彦 外 5人, 『新成年後見制度の解說』, 社團法人 金融財政事情硏究會, 2003 141~142頁 참조).

98) Schwab, *Münchener Kommentar* (1992), Rn. 4(§1901); German Bundestag, *Regierungsentwurf, Bundestags-Drucksache* 11/4528, S. 67, 133; 최봉경, 『독일의 성년후견제도에 관한 연구』, 법무부 연구용역, 2009, 21~22면.

복리가 순수한 객관적 지표인지에 대해서는 의문이 있다. 먼저 복리의 정의에서 "인격의 발현과 발전"을 주요 요소로 하고 있는바, 피후견인의 자기결정권 내지 소망은 이미 복리와 별개의 것이 아니다. 나아가 독일 민법은 피후견인의 복리 추구 의무에 관한 바로 그 조문에서 "피후견인이 자신의 소망에 따라 인생을 형성할 수 있도록 하는 것도 피후견인의 복리에 속하는 것"임을 명시하고 있다(제1901조 제2항). 따라서 복리란 일견(一見) 객관적인 것처럼 생각될 수도 있으나, 실은 그 근저(根底)에 피후견인의 소망 내지 자연적 의사가 엄연히 자리 잡고 있는 복합적인 개념이다. 과거에는 피후견인의 소망과 복리가 대립되는 개념이고 전자보다는 후자가 우선하는 것으로 보는 시각이 많았고 그 대표적인 산물(産物)이 금치산·한정치산제도였지만, 인간의 존엄과 자기결정권을 중시하는 현대적 후견제도에서는 피후견인의 소망과 복리가 별개가 아니며 소망이 결여된 복리야말로 공허한 것이라고 생각한다. 따라서 후견인은 직무를 수행하는 매 순간마다 객관적인 이해득실만 따지기보다는 피후견인의 감정이나 가치관을 최대한 존중해야 할 것이다.[100] 피후견인의 의사를 존중

---

99) 최봉경, 『독일의 성년후견제도에 관한 연구』, 법무부 연구용역, 2009, 21~22면.

100) 영국 정신능력법은 "① 본인의 의사결정능력은 추정되어야 하고, ② 본인에 의한 의사결정을 끈기 있게 지원해야 하며, ③ 객관적으로 불합리하게 보이는 의사결정이라도 본인의 진심인 한 무시해서는 안 되고, ④ 본인의 '최선의 이익(best interest)'의 확보를 제도 전체의 궁극적이고 유일한 목적으로 해야 하며, ⑤ 본인의 '의사결정능력' 상실 상태에서 본인을 대신하여 의사결정을 실시하는 데 있어서는 본인의 자유를 제한하는 정도를 최소화해야 한다"는 것을 5대 기본원칙으로 삼고 있고(Mental Capacity Act, Part 1. The principles Section 1), 실무지침서에서는 정신능력이 부족한 피후견인이 장기간 상당한 비용을 들여 여행하길 원할 경우 객관적으로 볼 때 여행보다 치료를 계속받는 것이 더 현명한 결정일지라도 본인의 결정은 존중해야 한다는 예시를 들고 있다[Department for Constitutional Affairs(DCA), Mental Capacity Act Code of Practice(2005), 24-25; 菅富美技, "英國成年後見制度における身上監護", 『實踐 成年後見』23號, 2007, 15頁 이하 참조]. 독일 법무부에서도 피후견인 자신의 관념을 후견인

하기 위해서 가장 중요한 전제는 그의 의사를 제대로 확인하는 것이며 이를 위해서는 그에게 정확한 정보를 제공해야 한다. 프랑스 민법에서는 피보호자가 보호업무수행자로부터 적합한 방법을 통해 관련된 행위의 내용과 그 중요성, 효력 및 이를 거부할 경우 발생할 결과 등에 관한 모든 정보를 제공받는다고 명시하고 있는데(제457-1조), 향후 우리 민법에도 피후견인의 의사와 복리를 충실히 실현할 수 있도록 유사한 규정을 두는 것이 바람직할 것이다.

3. 성년후견인의 사임 및 변경

기술한 바와 같이 성년후견의 기간 내지 성년후견인의 임기에는 제한이 없다. 그러나 후견인의 건강 악화나 피후견인과의 갈등 등으로 더 이상 후견을 계속하기 어려운 상황이 발생할 수 있다. 개정 전 민법에서는 후견인은 정당한 사유가 있을 경우 법원의 허가를 얻어 후견인직을 사퇴할 수 있었다(제939조). 그런데 단순히 후견인의 사퇴만 이루어질 경우 후견인이 없는 후견이 계속되어 피후견인의 보호에 흠결이 생길 수 있다. 이러한 문제를 보완하기 위하여 개정민법은 후견인이 사임하고자 할 경우에는 사임청구와 동시에 가정법원에 새로운 후견인의 선임을 청구할 의무를 부과하였다(제939조).[101]

후견인이 사임을 원하지 않는 경우에도 부적정한 임무 수행 등을 이

─────────────────

의 관념으로 바꾸어서는 안 되며, 예컨대 피후견인의 자산이 충분하다면 피후견인의 의사에 반하여 근검절약을 강요해서는 안 된다고 설명하고 있다 [Bundesministerium der Justiz, *Betreuungsrecht* (2009), S. 13 참조].

101) 이 경우 가정법원은 후임 후견인이 선임되어야 현재 후견인의 사임청구를 받아들일 수 있을 것이다. 미성년·성년후견인의 사임에 관한 제939조는 한정·특정후견인 및 모든 후견감독인에게도 준용된다(제940조의7, 제959조의3, 제959조의5, 제959조의9, 제959조의10 참조).

유로 피후견인측이 후견인의 교체를 원할 수 있다. 개정 전 민법에서는
가정법원이 피후견인의 복리를 위하여 후견인을 변경할 필요가 있다고
인정되는 경우에 한해서 피후견인의 친족이나 검사의 청구 또는 직권에
의하여 후견인을 변경할 수 있었다(제940조 제1항). 개정민법도 기본적으
로 같은 태도를 취하면서 후견인의 변경 청구권자에 피후견인, 지방자치
단체장을 추가하였다(제940조).102) 이는 친족이 본인과 상반되거나 후견
인과 부합하는 이해관계를 가져 후견인 변경 청구를 해태하거나, 피후견
인이 연고가 없어 친족을 통한 후견인 변경 청구가 이루어지기 어려운
경우 등에 피후견인의 이익을 보호하기 위한 것이다.

　성년후견인이 사망, 결격, 그 밖의 사유로 없게 된 경우에는 피성년후
견인, 친족, 이해관계인, 검사, 지방자치단체장의 청구에 의하거나 직권
으로 후임 성년후견인을 선임하도록 한 것은 앞에서 설시한 바와 같다
(제936조 제2항).

4. 성년후견사무의 종료와 계산

　성년후견인의 임무가 종료된 때에는 후견인 또는 그 상속인은 1개월
내에 피성년후견인의 재산에 관한 계산을 하여야 하며, 정당한 사유가
있는 경우에 한하여 법원의 허가를 받아 그 기간을 연장할 수 있다(제957
조 제1항). 후견감독인이 있는 경우에는 그가 위 계산에 참여하여야 하고
그렇지 않은 경우 계산은 효력이 없다(제957조 제2항).103)

---

102) 개정 전 민법에서는 후견인의 변경시 후견인의 법정 순위와 무관하게 4촌 이내
　　의 친족이나 그 밖에 적합한 자를 후견인으로 정할 수 있었는데(제940조 제2
　　항), 개정민법에서는 후견인의 법정 순위 폐지에 따라 위 조항을 삭제하였다. 미
　　성년·성년후견인의 변경에 관한 제940조는 한정·특정후견인 및 모든 후견감독
　　인에게도 준용된다(제940조의7, 제959조의3, 제959조의5, 제959조의9, 제959
　　조의10 참조).

성년후견인이 피성년후견인에게 지급할 금액이나 피성년후견인이 성
년후견인에게 지급할 금액에는 계산종료의 날로부터 이자를 부가하여야
하며(제958조 제1항), 성년후견인이 자기를 위하여 피성년후견인의 금전을
소비한 때에는 그 소비한 날로부터 이자를 부가하고 피성년후견인에게
손해가 있으면 이를 배상하여야 한다(제958조 제2항).

위임 규정 중 위임종료시의 긴급처리에 관한 제691조와 위임종료의
대항요건에 관한 제692조는 성년후견의 종료에도 준용된다(제959조).104)
따라서 성년후견이 종료된 경우 급박한 사정이 있는 때에는 성년후견인
은 피성년후견인, 그 상속인이나 법정대리인이 위임사무를 처리할 수 있
을 때까지 그 사무의 처리를 계속하여야 하며, 그 범위에서는 성년후견
이 존속하는 것과 동일한 효력이 있다.105) 또한 성년후견종료의 사유는
이를 상대방에게 통지하거나 상대방이 이를 안 때가 아니면 이로써 상
대방에게 대항하지 못한다.

---

103) 개정 전 민법에서는 반드시 친족회가 지정한 회원이 위 계산에 참여하도록 하
    였다(제957조 제2항).
104) 성년후견의 종료에 관한 제957조, 제958조, 제959조(제691조, 제692조)는 한
    정·특정후견의 종료에도 준용된다(제959조의7, 제959조의13 참조).
105) 예컨대, 피성년후견인이 무연고자일 경우 장례 등과 관련하여 기존 성년후견인
    이 사무 처리를 계속해야 할 상황이 발생할 수 있다. 그러나 이 경우에도 긴급성
    이 결여되어 기존 성년후견인의 임무에 포섭될 수 없다는 반론이 있을 수 있다
    (新井誠·赤沼康弘·大貫正男, 『成年後見制度 – 法の理論と實務』, 有斐閣, 2007,
    144~145頁 참조).

Ⅲ. 성년후견감독인의 선임 및 직무

1. 친족회의 폐지 및 후견감독인제도 신설

개정 전 민법에서는 후견인의 감독기관으로 친족회를 두고 있었다(제 960조~제973조). 후견감독기관으로서 친족회 제도의 근원은 프랑스에서 찾을 수 있는데 이것이 일본을 거쳐 우리나라로 계수된 것이다.[106] 우리 나라의 전통적인 친족회로는 일문(一門)의 회합인 문회(門會), 일족(一族) 의 회합인 종회(宗會)가 있었는데, 일본민법이 우리나라에 의용됨에 따라 행위능력제도와 관련하여 일본의 친족회 규정이 적용되게 된 것으로 우 리의 전통 관습과는 관련이 없다.[107] 더욱이 일본은 민법 개정을 통해서 친족회제도를 폐지하였음에도 우리나라에서 여전히 그 잔재가 남아있는 것은 연혁적으로도 그 당위성을 찾기 어려운 것이다.[108]

개정 전 민법에서는 미성년자, 금치산자 또는 한정치산자를 위하여

---

106) 프랑스에서는 원래 친족회가 친족회원 중 한 명을 후견감독인으로 선임하도록 되어있었기 때문에 후견감독인이란 당연히 친족회가 존재하는 것을 전제로 했다 (1968년 프랑스 민법 제495조, 제420조). 그런데 2007년 민법 개정을 통해 친족 회가 없더라도 필요한 경우에는 법원이 후견감독인을 선임할 수 있게 되었다 (2007년 프랑스 민법 제454조 제1항)(명순구, 『프랑스의 성년후견제도』, 법무부 연구용역, 2009, 18, 43, 44, 71면; 김형석, "민법개정안 해설", 『성년후견제 도입 을 위한 민법개정안 공청회』, 법무부, 2009, 16면 참조). 프랑스와는 달리 영국에 서는 전통적으로 보호법원, 공공후견청(Office of the Public Guardian) 등이 법 정후견인에 대한 감독을 맡아 왔기 때문에 법정후견 감독을 위한 친족회 내지 후견감독인제도가 없다(제철웅·오시영·백승흠·박주영, 『행위무능력제도의 재검 토 - 성년후견 도입을 중심으로』, 법무부 연구용역, 2007, 29면; 제철웅, "성년후 견제도의 개정방향", 『민사법학』 제42호, 2008, 135~136면 참조).
107) 김주수, 『주석민법 친족』 [Ⅲ], 한국사법행정학회, 2005, 577면.
108) 송호열, "성년후견감독법제에 관한 고찰", 『재산법연구』 제25권 제1호, 2008, 256면.

친족회를 상설하도록 하고(제965조), 주요 법률행위나 이해상반 행위에
대해서는 후견인이 친족회의 동의를 받도록 하는 등 친족회가 후견인의
임무수행을 감독했다(제950조 내지 제953조). 그러나 친족회가 실질적으로
후견인의 감독 기능을 수행하지 못하는 유명무실한 기관이라는 비판이
끊이지 않았다. 즉 3인 이상 10인 이하의 다수 회원으로 구성된 친족회
에서 모든 의사결정을 회원의 과반수 찬성으로 하는 방식이 비효율적이
고(제961조, 제967조), 객관성이나 전문성보다 인간적 대인관계를 강조하는
문화에서 친족회의 감독 기능을 기대하기 어렵다는 것이다. 또한 후견인
이 사실상 친족회를 주도하는 경우가 많으며, 법원이 친족회 소집허가만
하고 이후 친족회가 제대로 운영되는지에 대해서는 형식적인 심리에 그
치는 것도 친족회제도가 가진 한계였다.[109] 민법 개정 과정에서 친족회를
폐지하기보다는 친족회를 임의적 설치 기관으로 하되 일단 친족회가 후
견감독기관으로서 설립되면 그 권한과 기능을 강화하여 실질적으로 활동
할 수 있도록 하자는 대안 등도 제시되었으나,[110] 위와 같은 문제를 근본
적으로 해결하기 위해서는 친족회를 완전히 폐지하고 전문성과 공정성을
갖춘 후견감독인제도를 신설하는 것이 바람직하다고 판단하였다.[111]

109) 윤진수, "친족회의 동의를 얻지 않은 후견인의 법률행위에 대한 표현대리의 성
    립 여부", 『아세아 여성법학』 제3호, 2000, 87면; 송호열, "성년후견감독법제
    에 관한 고찰", 『재산법연구』 제25권 제1호, 2008, 260면; 김형석, "민법개정
    안 해설", 『성년후견제 도입을 위한 민법 개정안 공청회』, 법무부, 2009,
    16~17면; 김명엽, "성년후견제도 도입을 위한 법무부 입법안의 개선에 관한
    연구", 『법과 정책』 제16집 제2호, 2010, 35면.
110) 제철웅·오시영·백승흠·박주영, 『행위무능력제도의 재검토 - 성년후견 도입을
    중심으로』, 법무부 연구용역, 2007, 137면; 제철웅, "성년후견제도의 개정방
    향", 『민사법학』 제42호, 2008, 141면; 김명엽, "성년후견제도 도입을 위한 법
    무부 입법안의 개선에 관한 연구", 『법과 정책』 제16집 제2호, 2010, 34~36면
    참조.
111) 법무부 보도자료, 「성년 연령 19세로 하향, 장애인·고령자를 위한 새로운 후견
    제 도입」, 2011. 2, 5면.

2. 성년후견감독인의 선임

가정법원은 필요하다고 인정되면 피성년후견인, 친족, 성년후견인, 검사, 지방자치단체장의 청구에 의하거나 직권으로 성년후견감독인을 선임할 수 있다(제940조의4 제1항). 입법 과정에서는 후견감독인을 필수기관으로 할 것인지 임의기관으로 할 것인지에 대해서 많은 논란이 있었다. 공정한 후견을 위해서 모든 후견사건에 있어 후견감독인을 선임해야 한다는 견해도 유력했으나, 개정민법에서는 전문성과 윤리성에 의문이 없는 후견인에 대해서까지 후견감독인을 선임한다면 업무 처리가 지연될 수 있고 무엇보다 피후견인의 경제적 부담을 가중시킬 수 있다는 이유에서 후견감독인을 임의기관으로 하였다.112) 이러한 입법 태도에 대해서는 "친족회를 폐지하면서 후견감독인을 임의기관으로 할 경우 현행(개정 전) 민법에서보다 오히려 그 감독 기능이 약화될 수 있다"는 비판도 있다.113) 충분히 수긍할 수 있는 지적이나, 개정민법은 후견인의 법정 순위를 폐지하는 등 후견인의 선임 절차의 공정성을 제고하였으며 후견인의 중요한 재산적 법률행위나 신상행위에 대한 가정법원의 허가·감독 기능을 대폭

---

112) 후견감독인에 대한 외국의 입법례도 다양하다. 스웨덴에서는 후견감독인이 각 컴뮨마다 설치되는 상설필수기관으로서 관할 내 관리후견인의 직무를 감독하는 기능을 한다(스웨덴자치법 제19장 제1조; 김선이, "스웨덴 성년후견제도", 『아세아여성법학』 제3호, 2000, 143~146면 참조). 프랑스나 일본에서는 후견감독인이 필수기관이 아니고 판사가 필요하다고 판단한 경우에만 선임하도록 규정하고 있는데, 일본 민법은 우리 개정민법과 규정 형식이 매우 유사하나, 프랑스 민법은 친족회의 권한을 해치지 않는 범위에서 후견감독인을 선임한다는 점에서 우리와 다소 차이가 있다(프랑스 민법 제454조 제1항, 일본 민법 제849조의2 참조). 독일 민법은 성년후견에서 미성년후견감독인에 관한 규정을 준용하고 있으나, 실제로는 법원의 감독 기능이 크다고 한다(독일 민법 제1908조의i; 백승흠, "성년후견의 감독에 관한 고찰 – 독일과 일본의 제도를 비교하여", 『가족법연구』 제20권 제2호, 2006, 68~73면 참조).

113) 김상용, "성년후견법안의 문제점", 『법률신문』. 2009. 10. 22.

강화했기 때문에 전반적으로는 후견인에 대한 감독기능이 개정 전 민법보다 퇴보했다기보다는 오히려 실질화되었다고 볼 수도 있다.

성년후견감독인은 성년후견인과 마찬가지로 피성년후견인의 신상과 재산에 관한 사정을 고려하여 여러 명을 선임할 수 있으며, 법인도 성년후견감독인이 될 수 있다(제940조의7, 제930조 제2항, 제3항). 이 역시 전문적이고 공정한 성년후견감독인이 선임될 수 있도록 하기 위함이다. 또한 추후에 가정법원이 피성년후견인, 성년후견감독인, 친족, 이해관계인, 검사, 지방자치단체장의 청구에 의하거나 직권으로 성년후견감독인을 추가로 선임할 수 있다(제940조의7, 제936조 제3항).[114] 성년후견감독인을 선임할 때에도 피성년후견인의 의견을 존중하여야 하며, 피성년후견인의 상황, 성년후견감독인의 자질과 피후견인과의 이해관계 유무 등을 고려하여야 한다(제940조의7, 제936조 제4항). 성년후견감독인이 사망, 결격, 그 밖의 사유로 없게 된 경우에는 가정법원이 성년후견감독인의 선임 청구권자의 청구에 의하거나 직권에 의하여 성년후견감독인을 새로 선임할 수 있다(제940조의4 제2항).

성년후견감독인도 피성년후견인의 보호에 있어 적지 않은 역할을 담당하기 때문에 성년후견인과 마찬가지로 판단능력이 충분하지 않거나 전력(前歷)에 문제가 있는 사람은 선임할 수 없도록 결격규정을 두었다(제940조의7, 제937조). 또한 후견감독의 공정성을 담보하기 위하여 성년후

---

114) 준용의 취지상 제936조 제3항의 청구권자 중 "성년후견인"은 "성년후견감독인"이라고 새겨야 할 것이다(예컨대, 기존 성년후견감독인이 업무가 과중하다고 판단되어 추가로 성년후견감독인을 선임해 줄 것을 청구하는 것이 대표적인 사례일 것이다). 입법론상으로는 성년후견인도 위 청구권자에 포함시킬 필요가 있다고 생각한다. 성년후견인이 자신을 견제하는 후견감독인을 추가로 선임해 줄 것을 청구하는 경우가 많지는 않을 것이나, 그 활용 가능성을 전면 부정하기 어렵고 이에 따른 부작용도 거의 없을 것이기 때문이다. 무엇보다 임의후견감독인의 추가 선임과 관련하여 임의후견인을 청구권에 포함시키고 있는 것과 균형을 맞추는 것이 바람직할 것이다(제959조의15 제4항·3항).

견인의 가족, 즉 배우자, 직계혈족, 형제자매, 생계를 같이 하는 직계혈족의 배우자, 배우자의 직계혈족 및 배우자의 형제자매는 성년후견감독인이 될 수 없도록 하였다(제940조의5, 제779조). 이에 대해서는 후견인의 가족은 생계를 같이 하는지 여부와 무관하게 후견감독인이 되어서는 안 된다는 견해가 있다.115) 충분히 일리 있는 주장이나, 성년후견제도의 시행 초기에서는 충분한 수의 후견감독인을 확보하기 어려울 것이기 때문에 결격사유를 지나치게 넓힐 경우 후견감독인으로 선임할 사람을 찾기 어려울 것을 염려하여 입법과정에서 제779조의 가족 범위로 결격사유를 한정하게 되었다.

3. 성년후견감독인의 직무

성년후견감독인은 성년후견인의 사무를 감독하며, 성년후견인이 없게 되는 경우 지체 없이 가정법원에 성년후견인의 선임을 청구하여야 한다(제940조의6 제1항). 또한 피성년후견인의 신상이나 재산에 대하여 급박한 사정이 있는 경우 그의 보호를 위하여 필요한 행위 또는 처분을 할 수 있다(제940조의6 제2항). 여기서 '급박한 사정'이란 성년후견인의 소재불명, 유고(有故) 등으로 인하여 직무 수행이 불가능한 상태에서 긴급히 사무를 처리하지 않을 경우 본인에게 회복하기 어려운 피해가 발생할 개연성이 높은 상황을 말하며, '필요한 행위 또는 처분'이란 후견인을 대신하여 직무를 수행하는 것을 의미한다.116) 이러한 성년후견감독인의 활동은 성년후견인의 권한 범위를 넘어서지 말아야 하며 그 권한 범위 내라

---

115) 성년후견제도의 올바른 도입을 위한 심포지엄, 국회의원 노철래·서울지방변호사회 주최(국회의원회관 소회의실, 2011. 9. 1.) 중 김영규 교수 발언 부분.

116) 小林昭彦 外 5人, 『新成年後見制度の解說』, 社團法人 金融財政事情研究會, 2003, 191~192頁.

고 하더라도 임시적 조치에 불과하므로 가급적 적극적인 처분이나 개량 행위보다는 응급한 수선, 보전처분, 시효 중단 등 현상을 보존하거나 피해를 막는 데 치중하는 것이 바람직할 것이다. 또한 성년후견감독인은 성년후견인과 피성년후견인 사이에 이해가 상반되는 행위에 관해서 피성년후견인을 대리한다(제940조의6 제3항). 성년후견감독인이 선임되어 있지 않은 경우는 어떻게 되는가. 성년후견감독인 선임 시기에는 제한이 없으므로 성년후견 개시 이후라도 성년후견감독인을 선임하여 이해상반 업무를 처리할 수 있을 것이다.[117]

성년후견감독인은 언제든지 성년후견인에게 그의 임무 수행에 관한 보고와 재산목록의 제출을 요구할 수 있고 피성년후견인의 재산상황을 조사할 수 있다(제953조).[118] 성년후견감독인에 대해서는 위임 규정 중 위임종료시의 긴급처리(제691조), 위임종료의 대항요건(제692조)에 관한 것이 준용되며, 성년후견인에 대한 규정 중 신상결정 등에 대한 일부 조항(제947조의2 제3항부터 제5항), 수인 간의 권한 행사 방식(제949조의2), 보수와 비용 처리(제955조, 제955조의2)에 관한 것이 준용된다(제940조의7).

성년후견감독인이 직무를 수행함에 있어서는 수임인의 선관주의의무가 준용된다(제940조의7, 제681조). 성년후견감독인은 피성년후견인의 재산관리와 신상보호를 하는 일차적인 주체가 아니므로 성년후견인의 직무 수행에 관한 제947조를 준용하지 않고 있다. 그러나 직무 수행시 피성년후견인의 복리와 의사를 존중해야 한다는 이념에 있어서는 성년후견인

---

117) 참고로 프랑스 민법에서는 후견감독인이 없는 경우 피보호자와 후견인의 이해가 상반되는 상황을 해결하기 위하여 특별후견인을 지명할 수 있도록 하고 있다(제455조 제1항).

118) 성년후견감독인뿐만 아니라 가정법원도 직권으로 또는 피후견인, 후견감독인, 제777조에 따른 친족, 그 밖의 이해관계인, 검사 지방자치단체의 장의 청구에 의하여 피후견인의 재산상황을 조사하고, 후견인에게 재산관리 등 후견임무 수행에 관하여 필요한 처분을 명할 수 있다(제954조).

이나 성년후견감독인 모두 다르지 않을 것이다.[119]

4. 성년후견감독인의 사임 및 변경

성년후견감독인의 사임 및 변경에 대해서는 성년후견인의 관련 규정을 준용하고 있다(제940조의7, 제939조, 제940조). 따라서 성년후견감독인이 더 이상 직무 수행이 어려운 정당한 사유가 있는 경우에는 성년후견인과 마찬가지로 가정법원의 허가를 얻어 사임할 수 있으며, 이 경우 사임청구와 동시에 가정법원에 새로운 성년후견감독인의 선임을 청구하여야 한다. 또한 피성년후견인의 복리를 위하여 성년후견감독인을 변경할 필요가 있는 경우에는 피성년후견인, 친족, 성년후견인, 검사, 지방자치단체장의 청구에 의하거나 직권에 의하여 성년후견감독인을 변경할 수 있다.

IV. 성년후견의 종료

성년후견개시의 원인이 소멸된 경우에 가정법원은 본인,[120] 배우자,

---

119) 후견감독인에 대해서는 제947조를 준용하지 않고 제681조만 준용하는 것은 성년후견뿐만 아니라 한정후견, 특정후견에서도 마찬가지인데 모두 위와 같은 취지로 설명할 수 있을 것이다.

120) 성년후견개시심판에서와 마찬가지로 제한능력자인 피성년후견인이 직접 성년후견의 종료를 청구하는 절차행위를 할 수 있는지 문제될 수 있다. 기술한 바와 같이 처분권주의가 적용되지 않는 가사비송사건의 특성상 제한능력자도 법원의 문을 두드리는 것은 허용해야 한다고 생각한다[이에 대한 보다 자세한 내용은 제3장 개정민법상 성년후견제도 분석 제2절 성년후견 I. 성년후견의 개시 중 2. 성년후견의 청구권자 부분 참조]. 독일 민법에서도 피후견인이 제한능력자라도 후견의 취소를 구할 수 있는 규정을 두고 있다(제1908조의d 제2항 참조).

4촌 이내의 친족, 성년후견인, 성년후견감독인, 검사 또는 지방자치단체의 장의 청구에 의하여 성년후견종료의 심판을 한다(제11조). '성년후견개시의 원인'이란 판단능력의 지속적 결여를 말하며, 이것이 소멸된 경우란 더 이상 성년후견을 받을 필요성이 없을 만큼 정신 상태가 호전된 경우가 대표적일 것이다.[121] 기술한 바와 같이 성년후견을 개시하기 위해서는 엄격한 정신감정이 필요하나, 성년후견을 종료할 때에는 본인의 행위능력을 회복시켜주는 것으로서 그 부작용이 크지 않을 것으로 생각되므로 정신감정과 같이 엄격한 절차를 거치지 않아도 되는 경우가 많을 것이다.[122]

> 실제로 필자가 학위논문을 집필한 이후에 개정된 가사소송규칙(대법원규칙 제2467호, 2013. 7. 1. 시행, 이하 '개정가사소송규칙')에서는 필자의 의견과 마찬가지로 성년후견·한정후견 종료 심판시 피후견인의 정신감정을 가정법원의 의무가 아닌 재량 사항으로 규정하고 있다(제38조).[123]

---

121) 예컨대 장기간 무의식 상태에 있던 환자의 법률관계를 처리하기 위하여 성년후견이 개시되었으나 환자가 성년후견이 필요하지 않을 정도로 의사능력을 회복한 경우가 이에 해당할 것이다(小林昭彦 外 5人, 『新成年後見制度の解說』, 社團法人 金融財政事情硏究會, 2003, 101~102頁 참조). 참고로 "성년후견개시의 원인이 소멸된 경우"에 피후견인의 사망이 포함되는지 문제될 수 있다. 피후견인이 사망한 시점에서 그의 모든 권리의무는 상속 등으로 자동 승계되고 더 이상 보호 대상자가 존재하지 않는 점에 비추어 볼 때 후견도 종료한다고 보는 것이 합당할 것이다(新井誠·赤沼康弘·大貫正男, 『成年後見制度 – 法の理論と實務』, 有斐閣, 2007, 144~145頁 참조). 하지만, 개정민법 제11조는 후견인 등의 청구가 있어야 비로소 성년후견종료의 심판을 할 수 있다고 규정하고 있고 후술하다시피 후견종료의 효과도 종료심판이 있어야지만 그때부터 장래를 향해서 발생하므로 피후견인의 사망으로 인한 후견의 종료와는 그 성격이 다소 다른 것으로 보인다. 프랑스 민법에서는 법원의 결정뿐만 아니라 '당사자의 사망'을 후견의 종료 사유로 명시하고 있는바(제443조 제1항), 입법론상 우리 민법에서도 피후견인의 사망을 규율할 수 있는 규정을 두는 것이 바람직하다고 생각한다.
122) 일본 가사심판규칙에서도 법정후견개시심판의 취소와 관련해서는 정신감정이 원칙적으로 필요하다는 제24조, 제30조의2, 제30조의9를 준용하지 않고 있다.

판단능력이 호전되었으나 본인 보호에 공백에 없도록 하기 위해서는 성년후견은 종료하는 대신 한정후견을 받는 것이 바람직한 경우도 있을 수 있다. 개정민법 제12조 제1항이 '성년후견인'과 '성년후견감독인'을 한정후견개시심판의 청구권자에 포함시킨 것은 바로 이러한 경우를 상정한 것이라고 하겠다. 가정법원이 피성년후견인에 대하여 한정후견개시심판을 할 때에는 종전의 성년후견에 대해서는 종료심판을 해야 한다 (제14조의3 제2항).

판단능력이 성년후견이나 한정후견이 필요 없을 정도로 개선되었으나 일정 기간 내지 특정 사안에 한해 후견인의 도움이 필요할 경우 특정후견을 이용하는 절차에 대해서는 좀 더 복잡한 논의가 필요하다. 개정민법은 한정후견개시심판의 청구권자와는 달리 특정후견개시심판의 청구권자에서 '성년후견인'과 '성년후견감독인'을 배제하고 있다(제14조의2).[124] 이는 포괄적 후견인 성년후견을 받고 있는 상황에서 굳이 제한적 후견인 특정후견을 병존시킬 필요가 없다는 논리에서 비롯된 것으로 보인다.[125] 따라

다만, 실무상으로는 법정후견개시심판의 원인이 소멸하였는지 여부에 대한 판단 자료는 필요하기 때문에 진단서 등에 의해 본인의 정신 상태를 확인하고, 필요할 경우 감정을 거치도록 하고 있다(小林昭彦 外 5人, 『新成年後見制度の解說』, 社團法人 金融財政事情研究會, 2003, 303頁 참조).

123) 개정 전 가사소송규칙은 제33조에서 한정치산·금치산선고의 심판시 사건본인의 정신 감정을 의무화하는 한편 한정치산·금치산 선고의 취소에 관한 제38조에서 위 제33조를 준용하고 있었다. 그런데 기술한 바와 같이 피후견인의 인권 보호를 위해서 위 규칙 제33조에 해당하는 규정을 개정가사소송법 제45조의2 제1항으로 끌어올리는 한편, 개정가사소송규칙 제38조에서는 정신감정을 법원의 의무가 아닌 재량 사항으로 바꾼 것이다. 후견의 종료는 피의자의 인권 침해 소지가 상대적으로 적으므로 법률이 아닌 규칙에서 재량 사항으로 규정한 것도 합리적인 입법이라고 생각한다.

124) 개정민법 제14조의2는 특정후견개시심판의 청구권자에 한정후견인, 한정후견 감독인도 배제하고 있는바, 이하 성년후견과 특정후견과의 관계에 대한 논의는 한정후견과 특정후견과의 관계에도 적용될 수 있을 것이다.

125) 제1기 민법개정위원회, 제2분과 제8차 회의(2009. 5. 19.) 중 백승흠 위원 발

서 성년후견인이나 성년후견감독인이 특정후견개시심판을 청구하지 못하는 것은 물론이며, 나머지 특정후견개시심판의 청구권자들도 피성년후견인에 대해서는 특정후견을 청구하지 못하는 것으로 해석될 가능성이 크다.

하지만 이러한 입법 태도와 해석은 재고(再考)할 필요가 있다. 첫째로 특정후견개시심판의 청구권자에서 '성년후견인'과 '성년후견감독인'을 배제한 것은 미성년후견인, 미성년후견감독인을 위 청구권자에 포함시킨 것과 균형이 맞지 않을 수 있다. 개정민법이 특정후견개시심판의 청구권자에 미성년후견인과 미성년후견감독인을 포함시킨 이유는 성년에 임박한 미성년자 중 경미한 정신적 제약이 계속될 사람에 대하여 보호의 공백이 생기지 않도록 미성년후견의 종료와 더불어 특정후견이 개시되도록 하기 위함이다.126) 그런데 위와 같은 상황은 피성년후견인에게도 발생할 수 있다. 위에서 상정한 사례, 즉 피성년후견인이 성년후견이나 한정후견이 필요 없을 정도로 정신능력이 개선되었으나 경미한 정신적 제약은 남아 있기 때문에 특정후견을 받도록 하는 것이 바람직한 경우 보호의 공백이 생기지 않도록 성년후견의 종료와 더불어 특정후견의 개시가 이루어지도록 할 필요가 있다. 그럼에도 불구하고 개정민법은 제14조의2에서 '성년후견인'과 '성년후견감독인'을 청구권자에서 배제하는 한편, 막상 심판사이의 관계에 관한 제14조의3에서는 피성년후견인에 대해서 한정후견개시심판을 할 경우 종전 성년후견을 종료한다는 규정만 두고 있을 뿐 피성년후견인에 대해서 특정후견이 개시되는 상황에 대해서는 침묵하고 있다. 그 결과 제14조의2에서는 성년후견의 종료를 앞둔 피성년후견인에 대해서 보호의 공백이 생기지 않도록 특정후견개시심판을 청구하는 것을 차단하는 한편, 제14조의3에서는 반대해석상

언 부분(내부 속기록 318면) 참조.

126) 제1기 민법개정위원회, 제2분과 제8차 회의(2009. 5. 19.) 중 김형석 위원 발언 부분(내부 속기록 318면) 참조.

마치 피성년후견인에 대해서 특정후견을 개시할 때에는 종전의 성년후
견을 종료하지 않아도 되는 것처럼 보이게 되어 입법자의 취지와는 반
대로 성년후견과 특정후견이 병존할 수 있다는 오해를 불러일으킬 수
있다. 개정민법의 취지가 성년후견과 특정후견의 병존을 막기 위한 것이
라면, 입법기술상 제14조의2에서 보호의 공백이 생기지 않도록 특정후
견개시심판의 청구권자에 '성년후견인'과 '성년후견감독인'을 포함시키
되 심판 사이의 관계에 관한 제14조의3에서 피성년후견인에 대하여 특
정후견개시심판을 할 경우 종전의 성년후견을 종료시키는 심판을 하도
록 규정하는 것이 효과적일 것이다.[127] 둘째로 입법론상 성년후견과 특
정후견을 병존하지 못하도록 한 개정민법의 태도가 꼭 타당한 것인지에
대해서도 신중히 다시 검토할 필요가 있다. 개정민법의 취지는 이른바
"대(大)는 소(小)를 포함한다"는 전제에서 각 법정후견 유형 사이의 관계
를 가급적 간명하게 설계하고자 한 것으로 보인다. 하지만 과연 성년후
견과 특정후견이 전자가 후자를 언제나 포섭할 수 있는 대소(大小) 관계
에 있는지 의문이다. 특정후견의 묘미(妙味)는 정신적 제약이 적은 사람
이 필요충분한 법정후견으로 이용할 수 있다는 것뿐만 아니라 정신능력
의 수준과는 별론으로 특정한 사안에 대해서 잠정적으로 활용할 수 있
는 법적 지원장치라는 점이다.[128] 성년후견인이 포괄적인 법정대리권을

---

127) 민법개정위원이었던 김재형 교수도 피성년후견인이나 피한정후견인에 대해서
   특정후견 개시 심판을 하는 경우 기존 후견 심판을 종료해야 하는지 여부가
   불분명하므로 입법자의 의도를 보다 명확하게 밝히는 규정을 두어야 한다는
   견해를 제시한바 있다[제1기 민법개정위원회, 전체회의 제1차 회의(2009. 8.
   21.) 중 김재형 위원 발언 부분(내부 회의록 6면) 참조].
128) 민법개정위원으로 활동한 김형석 교수도 민법개정안 공청회에서 특정후견이
   성년후견·한정후견과 그 개시 원인에 있어 본질적으로 구별되는 것은 아니며,
   이론상으로는 성년후견의 요건을 충족하거나 한정후견의 요건을 충족하는 요
   보호인도 특정후견을 이용할 수 있다는 취지로 설명하고 있다. 김형석, "민법
   개정안 해설", 『성년후견제 도입을 위한 민법 개정안 공청회』, 법무부, 2009,

가진다고 하여 재산관리와 신상보호의 모든 분야에 전문성을 가지는 것
은 아니다. 따라서 피성년후견인도 고도의 전문성이 필요한 사무를 보다
효율적으로 처리하기 위하여 성년후견인 외에 특정후견인의 도움을 받
을 필요가 있는 상황이 얼마든지 존재할 수 있다. 더욱이 특정후견인의
경우 당연히 대리권이 부여되는 것이 아니며, 법적 조언을 통하여 일시
적으로 특정 사안에 한해서 후원하는 형태로 운영될 수 있기 때문에 특
정후견인과 성년후견인의 직무 범위와 권한이 충돌되지 않도록 후견의
내용을 설정하는 것도 가능하다. 따라서 입법론상 성년후견과 특정후견
이 병존할 수 있도록 하는 것이 바람직하다고 생각한다.[129]

성년후견종료심판의 효과가 언제부터 발생하는지에 대해서 개정민법
상 별도의 규정은 없으나, 법적 안정성을 위해서 종래의 금치산선고의
취소와 마찬가지로 그 소급효는 제한된다고 보아야 할 것이다.[130] 따라
서 성년후견종료심판은 그 전에 있었던 성년후견인이나 피성년후견인의
행위의 효력에 영향을 미치지 않을 것이다.

28~29면 참조.

129) 학계에서도 최근 법정후견의 각 유형은 양립가능하며 상호 호환 가능한 제도
로 운영하는 것이 바람직하다는 주장이 제기되기 시작하였다(제철웅, "요보호
성인의 인권존중의 관점에서 본 새로운 성년후견제도: 그 특징, 문제점 그리고
개선방안", 『동아시아에 있어서 성년후견법의 전개와 과제』, 중국산동대법학
원·일본학습원대동양문화연구소·인하대법학연구소, 2011, 96면 참조).

130) 小林昭彦 外 5人, 『新成年後見制度の解說』, 社團法人 金融財政事情硏究會, 2003,
101頁.

제3절 한정후견

Ⅰ. 한정후견의 개시

1. 한정후견의 이용 주체

개정 전 민법은 "심신이 박약하거나 재산의 낭비로 자기나 가족의 생활을 궁박하게 할 염려가 있는 자" 즉 심신박약자와 낭비자를 한정치산 제도의 이용 주체로 규정하고 있었다(제9조). '심신박약'이란 금치산 선고의 대상인 심신상실 내지 의사무능력보다는 경미한 판단능력의 흠결을 말하며, 금치산 선고의 경우와 마찬가지로 의사의 정신감정을 거치는 것을 원칙으로 하지만, 판사가 그 결과에 구속되지 않으며 법률적 판단을 통해 행위능력 유무를 판단하게 된다.131)

개정민법은 "질병, 장애, 노령, 그 밖의 사유로 인한 정신적 제약으로 사무를 처리할 능력이 부족한 사람"이 한정후견을 이용할 수 있도록 규정하고 있다(제12조). 사무처리능력의 흠결에 있어 성년후견은 "결여"라는 표현을 쓴 것과 달리 한정후견은 "부족"이라는 용어를 사용하고 있는 바, 성년후견의 이용자보다 경미한 정신적 제약을 가진 사람이 한정후견의 이용 주체라는 것을 알 수 있다. 이것은 금치산선고에서는 "(심신)상

---

131) 곽윤직, 『민법총칙』, 박영사, 2005, 94면; 곽윤직 편집대표, 『민법주해』[Ⅰ], 296~297면; 박준서 편집대표, 『주석민법 총칙』[Ⅰ], 332면.

실", 한정치산선고에서는 "(심신)박약"을 요건으로 함으로써 대상의 차이
를 나타낸 것과 유사한 규정 형식이라고 할 수 있다. 그런데 이용 주체
의 범위에 있어 한정후견과 한정치산은 상당한 차이가 있다. 한정치산은
행위능력을 포괄적으로 제한하는 후견 유형으로서 의사무능력에 버금갈
정도로 판단능력이 저하된 사람들을 중심으로 제한적으로 이용되어 왔
다. 하지만 한정후견은 필요한 만큼만 행위능력을 제한하는 후견 유형으
로서 의사무능력에 가까울 정도로 정신적 제약이 심한 사람뿐만 아니라
거의 온전한 판단능력을 가진 사람도 이용할 수 있다. 따라서 일률적으
로 피한정후견인의 정신적 제약이 한정치산자보다 경미하다고 단정하는
것은 옳지 않고, 다만 한정후견의 이용 주체 및 효과의 스펙트럼이 한정
치산제도에 비해서 훨씬 다양하고 광범위해졌다는 것이 적확(的確)한 표
현일 것이다. 성년후견과 달리 한정후견은 법문에서 사무처리능력의 흠
결이 "지속적"이어야 함을 명시하고 있지는 않으나, 한정후견이 개시되
면 성년후견과 마찬가지로 반드시 후견인을 선임해야 하고 후견종료심
판이 있기 전까지는 후견이 계속되는 것을 전제로 하기 때문에 정신적
제약의 지속성이 요구된다고 해석해야 할 것이다(제9조, 제12조, 제929조, 제
959조의2).132) 성년후견에서와 마찬가지로 후견의 필요성·보충성 요건을
만족해야 함은 물론이다.133)

---

132) 민법개정위원으로 활동한 김형석 교수도 민법개정안 공청회에서 특정후견과
대비하여 성년후견·한정후견이 "지속적·포괄적 보호제도"임을 강조한 바 있다
(김형석, "민법개정안 해설", 『성년후견제 도입을 위한 민법 개정안 공청회』,
법무부, 2009, 9면 참조). 성년후견에서 설명한 바와 같이 단속적으로 판단능
력이 회복된다고 할지라도 전반적으로는 판단능력이 부족한 상태가 계속된다
고 볼 수 있다면 능력 흠결의 '지속성' 요건을 만족한다고 볼 수 있을 것이다.
133) 따라서 정신적 제약이 일시적인 현상에 불과할 경우에는 한정후견 대신 특정
후견을 이용하면 족할 것이다.

2. 한정후견의 청구

한정후견의 청구권자는 "본인, 배우자, 4촌 이내의 친족, 미성년후견인, 미성년후견감독인, 성년후견인, 성년후견감독인, 특정후견인, 특정후견감독인, 검사 또는 지방자치단체의 장"이다(제12조). 성년후견과 비교하면 한정후견인, 한정후견감독인 대신 성년후견인과 성년후견감독인이 청구권자로 규정된 것만 다르다. 이것은 피성년후견인의 정신능력이 호전된 경우 성년후견보다는 제약이 적은 한정후견으로 바꿀 수 있는 길을 열어두기 위한 것이다. 또한 성년후견에서 문제를 제기한 바와 같이 '본인'의 해석과 관련하여 판단능력이 호전된 피성년후견인이 직접 한정후견 개시심판을 청구할 수 있는가가 문제될 수 있는데, 기술한 바와 같이 의사능력이 있는 한 이를 긍정해야 할 것이다.[134]

3. 한정후견개시의 심판 및 효과

가. 한정후견개시의 심판

성년후견개시심판과 마찬가지로 한정후견개시심판도 대심적 구조가 아니며 법원의 후견적 기능이 중요하므로 가사비송사건 중 라류 사건으로 분류될 것이며, 사건 본인의 권익을 위하여 원칙적으로 그의 주소지 가정법원이 관할하도록 하는 것이 바람직할 것이다.[135] 개정민법은 성년후견에서와 마찬가지로 한정후견개시심판시 가정법원이 본인의 의사

---

134) 이에 대한 보다 자세한 내용은 제3장 개정민법상 성년후견제도 분석 제2절 성년후견 Ⅰ. 성년후견의 개시 중 2. 성년후견의 청구 부분 참조.
135) 이에 대한 보다 자세한 내용은 제3장 개정민법상 성년후견제도 분석 제2절 성년후견 Ⅰ. 성년후견의 개시 3. 성년후견개시의 심판 및 효과 가. 성년후견개시의 심판 중 (1) 관할 부분 참조.

를 고려해야 할 의무를 명시하고 있다(제12조 제2항, 제9조 제2항). 한정후견
의 경우에도 사건 본인의 정신능력이나 의사표현이 미숙하고 행위능력
을 상당히 제한하는 심판이 내려질 수 있으므로 성년후견에서 기술한
바와 같이 원칙적으로 판사가 본인의 진술을 직접 듣도록 가사소송법을
개정하는 것이 바람직할 것이다.[136]

> 실제로 개정가사소송법은 성년후견과 마찬가지로 한정후견에 관한 사건도 피후
> 견인(피후견인이 될 사람 포함)의 주소지 가정법원의 관할로 규정하고 있다(제44
> 조 제1의2호). 또한 한정후견 개시 및 종료 심판을 하는 경우 법관이 직접 피후견
> 인이 될 사람 내지 피후견인의 진술을 들어야 하도록 규정하고 있다(제45조의3).

성년후견의 경우 원칙적으로 전문가의 정신감정을 거치도록 하고 그
예외는 가능한 한 좁게 해석하는 것이 바람직하다고 설명한 바 있다.[137]
한정후견의 경우에도 성년후견과 같은 기준으로 정신감정을 할 것인가
에 대해서는 여러 입장이 있을 수 있다. 정신감정은 정확한 심판을 위한
자료를 제공하는 순기능이 있으나, 본인의 의사에 반하여 피감정인을 의
료기관에 장기간 수용함으로써 신체적·정신적 고통을 가할 수 있으며
높은 비용으로 인해서 후견의 접근성을 떨어뜨리는 부작용을 가져올 수
도 있다. 따라서 정신감정을 필수적 절차로 할 것인지에 대해서는 본인
의 진술 청취에서 논의한 것보다 신중한 검토가 이루어져야 한다. 한정
후견도 성년후견에 버금가는 행위능력의 제한을 수반할 수 있으므로 성

---

136) 이에 대한 보다 자세한 내용은 제3장 개정민법상 성년후견제도 분석 제2절 성
     년후견 Ⅰ. 성년후견의 개시 3. 성년후견개시의 심판 및 효과 가. 성년후견개시
     의 심판 중 (2) 본인의 의사 존중 부분 참조. 일본 가사심판규칙도 보좌, 보조
     와 관련하여 후견개시심판시 본인의 진술을 청취하도록 한 규정을 준용하고
     있다(제30조의2, 제30조의10, 제25조).
137) 이에 대한 보다 자세한 내용은 제3장 개정민법상 성년후견제도 분석 제2절 성
     년후견 Ⅰ. 성년후견의 개시 3. 성년후견개시의 심판 및 효과 가. 성년후견개시
     의 심판 중 (3) 정신감정 부분 참조.

년후견에 준하는 엄격한 정신감정이 필요하다는 주장도 제기될 수 있으나,[138] 행위능력의 제약이 거의 없는 한정후견도 존재할 수 있다는 점을 고려하면 보다 탄력적인 접근이 필요하다. 만약 한정후견개시심판에서도 성년후견과 같은 정도로 정신감정을 요구할 경우 그 예외 사유는 매우 제한적으로 해석되어야 하므로 심지어 정신능력이 양호하여 행위능력의 제한이 거의 없는 한정후견이 이루어질 사람에 대해서까지 정신감정을 강제하게 될 우려가 있다. 따라서 향후 가사소송법 개정시 한정후견개시심판에서는 정신감정을 생략할 수 있는 예외 사유를 성년후견개시심판보다 탄력적으로 해석될 수 있도록 규정하는 것이 합리적일 것이다.[139]

> 개정가사소송법은 성년후견 개시 심판의 경우와 마찬가지로 한정후견 개시 심판을 할 경우 피후견인이 될 사람의 정신 상태에 관하여 의사에게 감정을 시키는 것을 원칙으로 하되, 피후견인이 될 사람의 정신상태를 판단할 만한 다른 충분한 자료가 있는 경우에는 이를 생략할 수 있도록 규정하고 있다(제45조의2 제1항).[140]

---

138) 가사소송법 개정 논의 과정에서도 후견과 보좌에 같은 정신감정 기준을 적용하는 일본 가사심판규칙 제24조, 제30조의2를 참조하여 성년후견과 한정후견의 정신감정에 대해 같은 기준을 적용하는 방안이 제시된 적이 있다[법무부 성년후견제 관계 법령 정비위원회 제12차 회의(2011. 4. 19.) 중 김원태 위원 발언 부분 (내부 회의록 29면) 참조]. 하지만 ① 한정후견은 보좌에 비해서 이용자의 정신능력이 광범위한 스펙트럼을 가지고 있으며, ② 보좌는 개시와 더불어 일정한 행위능력의 제약을 가져오는 데 반해서 한정후견은 개별 심판에서 필요한 만큼만 행위능력을 제한하기 때문에 보좌에서의 정신감정 기준을 한정후견에 그대로 원용할 수는 없다고 생각한다.
139) 일본의 가사심판규칙 제24조, 제30조의2, 제30조의9도 보좌에 대해서는 후견에 준하는 엄격한 감정을 거치도록 하되, 보조에 대해서는 원칙적으로 감정을 요하지 않고 의사의 진단서 등을 통해 판정하는 것을 전제로 하여 정비되었다(小林昭彦 外 5人, 『新成年後見制度の解說』, 社團法人 金融財政事情研究會, 2003, 46, 72, 288~290頁 참조).

나. 한정후견개시심판의 효과

한정후견개시심판의 효과는 한정치산선고와 크게 다르다. 한정치산선
고만으로 행위능력 전반이 제한되는 한정치산자와 달리 피한정후견인은
가정법원이 한정후견인의 동의를 받도록 따로 정한 행위에 대해서만 행
위능력이 제한된다(제13조 제1항). 이러한 맞춤형 동의 유보 방식은 독일
과 유사한 것으로 일원적 후견체제의 정신을 반영한 결과라는 것은 기
술한 바와 같다.141)

개정민법에서 가정법원이 동의 유보의 범위를 정하는 구체적인 기준을
밝히고 있지는 않으나, '자기결정권과 현존능력의 존중' 내지 '후견의 필
요성·보충성' 원칙에 따라 피후견인의 권익 보호를 위하여 꼭 필요한 사
항으로 제한해야 할 것이다.142) 또한 자기결정권이 중시되는 신분행위는

---

140) 위와 같은 조문 형식으로 인해서 외견상 성년후견과 한정후견 개시 심판에서
정신감정을 하는 기준이나 정도가 같은 것으로 보일 수도 있으나, 꼭 그렇게
해석할 필요는 없다고 생각한다. 즉 제45조의2 1항 단서상 "다른 충분한 자료"
를 탄력적으로 해석함으로써 필자가 주장했던 바와 같이 피후견인의 인권을
위하여 성년후견과 한정후견 개시 심판시 정신감정의 기준과 정도에 있어서
합리적인 차별을 두는 것이 가능하다고 본다.

141) 독일 민법 제1903조 제1항; 제2장 성년후견제도의 도입 배경과 주요 쟁점 제2
절 주요 쟁점 및 정책적 판단 Ⅱ. 입법 형식 및 후견 유형 중 2. 후견 유형
- 일원론 대(對) 다원론 부분 참조[우리 개정민법과 달리 일본 민법에서는 보
좌의 경우 차재(借財), 보증 등 동의 유보의 대상을 법정(法定)하고 있으며,
보조의 경우 위 대상 중 일부에 한하여 심판을 통해 동의 유보 대상을 정하도
록 규정하고 있다(일본 민법 제13조, 제17조)].

142) 독일 민법은 피후견인의 신상이나 재산에 대한 현저한 위험을 피하기 위해서
필요한 범위에서만 동의 유보를 명할 수 있다고 명시하고 있다(제1903조 제1
항). 여기서 위험의 현저성은 피후견인의 장애 정도에 따라 획일적으로 판정해
서는 안 되며, 관련 사안에서 본인이 입을 손해 발생의 개연성과 중대성을 고
려하여 신중히 판단해야 할 것이다[Bienwald, Betreuungsrecht, 3. (1999), Rn.
2(§1903); Dodegge·Roth, *Systematischer Praxiskommentar, Betreuungsrecht*,
2. (2005), S. 23; BayObLG FamRZ 1993, 851=BayObLG, BtPrax 1994,
136, 137; 최봉경, 『독일의 성년후견제도에 관한 연구』, 법무부 연구용역,

동의 유보의 대상으로 할 수 없을 것이다. 예컨대, 혼인과 관련하여 개정
민법은 피성년후견인에 대해서만 성년후견인의 동의를 받도록 규정하고
있는데, 이는 개정 전 민법의 태도를 그대로 승계한 것이라고 할 수 있다
(제808조 제2항). 개정 전 민법이 금치산자에 대해서만 후견인의 동의를 받
도록 규정한 것은 성년자인 한정치산자가 누구의 동의도 필요 없이 자유
롭게 혼인할 수 있도록 한 것이라고 해석되고 있는바, 이러한 해석은 개
정민법에도 그대로 적용될 것이다.143) 따라서 피한정후견인의 자기결정
권을 중시하는 개별 규정의 정신을 온전히 실현하기 위해서는 한정후견
심판에서 당해 행위를 동의 유보의 대상으로 하지 못한다고 해석해야 할
것이다.144) 피한정후견인의 판단능력이 호전되거나 악화되어 동의 유보
의 범위가 적당하지 않게 된 경우에는 본인, 배우자, 4촌 이내의 친족,
한정후견인, 한정후견감독인, 검사 또는 지방자치단체의 장의 청구에 의
하여 그 범위를 변경할 수 있다(제13조 제2항).145)

　한정후견인이 동의를 하지 않음으로써 피한정후견인의 이익이 침해될
염려가 있는 경우에는 피한정후견인이 가정법원에 한정후견인의 동의에
갈음하는 허가를 청구할 수 있다(제13조 제3항). 위 규정은 문리 해석상
한정후견인의 부동의로 인하여 피한정후견인의 이익이 '적극적'으로 침
해된 경우에만 적용될 수 있다. 그러나 이해득실(利害得失)을 판단하기 어

　　2009, 42~43면 참조].
143) 김주수, 『친족·상속법』, 법문사, 2002, 101면 참조.
144) 독일 민법은 혼인 기타 민법에서 법정대리인의 동의가 필요하지 않도록 정한
　　의사표시는 동의유보의 대상에서 배제된다고 명시하고 있다(제1903조 제2항).
145) 개정 전 민법에서는 미성년자의 행위능력을 확장시키는 규정들을 한정치산자
　　에 대하여 준용하였으나(제10조, 제5조 내지 제8조), 개정민법은 이를 삭제하
　　였다. 피한정후견인은 한정후견심판을 통해서 특별히 동의 유보의 제한을 두
　　지 않는 한 온전한 행위능력을 보유하므로 포괄적인 행위능력 제한을 전제로
　　예외적으로 행위능력을 확장시키기 위한 조문을 준용할 필요가 없게 되었기
　　때문이다.

려운 경우에도 본인의 의사가 우선되어야 한다고 생각한다. 따라서 피한
정후견인의 이익이 침해될 염려가 없는 한 피한정후견인의 의사를 존중
할 수 있도록 위 규정을 개정하는 것이 바람직할 것이다.[146]

한정후견인의 동의가 필요한 법률행위를 피한정후견인이 한정후견인
의 동의 없이 하였을 때에는 그 법률행위를 취소할 수 있으나, 성년후견
에서와 마찬가지로 일용품의 구입 등 일상생활에 필요하고 그 대가가
과도하지 아니한 법률행위는 취소할 수 없다(제13조 제4항).

4. 성년후견과의 관계

성년후견개시심판의 청구가 있었는데 가정법원에서 심리한 결과 한정
후견이면 충분하다고 판단될 경우 한정후견개시심판을 할 수 있는지, 반
대로 한정후견개시심판의 청구가 있었는데 가정법원이 성년후견개시심
판을 할 수 있는지에 대해서 견해가 대립될 수 있다. 통상적으로는 판사
의 권유로 청구 변경이 이루어지겠지만, 청구권자가 이를 거부할 경우
문제될 수 있다.

개정 전 민법에 대해서는 가정법원이 일방적으로 금치산 선고 청구에
대해서 한정치산을 선고하거나 한정치산 선고 청구에 대해서 금치산 선
고를 하는 것이 가능하다는 해석이 일반적이었다.[147] 금치산제도와 한
정치산제도는 취지가 같고 정신능력에 따라 행위능력을 제한하는 정도
에만 차이가 있다는 점이 주된 논거였다.[148] 그러나 성년후견과 한정후

---

146) 일본 민법도 보좌인이 "피보좌인의 이익을 해할 우려가 없음에도 불구하고"
　　동의를 하지 않는 경우에는 가정법원이 보좌인의 동의에 갈음하는 허가를 할
　　수 있도록 규정하고 있다.
147) 곽윤직, 『민법총칙』, 박영사, 2005, 94~95면; 양창수·김재형, 『계약법』, 박영
　　사, 2011, 587면.
148) 다만 낭비를 이유로 한정치산 선고를 청구한 경우에는 가정법원이 일방적으로

견은 그 성격이 매우 다르기 때문에 기존의 해석론은 유지될 수 없다고
생각한다. 원칙적으로 포괄적인 행위능력 제한을 수반하고 의사무능력
자로 이용 주체가 한정되는 성년후견과 달리 한정후견은 필요한 만큼만
행위능력을 제한하고 이용 주체의 스펙트럼도 대단히 광범위하다. 또한
개정민법상 성년후견제도는 자기결정권을 강조하고 있으며 피후견인의
복리(the best interest)를 판단하는 데 있어서도 본인의 의사를 중요한 기준
으로 삼고 있는 점을 고려할 때 특히 사건 본인의 청구나 의사에 반하는
후견심판은 할 수 없다고 해석해야 할 것이다.149)

II. 한정후견인의 선임 및 직무

1. 한정후견인의 선임

가정법원이 한정후견개시심판을 하는 때에는 직권으로 한정후견인을

성격이 다른 금치산 선고를 할 수 없고 그 반대의 경우도 불가능하다고 한다
(곽윤직 편집대표, 『민법주해』 [I], 308면; 박준서 편집대표, 『주석민법 총칙』
[I], 350면).

149) 일본에서도 신청인의 의사를 중시하는 해석론이 일반적인 것으로 보인다. 예
컨대, 보좌개시심판 신청에 관하여 심리한 결과 본인의 판단능력이 후견개시
의 요건에 해당함에도 신청인이 신청 변경을 권하는 석명에 따르지 않을 경우
보다 광범위한 행위능력 제한을 수반하는 후견개시심판을 할 수 없다는 것이
통설적 견해이며, 이러한 해석은 구법상 금치산·준금치산제도에서도 유력했던
것으로 보인다. 후견개시심판 신청에 대해서 보다 경미한 행위능력 제한을 수
반하는 보좌개시심판을 할 수 있는지에 대해서는 견해의 대립이 있다[小林昭彦
外 5人, 『新成年後見制度の解說』, 社團法人 金融財政事情研究會, 2003, 106~
108頁; 東京家審 昭和 47·3·22 (家月 第25券 第4號 46頁); 高村浩, 『Q & A
成年後見制度の解說』, 新法日本法規出版, 2000, 83頁; 新井誠·赤沼康弘·大貫正
男, 『成年後見制度 - 法の理論と實務』, 有斐閣, 2007, 74~76頁 참조].

선임해야 한다(제959조의2, 제959조의3 제1항). 성년후견에서와 마찬가지로 한정후견에서도 후견인을 통한 지속한 후견이 중요하므로 한정후견인이 사망, 결격 등의 사유로 더 이상 존재하지 않게 된 경우에는 가정법원이 피한정후견인, 친족, 이해관계인, 검사, 지방자치단체의 장의 청구에 의하거나 직권으로 새로운 한정후견인을 선임하여야 한다(제959조의3 제2항, 제936조 제2항). 복수·법인 후견인, 후견인의 결격사유, 후견인의 선임 기준은 성년후견에서와 동일하다(제959조의3 제2항, 제930조 제2항, 제3항, 제936조 제3항, 제4항, 제937조).[150)]

2. 한정후견인의 직무 등

한정후견인도 사안에 따라 성년후견인과 마찬가지로 피후견인의 재산관리나 신상보호를 직무로 할 수 있는바, 성년후견인의 권한과 직무에 관한 규정이 많이 준용된다(제959조의3 제2항, 제959조의4 제2항, 제959조의6). 하지만 성년후견인이 당연히 피성년후견인의 법정대리인이 되며 주로 대리권 행사를 통해서 직무를 수행하는 것과는 달리(제10조, 제938조), 한정후견인은 동의권 행사가 중요한 직무 수행 방식이며 대리권을 보유하기 위해서는 별도로 가정법원의 심판이 있어야 한다는 점에서 큰 차이가 있다(제13조, 제959조의4).[151)]

---

150) 이에 대한 보다 자세한 내용은 제3장 개정민법상 성년후견제도 분석 제2절 성년후견 Ⅱ. 성년후견인의 선임 및 직무 중 1. 성년후견인의 선임 부분 참조.
151) 성년후견에서와 마찬가지로 재산관리, 신상보호와 관련된 법률행위가 대리의 대상이 될 수 있을 것이다. 그런데 기술한 바와 같이 성년후견인과는 달리 한정후견인 등은 당연히 포괄적인 법정대리권을 갖는 것이 아니기 때문에 한정후견인 등이 피후견인의 소송대리를 할 수 있는가와 관련해서는 민사소송법 등의 해석과 관련하여 논쟁이 있을 수 있다. 효율적인 후견을 위해서는 한정후견인 등도 민법상 대리권이 부여된 법률행위와 관련된 소송행위는 대리할 수 있다고 보는 것이 합리적이라고 생각한다(이에 대한 보다 자세한 설명은 제4

개정민법은 동의 유보에 관한 규정과 별도로 대리권 수여에 관한 규정을 두고 있으며, 양자의 관계에 대해서는 따로 정하고 있지 않다. 대리인의 일방적인 의사결정이 가능하도록 하는 대리권 수여와 본인의 의사결정을 전제로 이를 보완하도록 하는 데 불과한 동의 유보는 그 성질과 취지가 다르다. 따라서 개정민법의 해석상 한정후견인의 동의권과 대리권의 범위는 서로 중첩될 수도 있으며 상이할 수도 있다고 본다.152) 다만, 실무 운용상으로는 피한정후견인의 자기결정권을 존중하기 위해서 한정후견인의 대리보다는 동의 유보를 활용하는 한편, 동의 유보

장 관련 제도의 개선 방향 제2절 관계 법령과의 적합성 Ⅰ. 소송법 부분 참조). 만약 한정후견인 등에게 소송대리를 할 수 있는 길을 열어준다면 실무상 유의할 사항이 있다. 한정후견 등에서는 필요 최소한의 범위에서만 대리권이 부여되기 때문에 개정민법 시행 초기에는 자칫 한정후견심판에서 소송행위와 관련된 판단이 명확히 이루어지지 않을 수도 있다는 점이다. 따라서 한정후견심판 등의 청구인과 재판부는 추후 관련 분쟁에서 후견인의 소송대리권 유무를 쉽게 판단할 수 있도록 주의해야 할 것이다. 소송대리권이 남용될 가능성이 적은 경우에는 한정후견인에게 사건 및 소송수행의 목적 등을 일일이 특정하지 않고, 예컨대 "(실체법상 대리권과 연계하여) 본인 재산에 관하여 발생하는 분쟁에 관한 소송 행위" 등과 같이 다소 포괄적으로 소송대리권을 부여하는 것도 가능할 것이다[小林昭彦 外 5人, 『新成年後見制度の解説』(社團法人 金融財政事情研究會, 2003) 57~58頁 참조].

152) 일본에서도 보좌·보조와 관련하여 대리권과 동의권·취소권의 범위는 서로 다를 수 있다고 해석하고 있다(小林昭彦 外 5人, 『新成年後見制度の解説』, 社團法人 金融財政事情研究會, 2003, 54頁 참조). 특히 위 해석론에서는 대리권의 범위가 동의 유보의 범위보다 클 수 있다는 것을 암시하고 있는데, 이에 대해서는 본인의 자기결정권 침해에 관한 의문이 제기될 수 있다. 하지만 가정법원이 직권으로 대리권을 수여하는 우리 한정후견과 달리 일본의 보좌·보조에서는 일정한 청구권자의 청구에 기해서만 대리권을 부여하는 심판을 할 수 있으며, 나아가 본인 이외의 자가 대리권 수여 심판을 청구한 경우에는 본인의 동의가 있어야 한다고 규정하고 있기 때문에 본인의 자기결정권이 침해될 가능성은 크지 않을 것이다(일본 민법 제876조의4, 제876조의9 참조). 이러한 규정들은 본인의 의사를 존중할 수 있는 우수한 장치라고 생각되는바, 향후 우리나라에도 도입하는 방안을 검토할 필요가 있을 것이다.

의 대상에 대해서는 가급적 대리권 수여를 지양하는 것이 바람직할 것
이다.153)

이상의 논리에 비추어 볼 때 개정민법이 "후견인은 피후견인의 재산
을 관리하고 그 재산에 관한 법률행위에 대하여 피후견인을 대리한다"
는 성년후견인의 재산관리권과 대리권 규정을 준용한 것은 다소 의문이
다(제959조의6, 제949조). 물론 현실적으로 한정후견인의 주된 직무가 재산
관리이며 그 범위에서 대리권이 수여되는 경우가 많겠지만, 신상보호만
을 위한 한정후견인을 선임하는 것도 이론상 가능하며 재산관리에 있어
서도 주로 동의 유보를 활용하고 대리권 수여는 제한될 수도 있으므로
위 규정이 항상 적용될 수 있는 것은 아니다.154) 한정후견인은 성년후견
인과 권한의 범위와 행사 방식이 크게 다를 수 있음에도 위 규정을 준용
할 경우 자칫 한정후견인도 성년후견인에 준하는 포괄적인 재산관리권
과 대리권을 당연히 보유한다는 오해를 불러일으킬 수 있으므로 향후
제949조는 준용 대상에서 삭제하는 것이 보다 합리적인 입법이라고 생
각한다.

한정후견인의 권한과 직무에 대해서 준용되는 성년후견인 관련 규정
중 주요 내용을 살펴보면 다음과 같다. 먼저 가정법원이 정하는 범위에서
피한정후견인의 신상에 관해서도 결정할 수 있는 권한을 가질 수 있으며,

---

153) 참고로 프랑스 민법은 부조인이 피부조인의 명의로 그를 대신하여 법률행위를
할 수 없음을 명시하고 있다(제469조 제1항). 입법론상 피한정후견인의 의사
를 존중하기 위하여 위와 같은 규정을 도입하는 방안도 고려해볼 수 있으나,
자기결정권을 침해할 우려가 적은 사항에 대해서는 효과적인 후견을 위하여
동의 유보와는 별도로 대리권 수여가 필요한 경우도 발생할 수 있으므로 신중
한 검토가 필요하다고 생각한다.

154) 개정민법이 성년후견인의 재산 조사 및 목록 작성 의무에 관한 규정(제941조)
과 이와 관련된 채권, 채무 제시 의무에 관한 규정(제942조)을 준용하지 않고
있는 것도 한정후견인이 당연히 피한정후견인의 재산관리인이 되는 것은 아니
라는 것을 보여주는 좋은 예일 것이다.

한정후견인의 대리권 또는 신상에 관한 권한이 적절하지 않게 된 경우에
는 가정법원이 본인, 배우자, 4촌 이내의 친족, 한정후견인, 한정후견감독
인, 검사 또는 지방자치단체장의 청구에 의하여 그 범위를 변경할 수 있
다(제959조의4 제2항, 제938조 제3항, 제4항). 한정후견인은 수임인의 선관주의
의무를 가지고, 피한정후견인의 재산관리와 신상보호에 있어서 제반 사
정을 고려하여 피한정후견인의 복리에 부합하는 방법으로 사무를 처리해
야 하며, 사무 처리 과정에서 피후견인의 의사를 존중해야 하고, 특히 피
한정후견인의 생명, 신체, 사생활과 관련된 사항을 처리할 때에는 법원의
허가를 받아야 한다(제959조의6, 제681조, 제947조, 제947조의2). 또한 피후견인
의 행위를 목적으로 하는 채무 부담과 본인의 동의, 복수 후견인 사이의
권한 행사, 이해상반행위와 특별대리인 선임, 후견감독인의 동의를 필요
로 하는 행위, 피후견인의 재산 등의 양수에 대한 취소, 상대방의 추인
여부 최고, 후견감독인의 후견사무 감독, 가정법원의 후견사무에 관한 처
분, 후견인의 보수, 사무비용에 관한 규정도 준용된다(제959조의6, 제920조
단서, 제949조의2, 제949조의3, 제950조 내지 제955조, 제955조의2).

한정후견인의 사임 및 변경, 임무의 종료 등에 있어서도 성년후견인
에 관한 규정이 준용된다(제959조의3 제2항, 제939조, 제940조, 제959조의7, 제691
조, 제692조, 제957조, 제958조).

Ⅲ. 한정후견감독인의 선임 및 직무

한정후견감독인에 관한 규정은 성년후견감독인과 유사하다. 우선 가
정법원은 필요한 경우에 한하여 피한정후견인, 친족, 한정후견인, 검사,
지방자치단체장의 청구에 의하거나 직권으로 한정후견감독인을 선임할

수 있다(제959조의5 제1항). 복수·법인 후견감독인제도, 후견감독인의 결격
사유, 선임 기준, 사임 및 변경도 성년후견감독인과 같다(제959조의5 제2항,
제930조 제2항·제3항, 제936조 제3항·제4항, 제937조, 제939조, 제940조, 제940조의3 제
2항, 제940조의5).[155]

한정후견감독인은 성년후견감독인과 마찬가지로 후견인의 사무를 감
독하고, 후견인이 없게 되는 경우 지체 없이 가정법원에 후견인의 선임
을 청구하여야 하며, 긴급한 경우 피후견인을 위한 보호 처분을 할 수
있고, 후견인과 피후견인 사이에 이해가 상반되는 행위에 관해서는 피후
견인을 대리한다(제959조의5 제2항, 제940조의6). 또한 위임 및 성년후견에
관한 규정 중 수임인의 선관의무, 위임종료시 긴급처리 및 대항요건, 성
년후견 중 신상보호에 대한 일부 조항, 복수 후견인 간의 권한 행사 방
식, 보수와 비용에 관한 규정도 준용된다(제959조의5 제2항, 제681조, 제691조,
제692조, 제947조의2 제3항 내지 제5항, 제949조의2, 제955조, 제955조의2).

IV. 한정후견의 종료

한정후견개시의 원인이 소멸된 경우에 가정법원은 본인, 배우자, 4촌
이내의 친족, 한정후견인, 한정후견감독인, 검사 또는 지방자치단체의
장의 청구에 의하여 한정후견종료의 심판을 한다(제14조). 예컨대, 더 이
상 한정후견을 받을 필요성이 없을 만큼 정신 상태가 호전되거나 한정

---

155) 개정민법은 한정후견감독인에 대해서 미성년후견감독인의 선임에 관한 제940
    조의3 제2항을 준용하고 있으나, 기술한 바와 같이 미성년후견과 성년후견·한
    정후견은 그 취지와 성질이 다르기 때문에 성년후견감독인의 선임에 관한 제
    940조의4 제2항을 준용하는 것이 보다 바람직할 것이다.

후견만으로는 보호가 불충분할 정도로 정신 상태가 악화된 경우 한정후
견을 종료할 수 있을 것이다. 후자의 경우에는 보호의 공백이 생기지 않
도록 한정후견이 계속되고 있는 상태에서 성년후견을 청구하는 것이 바
람직하며, 성년후견이 개시되면 한정후견은 종료하게 된다(제9조, 제14조
의3 제1항). 입법론상 피한정후견인에 대해서도 특정후견을 청구할 수 있
도록 개정할 필요가 있다는 것은 기술한 바와 같다.156)

성년후견에서와 마찬가지로 한정후견종료심판은 장래를 향해서만 효
력이 발생하며, 위임종료시의 긴급처리 및 대항요건에 관한 규정이 준용
된다(제959조의7, 제691조, 제692조).

---

156) 이에 대한 보다 자세한 내용은 제3장 개정민법상 성년후견제도 분석 제2절 성
년후견 중 Ⅳ. 성년후견의 종료 부분 참조.

제4절 특정후견

Ⅰ. 특정후견의 개시

1. 특정후견의 이용 주체

특정후견은 "질병, 장애, 노령, 그 밖의 사유로 인한 정신적 제약으로 일시적 후원 또는 특정한 사무에 관한 후원이 필요한 사람"을 이용 주체로 하고 있다(제14조의2 제1항). 성년후견·한정후견이 피후견인에 대한 계속적 보호를 목적으로 하는 반면, 특정후견은 일시적 보호 또는 특정한 사무에 한정된 보호를 목적으로 한다.[157] 예컨대, 지적 능력이 약간 떨어지기는 해도 일상적인 사회생활에 지장이 없는 사람의 경우 지속적으로 광범위한 후견을 받는 것보다 상속이나 주거 부동산의 매매 등 중대하고 어려운 법적 문제에 대해서만 일시적으로 도움을 받도록 함으로써 자기결정권을 최대한 보장하고자 하는 것이 특정후견제도의 취지이다. 따라서 특정후견은 본인의 의사에 반하여 할 수 없으며, 후견 기간에 제한이 없는 성년후견·한정후견과 달리 반드시 후견의 기간 또는 사무의

---

157) 이처럼 일시적 또는 특정적 보호를 강조한다는 점에서 프랑스 민법상 사법보우와 규정 형식이 유사하다(프랑스 민법 제433조). 다만 기술한 바와 같이 프랑스에서는 성년후견제도의 이용 주체에 정신적 제약뿐만 아니라 신체적 제약을 가진 사람도 포함될 수 있다는 점에서 차이가 있다.

범위를 특정해야 한다(제14조의2 제3항).158) 성년후견·한정후견에서와 마
찬가지로 후견의 필요성과 보충성이 적용됨은 물론이다.

특정후견을 이용할 수 있는 정신적 제약의 정도를 일률적으로 정의하
기는 어렵다. 이론상으로는 중대한 정신적 흠결을 가진 사람에 대해서도
특정후견을 청구할 수 있겠지만, 자칫 본인 보호나 관리감독에 공백이
생길 우려가 있을 경우에는 성년후견이나 한정후견을 이용하는 것이 바
람직할 것이다.159)

2. 특정후견의 청구

특정후견의 청구권자는 "본인, 배우자, 4촌 이내의 친족, 미성년후견인,
미성년후견감독인, 검사 또는 지방자치단체의 장"이다(제12조). 미성년후
견인·미성년후견감독인을 청구권자에 포함시킨 이유는 미성년자가 성년
에 임박했을 때 성년후견이나 한정후견까지는 필요 없으나 보호에 공백
이 생기지 않도록 특정후견이 필요한 경우에 대비하기 위함이다.160) 이
는 미성년자의 경우 개인별 정신능력의 수준이 아니라 연령이라는 획일
적인 기준에 의해서 보호를 받게 되므로 성년에 다다랐을 즈음 정신능력
이 크게 부족하지 않은 경우도 얼마든지 있을 수 있다는 판단이 반영된

158) 프랑스의 사법보우는 그 기간이 1년을 초과할 수 없고 1회에 한하여 갱신할
수 있도록 법에서 정하고 있다(프랑스 민법 제439조 제1항).
159) 예컨대, 상당한 정신적 제약을 갖고 있으나 이미 가족들로부터 충분한 보호를
받고 있어서 상속재산분할 협의 등에 대해서만 법정후견을 이용하고자 할 경
우 특정후견을 이용할 수 있을 것이나, 이 경우 평소 가족들의 보호 활동에
대한 관리감독이 곤란한 문제가 있다(김형석, "민법개정안 해설", 『성년후견제
도입을 위한 민법 개정안 공청회』, 법무부, 2009, 28~29면).
160) 제1기 민법개정위원회, 제2분과 제8차 회의(2009. 5. 19.) 중 백승흠 위원, 김
형석 위원 발언 부분(내부 회의록 3면); 제1기 민법개정위원회, 제2분과 제8
차 회의(2009. 5. 19.) 중 김형석 위원 발언 부분(내부 속기록 318면) 참조.

것으로 보인다.[161] 반면, 입법 과정에서 성년후견인·성년후견감독인과 한정후견인·한정후견감독인은 특정후견의 청구권자에서 의도적으로 배제되었다.[162] 이러한 규정 형식은 해석상 두 가지 의미를 가진다. 첫째로 성년후견·한정후견의 종료와 동시에 특정후견이 발효되도록 하기 위해서 성년후견인·한정후견인 내지 그 감독인이 특정후견을 청구할 수 있는 길을 차단한 것인데, 이는 피성년후견인이나 피한정후견인의 경우 특정후견으로 충분할 만큼 정신능력이 호전되는 경우가 많지 않기 때문에 미성년자에 비해서 보호의 공백을 막기 위하여 특정후견을 청구할 필요가 적다는 논거에서 비롯된 것으로 보인다. 둘째로 성년후견·한정후견과 특정후견의 병존을 부정하는 것인데, 이는 지속적이고 광범위한 보호장치인 성년후견이나 한정후견을 받고 있는 이상 일시적이고 제한적인 특정후견을 이용할 필요가 적고, 요건과 효과가 서로 다른 성년후견·한정후견과 특정후견을 병행할 경우 법률관계를 복잡하게 만들 수 있다는 논거에서 비롯된 것으로 보인다. 하지만, 첫 번째 논거는 ① 정신능력이 호전될 가능성이 가장 적은 피성년후견인에 대해서 한정후견을 청구할 수 있도록 한 것과 균형이 맞지 않고, ② 비록 활용 가능성이 적다고 하더라도 특별한 부작용이 없는 이상 소수의 권익도 보호할 수 있도록 입법이 이루어져야 한다는 점에서 설득력이 약하다. 또한 두 번째 논거는 ① 성년후견·한정후견과 특정후견이 언제나 전자가 후자를 포섭할 수 있는 대소 (大小) 관계에 있다고 보기 어렵고, ② 양자의 요건과 효과가 서로 다르기

---

161) 개정민법의 해석상 미성년후견과 특정후견의 병존이 가능한 것인지 여부는 분명하지 않으나, 입법자가 미성년자에 대해서 특정후견을 청구할 수 있도록 한 주된 의도가 보호의 공백이 없도록 한 것임에 비추어 볼 때 양자의 병존을 인정하기보다는 미성년후견의 종료와 동시에 특정후견이 발효되는 것을 상정한 것으로 보인다.

162) 제1기 민법개정위원회, 제2분과 제8차 회의(2009. 5. 19.) 중 민유숙 위원, 백승흠 위원, 김형석 위원 발언 부분(내부 회의록 3면) 참조.

때문에 오히려 병존이 용이하다는 주장도 가능하다는 점에서 논리가 완전하지 못하다. 따라서 향후 민법 개정을 통하여 특정후견의 청구권자에 성년후견인·성년후견감독인과 한정후견인·한정후견감독인을 추가하는 것이 바람직할 것이다.163)

3. 특정후견개시의 심판 및 효과

가. 특정후견개시의 심판

성년후견·한정후견개시심판과 마찬가지로 특정후견개시심판도 대심적 구조가 아니며 법원의 후견적 기능이 중요하므로 가사비송사건 중 라류 사건으로 분류될 것이며, 사건 본인의 권익을 위하여 원칙적으로 그의 주소지 가정법원이 관할하도록 하는 것이 바람직할 것이다.164) 다만 특정후견의 경우 행위능력의 제약이 없고 그 이용자의 정신능력도 대부분 양호한 편일 것이므로 성년후견·한정후견보다 이송의 요건을 완화하는 방안도 고려할 수 있을 것이다.

> 실제로 개정가사소송법은 성년후견 · 한정후견과 마찬가지로 특정후견에 관한 사건도 피후견인(피후견인이 될 사람 포함)의 주소지 가정법원의 관할로 규정하고 있다(제44조 제1의2호).

성년후견·한정후견개시심판시 가정법원이 본인의 의사를 고려해야 할 의무가 있음은 전술한 바와 같다(제9조 제2항, 제12조 제2항). 이는 자기결정권을 최대한 존중해야 한다는 의미이지만, 가사비송사건의 특성상

---

163) 개정 형식에 대한 보다 자세한 내용은 제3장 개정민법상 성년후견제도 분석 제2절 성년후견 중 IV. 성년후견의 종료 부분 참조.
164) 이에 대한 보다 자세한 내용은 제3장 개정민법상 성년후견제도 분석 제2절 성년후견 I. 성년후견의 개시 3. 성년후견개시의 심판 및 효과 가. 성년후견개시의 심판 중 (1) 관할 부분 참조.

본인의 의사가 최선의 이익에 반하는 경우에는 가정법원은 후견적 기능을 발휘하여 본인의 의사에 반하여 성년후견이나 한정후견을 개시할 수 있다. 그러나 특정후견의 경우에는 본인의 의사에 반하여 특정후견의 심판을 할 수 없다(제14조의2 제2항). 특정후견은 대부분 정신능력이 양호한 사람이 행위능력의 제한 없이 필요에 따라 일시적, 한정적으로 조력을 받는 제도이므로 무엇보다 본인의 의사를 우선시하도록 한 것이다.[165] 또한 특정후견의 심판을 하는 경우 반드시 특정후견의 기간 또는 사무의 범위를 정하도록 하였다(제14조의2 제3항).

특정후견개시심판시에도 재판부가 사건 본인의 진술을 청취하는 것이 원칙일 것이나, 본인의 정신적 제약이 적은 경우가 많고 행위능력이 제한될 우려도 없기 때문에 성년후견·한정후견개시심판시보다 탄력적인 방식으로 본인의 의사를 확인할 수 있을 것이다.[166] 다만, 대리권 수여를 수반하는 특정후견의 경우에는 특정후견인에 의해서 피특정후견인의 자기결정권이 침해될 가능성도 있으므로 가급적 서면 진술보다는 대면 진술을 통하여 본인의 동의 유무를 확인하는 것이 바람직할 것이다.[167]

---

165) 일본에서도 가장 경미한 법정후견 유형인 보조에 대해서는 본인 이외의 자가 신청한 경우 본인의 동의를 필요로 한다(일본 민법 제14조 제2항). 여기서 동의란 단순한 형식적 의사 표현이 아니라 동의 대상에 대한 의미를 충분히 이해하고 자유로운 의사에 기한 것이어야 한다(小林昭彦 外 5人, 『新成年後見制度の解說』, 社團法人 金融財政事情研究會, 2003, 292頁).

166) 프랑스 민법도 성년자에 대한 재판상 보호조치시 본인의 의견을 청취하거나 소환하여 결정하도록 하는 일반 규정을 두고 있으나(제432조 제1항), 사법보우에 대해서는 위 조항에 대한 예외로서 긴급한 경우 본인 청문 없이 결정할 수 있도록 규정하고 있다(제433조 제3항, 다만 청문 절차 없이 결정한 경우 건강 침해 우려 등 특별한 사정이 없는 한 신속히 사후 청문을 해야 한다).

167) 본인의 동의는 특정후견 개시를 위한 실체적 요건이며, 본인의 진술 청취는 본인의 의사 확인을 위한 절차적 장치이므로 자기결정권 존중이라는 점에서는 양자의 취지가 같다고 할 수 있으나 그 법적 성질은 서로 다르다고 볼 수도 있다. 따라서 본인 진술 외의 자료에 의하여 동의의 의사가 확인되더라도 여전

> 개정가사소송법은 특정후견 개시 및 종료 심판을 하는 경우 법관이 직접 피후견인
> 이 될 사람 내지 피후견인의 진술을 들어야 하도록 규정하고 있다(제45조의3).[168]

사건 본인의 정신적 제약과 행위능력의 제한 정도에 따라 정신감정의
필요성을 판단해야 한다는 것은 기술한 바와 같다.[169] 특정후견은 본인
의 정신능력이 양호한 경우가 많고 행위능력의 제한이 수반되지 않으며
본인의 동의를 개시 요건으로 하기 때문에 감정의 필요성을 유연하게
판단할 수 있도록 가사소송법을 개정하는 것이 합리적일 것이다. 예컨
대, 의사의 진단이나 이에 준하는 전문가의 평가가 있으면 특정후견개시
심판을 진행할 수 있도록 하는 방안을 생각할 수 있다.[170] 다만, 본인
이외의 자가 특정후견을 청구하면서 진단서 등을 소명자료로 제출하였
다면, 심판 과정에서 그 성립과 내용의 진정성을 면밀히 검토해야 할 것
이다.

> 실제로 개정가사소송법은 특정후견의 심판을 할 경우 의사나 그 밖에 전문지식
> 이 있는 사람의 의견을 들어야 한다고 규정함으로써 성년후견 · 한정후견과는 달
> 리 정신감정을 강제하고 있지 않다(제45조의2 제2항).[171]

히 본인 진술 절차가 필요한 경우도 많을 것이다(小林昭彦 外 5人, 『新成年後見
制度の解說』, 社團法人 金融財政事情研究會, 2003, 293頁).

168) 개정가사소송법 제45조의3은 성년후견이나 임의후견에 대해서만 본인의 진술
청취를 생략할 수 있도록 규정하고 있어서 필자의 견해처럼 특정후견에 있어
본인의 진술 청취 방식을 탄력적으로 운용하는 것이 쉽지 않을 것으로 보인다.

169) 이에 대한 보다 자세한 내용은 제3장 개정민법상 성년후견제도 분석 제3절 한
정후견 Ⅰ. 한정후견의 개시 3. 한정후견개시의 심판 및 효 중 가. 한정후견개
시의 심판 부분 참조.

170) 일본 가사심판규칙도 가장 경미한 후견 유형인 보조에 대해서는 원칙적으로
감정을 요하지 않고 의사의 진단 등만 거치도록 정비되었음은 기술한 바와 같
다(제30조의9).

171) 원래 법무부가 제출한 가사소송법 개정안에는 의사나 그 밖의 "적당한" 사람의
의견을 듣도록 규정되어 있었으나, 국회 심의 과정에서 의사나 그 밖에 "전문

나. 특정후견개시심판의 효과

특정후견이 개시되더라도 행위능력에는 전혀 제한이 없으며 피특정후견인은 확정적으로 유효한 법률행위를 할 수 있다. 따라서 특정후견인은 법적 판단에 대한 정보와 조언을 제공하는 데 그치는 경우가 많을 것이다. 이와 같은 특정후견의 특성 때문에 개정민법은 특정후견을 통한 법적 지원을 "후원"이라고 표현하고 있다(제14조의2 제1항).172)

만약 특정후견인이 피후견인을 대리하여 법률행위를 하려면 가정법원의 심판을 통해서 대리권을 수여받아야 한다. 대리권 수여는 본인의 자기결정권을 침해할 가능성이 있으므로 피특정후견인의 후원을 위하여 필요하다고 인정될 때에만 기간이나 범위를 특정하여 이루어질 수 있다(제959조의11 제1항). 이 때 가정법원은 특정후견인의 적정한 대리권 행사를 위하여 가정법원이나 특정후견감독인의 동의를 받도록 명할 수 있다(제959조의11 제2항).

특정후견의 또 하나의 특징은 가정법원이 후견인을 통하지 않고 직접 피특정후견인의 후원을 위하여 필요한 처분을 명할 수 있는 보호조치 내지 특정명령이 가능하다는 것이다(제959조의8). 일회적 후원이나 급박

지식이 있는" 사람의 의견을 듣도록 표현이 수정되었다. 정부안의 취지도 국회의 의도와 크게 다르지 않았을 것이라고 생각되나, 후견 심판의 객관성과 공정성을 강조한다는 측면에서 타당한 표현 수정이라고 생각한다(국회 법제사법위원회, 『가사소송법 일부개정법률안 심사보고서』, 2013. 3, 6~7면 참조).

172) 이처럼 본인의 행위능력이 그대로 유지된다는 점에서 특정후견은 동의 유보가 수반되는 일본의 보조와 본질적으로 다르며, 프랑스의 사법보우와 유사한 측면이 있다(일본 민법 제16조, 프랑스 민법 제435조 제1항 본문). 다만, 프랑스의 사법보우에서는 피보호자의 재산관리를 위해 처분행위 등 특정 행위를 수행하기 위한 특별수임인을 지정할 수 있는데, 이 경우에는 피보호자는 특별수임인의 수행 대상 행위를 독자적으로 할 수 없으며 이를 위반한 행위는 무효로 취급하는 점에서 우리 특정후견과 차이가 있다(프랑스 민법 제435조 제1항 단서, 제437조).

한 조치가 필요한 경우 가정법원이 굳이 후견인까지 선임할 필요 없이
직접 즉각적인 조치를 취함으로써 보호의 경제성과 신속성을 실현할 수
있도록 한 것이다.[173] 특정명령은 재산관리뿐만 아니라 신상보호도 대
상으로 할 수 있으며, 가정법원이 특정 행위를 적극적으로 명하거나 금
지하는 방식으로 이루어질 수 있을 것이다.[174]

---

173) 가정법원의 직접 보호조치제도는 영국 정신능력법상 법원이 피보호자의 개인적
복지와 재산과 관련된 문제에 있어 직접 명령이나 결정을 할 수 있는 '특정명령
제도'에서 영감을 받은 것이라고 볼 수 있다[Mental Capacity Act 2005 제16조;
제철웅·박주영, "성년후견제도의 도입논의와 영국의 정신능력법의 시사점", 『가
족법연구』 제21권 3호, 2007, 300~302면; 제1기 민법개정위원회, 제2분과 제9
차 회의(2009. 6. 2.) 중 김형석 위원 발언 부분(내부 회의록 1-2면) 참조].
174) 특정명령제도는 민법상 부재자 재산관리를 위한 법원의 처분과 유사한 측면이
있다(제22조). 하지만, 부재자 재산관리를 위한 처분은 재산을 소극적으로 유
지하는 데 초점이 맞추어져 있는 데 반하여 특정후견을 위한 특정명령은 신상
보호도 대상으로 할 수 있으며 적극적으로 현상을 변경하는 것도 상정하고 있
다는 점에서 차이가 있다(김형석, "민법개정안 해설", 『성년후견제 도입을 위
한 민법 개정안 공청회』, 법무부, 2009, 30면).
　참고로 후견등기법의 해석상 특정후견에는 신상보호가 배제된다는 취지의 견
해가 있다["성년후견제도에서의 가정법원의 역할: 개정 가사소송법을 중심으
로", 『자기결정권 존중을 위한 성년후견제 국제 컨퍼런스』, 한국성년후견학회·
국가인권위원회, 2013 중 배인구 판사 발언 부분 참조]. 하지만 특정후견은 법
정후견이며 금치산·한정치산제도와 마찬가지로 개정민법상 법정후견에서도
등기는 효력 요건이 아니다. 극단적으로 공시가 없거나 잘못 되었어도 법원의
후견심판 자체로 효력이 있는 것이며, 이는 제한능력자 보호를 거래안전보다
우선시하는 민법의 당연한 귀결이다. 더욱이 법무부 성년후견제 관계 법령 정
비위원회에 참여했던 위원 등에게 개인적으로 확인한 바로는 후견등기법상 특
정후견의 등기 사항에서 신상을 배제한다는 확고한 결단이 있는 것도 아니었
던 것으로 보인다. 물론 후견등기법의 문리(반대)해석상 신상 배제에 관한 추
론이 가능하며 법원 실무상 절차법을 존중해야 한다는 입장은 충분히 이해한
다. 다만, 실체법의 정신에 부합하도록 절차법을 정비하는 것이 마땅하며, 입법
자의 의도가 분명하지 않은 절차법의 문리해석이 실체법 해석과 적용에 있어
절대적인 주박(呪縛)이 되는 것은 바람직하지 않다고 생각한다.

4. 성년후견·한정후견과의 관계

이론상 특정후견과 성년후견·한정후견의 이용 주체가 가진 정신적 제약의 정도를 일률적으로 비교할 수 없다는 점은 기술한 바와 같다.[175] 하지만, 성년후견·한정후견개시심판이 청구되었는데 가정법원에서 심리한 결과 사건 본인의 정신능력이 양호하여 특정후견이면 충분하다고 판단될 경우 일방적으로 특정후견 개시심판을 할 수 있는지, 반대로 특정후견의 청구가 있었는데 본인의 정신적 흠결이 중하고 법정후견을 대체할 만한 보호수단이 없을 경우 일방적으로 성년후견 또는 한정후견개시심판을 할 수 있는지 여부가 문제될 수 있다. 성년후견과 한정후견과의 관계에서 사건 본인의 청구나 의사에 반하는 후견개시심판은 할 수 없다고 해석해야 함은 기술한 바와 같다.[176] 특정후견은 행위능력의 제한이 전혀 없고 본인의 동의를 전제로 한다는 점에서 성년후견이나 한정후견과 성질이 매우 다르기 때문에 위와 같은 해석은 더욱 강력하게 관철되어야 할 것이다.

또한 성년후견·한정후견이 청구된 후 개시심판이 이루어지기 전까지 임시로 특정후견을 활용할 수 있는지 여부가 문제될 수 있다. 이 경우 가사소송법상 사전처분을 활용하면 족하므로 굳이 특정후견을 이용할 필요가 없다는 견해도 있을 수 있다. 하지만, 사전처분은 당해 가사 사건의 해결을 위하여 특히 필요하다고 인정되는 경우에 한해서 발동할 수 있으며 그 목적과 범위도 주로 현상을 유지하는 데 있다고 볼 여지가 많으므로 특정후견보다는 소극적이고 제한적인 보호조치라고 생각된다

---

175) 이에 대한 보다 자세한 내용은 제3장 개정민법상 성년후견제도 분석 제4절 특정후견 Ⅰ. 특정후견의 개시 중 1. 특정후견의 이용 주체 부분 참조.

176) 이에 대한 보다 자세한 내용은 제3장 개정민법상 성년후견제도 분석 제3절 한정후견 Ⅰ. 한정후견의 개시 중 4. 성년후견과의 관계 부분 참조.

(가사소송법 제62조).177) 행위능력의 제한이 수반되는 성년후견·한정후견은 신중한 판단을 위해서 심판이 장기화될 수 있으므로 신속하고 적극적으로 본인을 보호하기 위해서 특정후견을 활용하는 것이 효과적일 수 있다. 하지만, 현재 개정민법상 명확한 관계 조문이 없어 해석상 논란이 있을 수 있으므로 향후 구체적인 근거 규정을 마련하는 것이 바람직할 것이다.178)

개정가사소송규칙은 사전처분으로서 직무대행자 내지 임시후견인 선임에 대해서 규정하고 있는데(제32조), 특히 임시후견인은 이번 개정을 통해서 새롭게 추가된 것으로서 성년후견 및 한정후견에 관한 사건의 임시후견인에 대하여는 한정후견인에 관한 규정을, 특정후견에 관한 사건의 임시후견인에 대하여는 특정후견인에 관한 규정을 준용하고 있다(제32조).179)

---

177) 사전처분은 본안 사건에 대해서 강한 부수성을 가지며, 현재의 위험과 불안을 제거하는 것이 주된 목적이라고 해석되고 있다(박동섭, 『주석 가사소송법』, 649~653면). 참고로 일본에서는 심판 전의 보전처분에 의한 재산관리자가 성년후견인 등과 동일한 입장에 서게 되는 것은 아니며, 본인의 재산상 행위에 관하여 사전에 사실상의 지도나 감독이 가능하게 되는데 그치며, 대리권의 범위가 관리행위를 초과하여 처분행위까지 확대되는 것은 아니라고 해석하고 있다(小林昭彦 外 5人, 『新成年後見制度の解說』, 社團法人 金融財政事情研究會, 2003, 288~300頁; 新井誠·赤沼康弘·大貫正男, 『成年後見制度 – 法の理論と實務』, 有斐閣, 2007, 56, 59頁).

178) 개정민법 제14조의2(특정후견의 심판) 및 제14조의3(심판사이의 관계)의 해석상 성년후견 또는 한정후견이 청구된 사건 본인이 현재 한정후견 또는 성년후견을 받고 있는 상태가 아니라면 기타 특정후견의 요건을 만족하는 이상 성년후견·한정후견개시심판이 내려질 때까지 임시로 특정후견을 활용하는 것을 부정할 이유는 없다고 생각한다. 하지만 성년후견·한정후견과 특정후견의 성질이 다르기 때문에 동일한 절차 내에서 양자를 넘나들 수 있도록 하는 것은 부당하다는 반론이 제기될 수도 있으므로 입법을 통해서 논란의 소지를 없앨 필요가 있다. 참고로 프랑스 민법에서는 후견·부조의 개시 청구를 수리한 판사가 심리 기간 중에 사법보우를 선고할 수 있도록 명시하고 있다(제433조 제2항).

179) 개정가사소송규칙상 임시후견인이 추가된 것은 매우 흥미로운 입법이다(임시후견인에 대한 보다 자세한 내용은 배인구, "성년후견제도에서의 가정법원의 역

II. 특정후견인의 선임 및 직무

1. 특정후견인의 선임

특정후견개시심판을 하는 때에는 성년후견·한정후견에서와 달리 반드시 후견인을 두어야 하는 것은 아니다. 가정법원이 후견인을 선임하는

___

할: 개정 가사소송법을 중심으로", 『자기결정권 존중을 위한 성년후견제 국제 컨퍼런스』, 한국성년후견학회·국가인권위원회, 2013, 161~162면 참조). 활용 여하에 따라서는 임시후견인이 유용한 제도가 될 수도 있지만 몇 가지 의문점도 있다. 먼저 임시후견인은 민법상 후견인의 유형에는 전혀 포함되지 않는 것이며, 사전처분에 관한 모 법률(母 法律)인 가사소송법 제62조의 개정이 이루어지지 않은 상태에서 '규칙'에 등장한 것이다. 그런데 비(非)법률가의 입장에서는 "임시**후견인**"이라는 명칭으로 인하여 '임시후견'이라는 또 하나의 실체법상 후견 유형이 있다고 인식할 여지가 있고, 본안 심판이 성년후견·한정후견·특정후견 중 어느 것이냐에 따라 임시후견인의 권한 범위에 본질적인 차이가 있는 경우가 많을 것임에도 본안 심판의 유형을 불문하고 "임시후견인"이라는 동일한 명칭을 사용하고 있어 그 권한 범위가 어느 정도인지 직관적으로 알기 힘들 수 있다. 무엇보다 임시후견인도 피후견인의 권익에 심대한 영향을 끼칠 수 있다는 점을 간과해서는 안 될 것이다. 비록 개정가사소송규칙이 성년후견에 관한 사건의 임시후견인에 대해서 한정후견인에 관한 규정을 준용하는 등 임시후견인의 권한을 제한하려고 노력한 것으로 보이나, 경우에 따라서는 한정후견인 역시 피후견인에게 막강한 영향력을 가질 수 있는 것이다. 또한 임시후견인과 특정후견인·직무대행자와의 관계도 아직 명확하게 규명되지는 않은 것으로 보인다. 원래 민법 개정 과정에서 필자가 생각했던 특정후견(특정후견인, 특정명령)의 모델은 개정가사소송규칙상 임시후견인의 역할도 상당 부분 담당할 수 있는 것이었는데, 자칫 임시후견인이 위와 같은 특정후견의 취지를 형해화하거나 특정후견과 옥상옥(屋上屋)이 될까 우려된다. 앞으로 이론적으로나 실무적으로 많은 연구가 필요할 것으로 보인다[참고로 독일에서는 가사 및 비송 사건 절차법 (FamFG) 제300조 내지 제302조에서 가명령(假命令, Einstweilige Anordnung) 내지 임시후견인의 요건과 유효기간 등에 대해서 자세히 규정하고 있다. 이와 관련된 보다 구체적인 내용은 제4장 관련 제도의 개선 방향 제1절 후견의 공정성 및 접근성 강화 중 II. 후견심판절차의 접근성 강화 부분 참조].

대신 직접 피특정후견인의 후원을 위하여 필요한 처분을 할 수 있기 때문이다(제959조의8). 그러나 위 직접 처분이 과도하게 이용될 경우 가정법원에게 과중한 부담이 될 수 있고 전문적이고 충실한 후원을 위해서 특정후견인의 선임이 필요한 경우도 많을 것이므로 특정후견에서도 여전히 후견인의 역할이 중요할 것으로 예상된다.[180]

개정민법은 "제959조의8에 따른 처분으로 피특정후견인을 후원하거나 대리하기 위한 특정후견인을 선임할 수 있다"라고 규정하고 있는바, 특정후견인 선임도 넓게는 제958조의8에서 정한 보호조치의 일종으로 보고 있다(제959조의9 제1항). 일단 선임된 특정후견인이 사망, 결격 등의 사유로 더 이상 존재하지 않게 된 경우에는 가정법원이 피특정후견인, 친족, 이해관계인, 검사, 지방자치단체의 장의 청구에 의하거나 직권으로 새로운 특정후견인을 선임하여야 한다(제959조의9 제2항, 제936조 제2항). 복수·법인 후견인, 후견인의 결격사유, 후견인의 선임 기준은 성년후견에서와 동일하다(제959조의9 제2항, 제930조 제2항·제3항, 제936조 제3항·제4항, 제937조).[181]

2. 특정후견인의 직무 등

성년후견인이 민법상 당연히 피후견인의 법정대리인이 되는 것과는 달리 특정후견인은 자동적으로 피후견인의 대리인이 되는 것은 아니다. 또

---

180) 예컨대, 부동산 매매를 위한 특정후견이 청구된 경우 가정법원이 직접 피특정후견인에게 불리한 부동산 매매를 금지하는 것으로 심판을 종결할 수도 있겠지만, 심판 종결 이후에도 부당한 부동산 거래가 시도될 우려가 있을 경우에는 특정후견인을 선임하는 것이 바람직할 것이다(김형석, "민법개정안 해설", 『성년후견제 도입을 위한 민법 개정안 공청회』, 법무부, 2009, 30~31면).

181) 이에 대한 보다 자세한 내용은 제3장 개정민법상 성년후견제도 분석 제2절 성년후견 Ⅱ. 성년후견인의 선임 및 직무 중 1. 성년후견인의 선임 부분 참조.

한 한정후견인의 지원 방식이 동의 유보에 초점이 맞추어져 있는 것과는
달리 특정후견인의 주된 지원 방식은 법적 조언 등을 통한 후원이다.

가정법원은 피특정후견인의 후원을 위하여 필요한 경우에 한하여 기
간이나 범위를 정해서만 대리권을 수여할 수 있으며, 이 경우 신중한 대
리권 행사를 담보하기 위해서 가정법원은 특정후견인이 대리를 할 때
가정법원이나 특정후견감독인의 동의를 받도록 명할 수 있다(제959조의11
제1항, 제2항). 따라서 대리권이 없는 특정후견인도 있을 수 있으며, 대리
권이 수여된 경우에도 특정후견인의 대리는 성년후견인의 대리와는 그
성격이 다소 다를 수 있다. 성년후견의 경우 대부분 피성년후견인의 독
자적 의사결정이 불가능하기 때문에 사실상 성년후견인이 일방적으로
대리권을 행사하게 될 가능성이 크나, 특정후견의 경우에는 피후견인의
판단능력이 부족한 것을 보충하는 것에 불과하기 때문에 특정후견인에
게 판단을 전적으로 일임하기보다는 업무의 효율을 위해 대리권을 수여
하는 것이라고 보는 것이 상당하다. 따라서 특정후견인이 대리권을 행사
함에 있어서는 본인에게 자세한 설명을 하고 그의 의사를 적극적으로
탐지한 후 이를 적극적으로 실현하도록 노력해야 할 것이다. 이론상으로
는 한정후견인의 경우에도 대리권이 없는 경우도 있을 수 있으나, 현실
적으로는 피한정후견인의 판단능력이 상당한 정도로 부족한 경우가 많
을 것이기 때문에 대리권 수여를 수반하는 경우가 대부분일 것이다. 특
정후견에 있어서도 효율적인 업무 수행을 위하여 대리권 수여가 이루
어지는 경우가 적지 않을 것이나 그 필요성은 한정후견에서보다 적을
것으로 생각된다. 따라서 개정민법이 특정후견에 대해서 후견인이 피후
견인의 재산을 관리하고 그 재산에 관한 법률행위에 대하여 피후견인
을 대리한다는 제949조를 준용하지 않은 것은 당연한 귀결이라고 할 수
있다.[182]

개정민법이 특정후견인에 대한 대리권 수여가 가능하도록 한 취지 등

에 비추어 볼 때 특정후견인의 직무에 피특정후견인의 재산관리가 포함
될 수 있음에 대해서는 별다른 의문이 없다.[183] 하지만, 특정후견인이
피후견인의 신상에 관해 대신 의사결정을 할 수 있는지에 대해서는 의
문이 있을 수 있다.[184] 개정민법이 제938조 제3항과 제959조의4 제2항
에서 성년후견인·한정후견인이 피후견인의 신상에 관하여 결정할 수 있
는 근거를 명시한 것과 달리 특정후견인에 대해서는 직접적인 근거 규
정을 두고 있지 않기 때문이다. 이는 피특정후견인의 정신능력이 양호한
경우가 많기 때문에 자기결정권 보호를 위해서 신상에 관해서는 반드시
본인이 스스로 결정하도록 한 것이라고 해석될 수도 있다. 하지만 개정
민법은 특정후견인에 대해서 수임인의 선관주의의무에 관한 제681조뿐
만 아니라 성년후견인·한정후견인의 직무 수행에 관한 제947조를 준용
하고 있다(제959조의12). 그런데 제947조는 재산관리뿐만 아니라 신상보
호도 전제로 하고 있는바, 위 규정이 특정후견인의 직무에 신상보호가
포함될 수 있다는 간접적인 근거라고 볼 수 있다. 또한 특정후견은 본인
의 의사에 반하여 개시될 수 없기 때문에 가정법원이 특정후견인에 대
해서 신상에 관한 직무를 부여할 경우에도 당연히 본인의 동의가 전제
될 수밖에 없으므로 피특정후견인의 자기결정권이 침해될 우려는 적을

---

182) 한정후견에서는 제949조를 준용하고 있으나 한정후견인에 대해서도 개별적
   대리권 수여가 필요가 이상 준용 대상에서 제949조를 배제하는 것이 바람직하
   다는 것은 기술한 바와 같다(이에 대한 보다 자세한 내용은 제3장 개정민법상
   성년후견제도 분석 제3절 한정후견 II. 한정후견인의 선임 및 직무 중 2. 한정
   후견인의 직무 등 부분 참조).

183) 후술하는 제947조도 특정후견인의 직무에 재산관리가 포함될 수 있는 근거 규
   정이 될 수 있을 것이다.

184) 제철웅 교수는 제947조의2가 특정후견에 준용되지 않는 것을 이유로 위와 같
   은 의문을 제기하고 있다(제철웅, "개정 성년후견제도의 특징과 향후의 과제:
   의사결정무능력 성인의 인간으로서의 존엄성 존중의 관점에서", 『한·미 성년
   후견법제의 발전』, 한양대학교 법학연구소, 2011, 5면).

것이다. 따라서 개정민법의 해석상으로도 특정후견의 영역에 신상보호도 포함될 수 있다고 생각한다.[185] 다만, 향후 해석상 논란의 소지를 없애기 위하여 특정후견인에 대해서도 신상보호의 근거와 절차를 명시하는 것이 바람직할 것이다.[186] 또한 입법론상 성년후견·한정후견에서와 마찬가지로 특정후견인의 권한 범위가 더 이상 적합하지 않게 된 경우 가정법원이 청구권자의 청구 또는 직권에 의해서 그 범위를 변경할 수 있는 규정도 추가할 필요가 있다고 생각한다.[187] 특정후견 자체가 사무의 범위나 기간이 한정되어 있기 때문에 특정후견인의 권한 변경에 대한 규정을 둘 필요성이 상대적으로 적다고 볼 수도 있으나, 특정후견이 진행되는 과정에서 특정후견인의 권한을 변경할 필요가 전혀 없다고 단정할 수 없고 권한 변경에 따른 부작용도 특별히 상정하기 어려우므로 관련 규정을 두는 것이 바람직할 것이다.[188]

성년후견사무에 관한 규정 중 피후견인의 채무 부담과 본인의 동의, 복수 후견인 사이의 권한 행사, 후견감독인의 후견사무 감독, 가정법원의 후견사무에 관한 처분, 후견인의 보수, 사무비용에 관한 조문은 특정후견에도 준용된다(제959조의12, 제920조 단서, 제949조의2, 제953조 내지 제955조, 제955조의2). 또한 특정후견인의 사임 및 변경, 임무의 종료 등에 있어서

---

185) 민법개정위원으로 활동한 김형석 교수도 특정후견인 선임의 근거가 되는 제959조의8의 해석과 관련하여 특정후견에 따른 보호조치에 재산관리뿐만 아니라 신상보호도 포함될 수 있다고 설명하고 있음은 기술한 바와 같다(김형석, "민법개정안 해설", 『성년후견제 도입을 위한 민법 개정안 공청회』, 법무부, 2009, 30면; 앞의 각주 174) 참조).

186) 프랑스 민법은 사법보우에 의한 특별수임인이 부조와 후견의 신상보호 규정에 따라 신상보호 활동을 할 수 있음을 명시하고 있다(제438조, 제457-1조 내지 제463조).

187) 제938조 제4항, 제959조의4 제2항 참조

188) 개정민법은 특정후견에서도 후견인을 추가로 선임할 수 있는 규정을 준용하고 있는바(제959조의9 제2항, 제936조 제3항), 이미 특정후견인의 권한 변경이 필요할 수 있다는 점을 간접적으로 인정하는 것과 다름없다고 생각한다.

도 성년후견인에 관한 규정이 준용된다(제959조의9 제2항, 제939조, 제940조, 제959조의13, 제691조, 제692조, 제957조, 제958조).

한정후견인과 마찬가지로 특정후견인이 당연히 피후견인의 재산관리인이 되는 것은 아니기 때문에 성년후견인의 재산 조사 및 목록 작성 의무에 관한 규정(제941조)과 이와 관련된 채권, 채무 제시 의무에 관한 규정(제942조)은 준용되지 않는다. 또한 성년후견인·한정후견인의 권한 남용을 방지하기 위한 규정(제949조의3, 제950조 내지 제952조)도 특정후견인 에게 적용되지 않는다.[189]

Ⅲ. 특정후견감독인의 선임 및 직무

성년후견·한정후견과 마찬가지로 특정후견에서도 후견감독인은 필수적 기관은 아니며, 가정법원은 필요한 경우에 한하여 피특정후견인, 친족, 특정후견인, 검사, 지방자치단체장의 청구에 의하거나 직권으로 특정후견감독인을 선임할 수 있다(제959조의10 제1항). 복수·법인 후견감독인 제도, 후견감독인의 결격 사유, 선임 기준, 사임 및 변경도 성년후견감독

---

[189] 이는 특정후견인의 권한이 성년후견인·한정후견인에 비해서 제한되어 있기 때문에 위 규정들의 필요성이 적다는 판단에서 비롯된 것으로 보인다(김형석, "민법개정안 해설", 『성년후견제 도입을 위한 민법 개정안 공청회』, 법무부, 2009, 31면). 물론 특정후견의 기간과 범위가 한정되고 본인의 동의를 전제로 한다는 점, 위 규정들을 준용할 경우 특정후견인의 직무 수행이 지연될 수 있다는 점 등을 고려하면 위와 같은 입법 태도도 수긍할 수 있다. 하지만, 특정후견이 반드시 단기간으로 제한된다고 단정할 수 없고 특정후견 기간 중 피특정인의 의사나 이해관계 등이 변경될 가능성도 있으므로 위 규정들을 배제하는 것이 반드시 적정한 것인지에 대해서는 보다 신중한 검토가 필요하다고 생각한다.

인·한정후견감독인과 같다(제959조의10 제2항, 제930조 제2항·제3항, 제936조 제3항·제4항, 제937조, 제939조, 제940조, 제940조의5).190) 그런데 개정민법이 성년후견감독인·한정후견감독인에 대해서는 유고(有故)시 새로운 후견감독인을 선임함으로써 공백을 메울 수 있는 규정(제940조의4 제2항, 제959조의5 제2항, 제940조의3 제2항)을 두고 있는 데 반해서 특정후견인에 대해서는 관련 규정을 두지 않은 것은 의문이다. 특정후견의 경우 기간과 범위가 제한되므로 후견감독인의 공백으로 인한 부작용이 상대적으로 적을 수는 있겠지만, 규정의 완결성을 위해서 특정후견감독인에 대해서도 제959조의10 제2항의 준용 대상에 제940조의4 제2항을 추가하는 것이 바람직할 것이다.191)

특정후견감독인은 성년후견감독인·한정후견감독인과 마찬가지로 후견인의 사무를 감독하고,192) 후견인이 없게 되는 경우 지체 없이 가정법원에 후견인의 선임을 청구하여야 하며, 긴급한 경우 피후견인을 위한 보호 처분을 할 수 있고, 후견인과 피후견인 사이에 이해가 상반되는 행위에 관해서는 피후견인을 대리한다(제959조의10 제2항, 제940조의6). 또한 위임 및 성년후견에 관한 규정 중 수임인의 선관의무, 위임종료시 긴급 처리 및 대항요건, 복수 후견인 간의 권한 행사 방식, 보수와 비용에 관한 규정도 준용된다(제959조의10 제2항, 제681조, 제691조, 제692조, 제949조의2, 제955조, 제955조의2).

---

190) 개정민법은 한정후견감독인에 대해서 미성년후견감독인의 선임에 관한 제940조의3 제2항을 준용하고 있으나, 기술한 바와 같이 미성년후견과 성년후견·한정후견은 그 취지와 성질이 다르기 때문에 성년후견감독인의 선임에 관한 제940조의4 제2항을 준용하는 것이 보다 바람직할 것이다.

191) 제940조의4 제2항을 준용함으로써 특정후견인의 공백을 보완할 수 있는 규정과도 균형을 취할 수 있을 것이다(제959조의9 제2항, 제936조 제2항 참조).

192) 가정법원은 특정후견인의 대리권 행사에 특정후견감독인의 동의를 받도록 명할 수 있는데(제959조의11 제1항), 이러한 법원의 결정이 있을 경우 특정후견감독인은 특정후견인에 대하여 강력한 견제권을 갖게 된다.

IV. 특정후견의 종료

성년후견·한정후견과는 달리 특정후견에는 종료심판에 관한 규정을 두고 있지 않고, 위임종료시 긴급처리 및 대항요건에 관한 조문만 준용하고 있다(제959조의13, 제691조, 제692조). 특정후견의 경우 처음부터 기간이나 대상이 한정되는바, 종기가 도래하거나 사무 처리가 완료되면 자동적으로 특정후견이 종료되므로 종료심판에 관한 규정을 따로 둘 필요가 없다고 생각할 수도 있다. 그러나 사정 변경이 있어 애초에 정한 기간이 만료되기 전에 특정후견을 종료시킬 필요가 있는 경우도 있을 수 있으며, 특정후견인의 사무처리 완료 내지 대리권 소멸 시점 등을 둘러싼 분쟁이 생길 가능성도 있으므로 특정후견에 대해서도 종료심판 규정을 두는 것이 효과적일 것이다.193)

개정민법상 특정후견의 종료만을 위한 규정은 없으나, 성년후견·한정후견의 개시와 관련된 특정후견의 종료 규정은 있다. 예컨대 피특정후견인의 정신능력이 악화되어 특정후견만으로는 보호가 불충분할 경우 성년후견·한정후견을 청구할 수 있으며(제9조 제1항, 제12조 제1항), 가정법원이 성년후견·한정후견 개시심판을 할 경우 기존의 특정후견은 종료해야 한다(제14조의3 제1항, 제2항).194) 하지만 성년후견·한정후견과 특정후견은 그 취지와 성질이 다르므로 입법론상 양자의 병행을 허용할 필요가 있

---

193) 프랑스 민법은 사법보우와 관련하여 기간의 경과 또는 특정행위의 완수로 사법보우가 종료된다는 규정과 더불어 판사가 언제든지 보호의 필요성이 소멸되면 사법보우를 종료할 수 있는 근거도 명시하고 있다(제439조 제2항, 제4항).

194) 프랑스 민법에서도 사법보우를 받는 사람에 대해서 후견이나 부조가 개시될 경우 그 효력이 발생하는 날부터 자동적으로 사법보우는 종료하는 것으로 규정하고 있다(제439조 제4항).

다는 것은 기술한 바와 같다.[195]

특정후견은 후견계약과 더불어 새로운 성년후견제도에서 차지하는 비중과 의미가 매우 크다. 기존 후견제도와는 다르게 행위능력의 제한이 없고, 그 활용도가 무궁무진하기 때문이다. 물론 시행 초기에는 여러 가지 현실적인 이유에서 성년후견이나 한정후견을 이용하는 비율이 높겠지만, 장기적으로는 '본인의 의사와 현존능력 존중'이라는 이념에 보다 충실할 수 있는 특정후견이야말로 후견계약과 함께 새로운 성년후견제도의 성패를 가늠할 수 있는 시금석이 될 것으로 기대한다.

---

195) 이에 대한 보다 자세한 내용은 제3장 개정민법상 성년후견제도 분석 제2절 성년후견 중 Ⅳ. 성년후견의 종료 부분 참조.

제5절 후견계약

I. 후견계약의 이용 주체 및 유형

후견계약은 질병, 장애, 노령, 그 밖의 사유로 인한 정신적 제약으로 사무를 처리할 능력이 부족한 상황에 있거나 부족하게 될 상황에 대비하고자 하는 사람이 스스로 후견인과 후견의 내용을 정하여 이용할 수 있는 임의후견제도이다(제959조의14).

이용 주체에 관한 후견계약의 규정 형식은 한정후견과 상당 부분 유사하다. 그러나 한정후견이 지속적인 정신적 제약을 가진 사람에 대한 계속적 보호장치인 반면, 후견계약은 위와 같은 지속성을 전제로 하지 않는다. 따라서 정신적 제약이 일시적이거나 단속적인 사람도 후견의 기간과 내용을 자유롭게 정하여 후견계약을 이용할 수 있다. 이러한 후견계약의 다양성과 탄력성 때문에 후견계약 이용자가 지닌 정신적 제약의 정도와 한정후견·특정후견 이용자의 그것을 일률적으로 비교하기는 어렵다. 당해 계약의 내용을 충분히 이해하고 대등한 위치에서 계약을 체결할 정도의 의사능력만 있으면 누구든 후견계약을 이용할 수 있다.196) 다만, 정신적 제약이 중할수록 후견계약의 체결 및 발효 단계에서 본인

---

196) 제한능력자의 후견계약 체결 방식과 관련된 문제에 대해서는 아래 II. 후견계약의 체결 및 등기 부분 참조.

의 의사 확인 및 계약 내용의 심사를 보다 엄격하게 해야 할 것이다.[197]

　후견계약은 그 발효 시점에 따라 '현재형 후견계약'과 '미래형 후견계약'으로 나눌 수 있다. 현재형 후견계약은 현재 판단능력이 부족한 사람이 당장 후견계약을 체결·발효시켜 임의후견인의 도움을 얻는 것이다.[198] 미래형 후견계약은 당장 후견계약을 발효시켜 후견인의 도움을 받고자 하는 것이 아니라 향후 자신의 판단능력이 악화되었을 경우에 대비하여 후견계약만 미리 체결하는 것을 말한다. 문리 해석상 미래형 후견계약은 현재 판단능력이 부족하지 않은 사람만 이용할 수 있는 것처럼 보일 수도 있으나, 기술한 바와 같이 당해 계약을 충분히 이해할 수 있다면 현재 판단능력이 부족한 사람도 미래형 후견계약을 체결할 수 있다. 결국 현재형 후견계약과 미래형 후견계약을 구분하는 것은 후견계약 체결 당시 본인의 정신적 제약의 경중이 아니라 후견계약의 발효 시점을 현재와 미래 중 어디로 정했는지에 달려있다고 하겠다.[199]

---

197) 일본에서도 가벼운 정신적 제약을 가진 보조 또는 보좌의 대상자도 계약체결 시점에 의사능력을 갖는 한 임의후견계약을 체결하는 것이 가능하지만, 판단능력의 흠결이 중할수록 엄격한 검증이 필요하다고 보고 있다(小林昭彦 外 5人, 『新成年後見制度の解說』, 社團法人 金融財政事情硏究會, 2003, 226頁).

198) 참고로 입법 과정에서 이미 판단능력이 부족한 사람은 공정한 계약 체결이 어려우므로 현재형 후견계약을 인정하는 것은 부당하다는 주장이 있었다. 민법 개정안에 대한 의견조회 과정에서 법원행정처 관계자는 일본의 임의후견계약에 관한 법률(이하 '임의후견법')의 규정 형식을 전거(典據)로 삼아 현재형 후견계약의 삭제를 요구한 바 있는데, 일본 임의후견법 제2조 제1호가 "정신상의 장애에 의하여 사리를 변식할 능력이 불충분한 상황에 있어서"라는 표현을 쓴 것은 현재형 임의후견을 배제한 취지라는 것이었다. 하지만 이러한 주장은 잘못된 해석에서 기인한 것이다. 현재형 후견계약과 미래형 후견계약을 병렬적으로 규정하고 있는 우리 개정민법과 달리 일본 임의후견법이 단일한 표현을 쓰고는 있으나, 여기에 장래형 임의후견뿐만 아니라 즉효형 임의후견까지 포섭되며 의사능력이 있는 한 누구나 임의후견계약을 체결할 수 있다는 데 대해서 해석상 이견이 없기 때문이다(小林昭彦 外 5人, 『新成年後見制度の解說』, 社團法人 金融財政事情硏究會, 2003, 225~226頁).

II. 후견계약의 체결 및 등기

후견계약의 내용은 피후견인의 재산관리 내지 신상보호에 관한 사무의 전부 또는 일부를 타인에게 위탁하고 그 위탁사무에 관하여 대리권을 수여하는 것이다(제959조의14 제1항). 재산관리 또는 신상보호에 관한 사무를 어느 정도 위탁하고 대리권을 수여할 것인지는 후견계약 당사자의 의사에 달려 있다. 후견계약의 상대방은 임의후견감독인이 선임되기 전까지 임의후견인으로서 온전한 지위와 권한을 갖는다고 할 수 없다. 따라서 개정민법이 임의후견감독인의 선후를 구별하지 않고 "임의후견인"라는 용어를 사용하고 있는 것은 바람직하지 않으며, 향후 개선이 필요하다.200) 본 논문에서는 후견계약의 상대방을 임의후견감독인이 선임

---

199) 일본에서는 위 두 가지 유형 외에도 이른바 "이행형 임의후견계약"을 따로 분류하고 있다. 이행형 임의후견계약은 장래형 임의후견계약을 체결하면서 이에 유사한 권한을 즉시 상대방에게 수여하는 위임계약을 체결하는 것으로서 수임인은 장래형 임의후견계약이 발효되기 전까지는 위임인의 사적인 감독을 받고, 장래형 임의후견계약이 발효된 이후에는 가정법원과 임의후견감독인의 공적인 감독을 받게 된다(小林昭彦 外 5人, 『新成年後見制度の解說』, 社團法人 金融財政事情研究會, 2003, 225頁; 新井誠·赤沼康弘·大貫正男, 『成年後見制度 - 法の理論と實務』, 有斐閣, 2007, 168頁 참조). 하지만 이행형 임의후견계약은 위임계약과 장래형 후견계약의 혼합형으로서 넓은 의미에서 장래형 후견계약에 포섭될 수 있으므로 본 논문에서는 별도의 후견계약 유형으로 분류하지 않았다. 참고로 일본에서는 위와 같이 임의후견의 발효 전에 본인의 상태를 관찰하고 재산을 관리할 수 있도록 위임하는 것을 이른바 "見守り契約(돌보미계약 내지 지킴이계약)"이라고 한다(우주형·조성열·최윤영·박세용, 『성년후견인 및 후견감독인의 직무범위 등에 관한 연구』, 법무부 연구용역, 2009, 59~60 참조).

200) 예컨대, 제959조의15 제1항에서 임의후견감독인의 선임 청구권자로 규정하고 있는 "임의후견인"은 후견계약이 발효되기 전의 상황이므로 정치(精緻)한 표현이 아니다. 참고로 일본 임의후견법은 정의 규정에서 '임의후견수임자'와 '임의후견인'으로 구별하고 있다(제2조 제3호, 제4호).

되기 전까지는 "임의후견수임인", 임의후견감독인 선임 이후에는 "임의
후견인"이라고 칭하기로 한다.

개정민법은 임의후견수임인 내지 임의후견인의 자격에 대해서 아무런
규정을 두고 있지 않다. 이와 관련하여 "제930조 제3항에서 법인도 성년
후견인이 될 수 있다고 규정한 후 한정후견과 특정후견에서 위 법조항
을 인용하고 있으나 후견계약에서는 법인후견인과 관련하여 아무런 규
정을 두고 있지 않아 결국 법정후견에 있어서만 법인후견인이 가능하
다"는 견해가 있다.[201] 하지만 이는 후견계약의 본질을 오해한 것이라고
생각한다. 후견계약 체결은 위임계약으로서 사적 자치에 따른다. 따라서
누구든지 임의후견수임인 내지 임의후견인이 될 수 있으며, 복수 또는
법인의 선임도 가능하다.[202] 다만, 후술하다시피 개정민법은 가정법원
이 부적절한 임의후견수임인에 대해서는 임의후견감독인 선임을 거부함
으로써 간접적으로 임의후견인으로서 직무를 수행하지 못하도록 하고
있다.[203]

임의후견인은 계약 내용에 따라 법정후견인 이상의 강력한 권한을 가
지면서 피후견인의 재산과 신상에 막대한 영향을 끼칠 수 있다. 그럼에
도 불구하고 후견계약이 체결되는 과정은 사적 자치에 맡겨져 있기 때

---

201) 배인구, "법률적 측면에서의 성년후견제도의 올바른 도입방안", 『성년후견제도
    의 올바른 도입을 위한 심포지엄 자료집』, 국회의원 노철래·서울지방변호사회,
    2011, 25면; 김영규, "성년후견제도의 올바른 도입방안", 『성년후견제도의 올
    바른 도입을 위한 심포지엄 자료집』, 국회의원 노철래·서울지방변호사회,
    2011, 133면.
202) 김형석, "민법개정안 해설", 『성년후견제 도입을 위한 민법개정안 공청회』, 법
    무부, 2009, 32면; 小林昭彦 外 5人, 『新成年後見制度の解說』, 社團法人 金融財
    政事情研究會, 2003, 235頁 참조.
203) 이에 대한 보다 자세한 내용은 제3장 개정민법상 성년후견제도 분석 제5절 후
    견계약 Ⅲ. 임의후견감독인의 선임 및 직무 1. 임의후견감독인의 선임 중 다.
    임의후견감독인 선임의 제한 부분 참조.

문에 계약의 공정성과 완전성(integrity)을 담보하기 어렵다. 그래서 개정
민법은 공정증서에 의해서만 후견계약을 체결할 수 있도록 하였다(제959
조의14 제2항).204)

　공정증서 작성이 요구되기 때문에 제한능력자의 후견계약 체결에 대
해서는 보다 복잡한 논의가 필요하다.205) 기술한 바와 같이 당해 계약의
내용을 이해할 수 있는 의사능력만 있으면 누구나 후견계약을 이용할
수 있으므로 원칙적으로 제한능력자도 후견계약을 체결할 수 있다고 보
아야 한다.206) 그런데 공증인법 제25조는 무효이거나 무능력으로 취소

---

204) 공정증서란 공증인이 당사자나 그 밖의 관계인의 촉탁에 따라 법률행위나 그
　　밖에 사권(私權)에 관한 사실에 관하여 작성한 증서로서 공증인법에 그 작성
　　자격과 절차가 엄격히 정해져 있으며, 위 요건을 갖추지 아니하면 효력을 갖지
　　못한다(공증인법 제2조, 제3조). 참고로 민법개정위원회 논의 과정에서는 비
　　용 증가의 우려 때문에 공정증서 작성을 요건으로 하는 데 대해서 논란이 있었
　　으나 후견계약의 악용을 방지하기 위하여 불가피한 선택이라는 의견이 다수였
　　다[제1기 민법개정위원회, 제2분과 제12차 회의(2009. 7. 14.) 중 백승흠 위원,
　　김형석 위원 발언 부분 (내부 속기록 520~522면) 참조]. 프랑스와 일본에서
　　도 공정증서 작성 등 형식적 요건을 요구하고 있다(프랑스 민법 제477조 제4
　　항, 일본 임의후견법 제3조).
205) 여기서 문제되는 제한능력자란 대부분 동의 유보의 제한을 받는 피한정후견인
　　일 것이다. 왜냐하면 피특정후견인은 행위능력의 제한이 없고, 피성년후견인은
　　의사능력 자체가 결여된 경우가 많기 때문이다(다만, 피성년후견인이 일시적
　　으로 의사능력을 회복한 상태에서 후견계약을 체결하는 경우는 상정할 수 있
　　을 것이다).
206) 개정민법 제959조의20이 피성년후견인·피한정후견인에 대해서 임의후견감독
　　인을 선임할 수 있도록 한 것은 제한능력자도 임의후견을 이용할 수 있음을
　　간접적으로 나타낸 것이라고 볼 수 있을 것이다. 기술한 바와 같이 의사능력이
　　있는 한 본인이 직접 성년후견 등 법정후견 개시심판 청구를 할 수 있는 점에
　　비추어 볼 때, 위 조항상 임의후견감독인의 선임 청구권자에도 사건 본인이 포
　　함된다고 해석해야 한다(후술하다시피 입법자의 의사도 위 청구권자에 본인을
　　당연히 포함시키는 것이었음이 기록상 명백하다. 이와 관련된 민법개정위원회
　　논의에 대한 보다 구체적인 내용은 제3장 개정민법상 성년후견제도 분석 제5
　　절 후견계약 V. 법정후견과의 관계 중 명순구 위원 발언 부분 참조). 일반적

할 수 있는 법률행위에 대해서는 공정증서 작성 자체를 금지하고 있기 때문에 후견계약 체결이 행위능력 제한의 대상일 경우에는 제한능력자는 단독으로 이를 할 수 없고 법정대리인 등의 도움을 받아야만 한다는 견해가 있을 수 있다.207) 제한능력자가 후견계약 체결시 제3자의 도움을 받는 방식에는 동의와 대리가 있다. 예컨대 피한정후견인이 한정후견인의 동의를 받아 후견계약을 체결할 수 있음에는 의문이 없다. 그런데 법정대리인 등이 제한능력자를 대리하여 후견계약을 체결할 수 있는지에 대해서는 논란이 있을 수 있다.208) 먼저 본인의 의사가 절대적으로

으로 실체적 행위보다 절차적 행위에 더 높은 수준의 판단능력을 요한다고 보는 점을 고려할 때, 본인이 임의후견감독인 선임 청구까지도 직접 할 수 있는 마당에 후견계약의 체결 능력을 부정할 필요는 없다고 생각된다. 일본에서도 즉효형 임의후견계약과 관련하여 보조, 보좌의 대상자도 계약 체결 시점에 의사능력을 갖는 한 위 계약을 직접 체결할 수 있음은 물론 임의후견감독인 신청도 직접 할 수 있다는 취지로 설명하고 있다(小林昭彦 外 5人, 『新成年後見制度の解説』, 社團法人 金融財政事情研究會, 2003, 226頁).

207) 민법개정위원으로 활동한 김형석 교수도 후견계약 체결이 행위능력 제한의 대상이 될 경우 후견계약 자체의 취소가 문제될 수 있다고 밝힌바 있다[김형석, "민법개정안 해설", 『성년후견제 도입을 위한 민법개정안 공청회』, 법무부, 2009, 33~34면 참조). 이에 대해서는 후견계약 체결은 행위능력 제한의 대상이 될 수 없다는 반론도 가능하다. 개정민법이 본인을 법정후견개시심판의 청구권자로 열거하고 있는 이상 의사능력만 있으면 실체법적으로나 절차법적으로 본인이 직접 위 청구를 할 수 있다고 해석해야 함은 기술한 바와 같다. 따라서 후견계약에 있어서도 당해 계약에 상응하는 의사능력만 있으면 누구나 독자적으로 후견계약을 체결할 수 있다고 개정민법 제959조의14를 해석하는 이상 의사능력자는 위 조문에 의해서 후견계약 체결에 관한 행위능력과 절차능력을 당연히 보유한다고 해석할 수도 있을 것이다(다만, 다음에서 보는 바와 같이 의사무능력자에 대해서도 후견계약을 체결할 현실적인 필요성이 있을 수 있으므로 여전히 대리에 의한 후견계약 체결의 당부와 절차에 대해서 검토가 필요하다).

208) 대리에 의한 후견계약 체결의 가부(可否) 이전에 본인의 판단능력 상실로 인해서 종전의 대리권 내지 위임계약이 소멸하는지 여부도 문제될 수 있다. 민법은 대리권의 소멸사유와 위임의 종료사유에서 본인의 금치산선고(성년후견개

중시되는 임의후견의 특성상 후견계약은 대리와 친하지 않으며, 개정민
법상 임의후견이 개시되면 종전의 법정후견은 종료되어야 하는 점에 비
추어 볼 때(제959조의20 제2항) 법정대리인 등이 자신의 대리권 소멸 이후
를 위해서 임의후견인을 정하는 것은 대리권의 범위를 벗어난 것이라는
주장이 있을 수 있다. 하지만 후견계약 체결 과정에서 대리행위가 본인
의 의사에 부합한다는 사실만 확인된다면 굳이 이를 부정할 이유는 없
다고 생각한다.209) 나아가 본인의 의사를 확인하기 어려운 경우에도 대
리에 의한 후견계약 체결이 필요할 수 있다. 예컨대, 식물인간 상태에
있는 자녀를 둔 부모가 자신의 사후(死後)에 대비하여 믿을 수 있는 사람
에게 자녀의 보호를 위탁하는 후견계약을 체결하고자 하는 경우가 대표
적인 사례일 것이다. 우리나라에서 새로운 성년후견제도를 도입하게 된

시)는 제외하고 있다(제127조, 제690조). 본인이 의사능력을 상실하면 더 이
상 대리인을 통제할 수 없으므로 본인이 사망한 경우와 마찬가지로 특약이 없
는 한 대리권이 소멸한다고 해석해야 된다는 견해가 있다(新井誠, 『高齡社會の
成年後見法』有斐閣, 1999, 162頁; 송호열, "임의성년후견제도", 『동아법학』제
31호, 2002, 277면; 新井誠·赤沼康弘·大貫正男, 『成年後見制度 - 法の理論と實
務』, 有斐閣, 2007, 12, 154頁 참조). 하지만 민법의 문리 해석상 본인의 행위
능력상실 후에도 대리권은 당연히 존속한다는 것이 종래 우리나라와 일본의
통설적 입장이다(곽윤직, 『민법총칙』, 박영사, 1998, 442면; 김기수, 『한국민
법총칙』, 박영사, 1981, 276면; 김용한, 『민법총칙』, 박영사, 1997, 319면; 이
영준, 『민법총칙』, 박영사, 1997, 445면; 송호열, "임의성년후견제도", 『동아법
학』제31호, 2002, 277면; 我妻榮, 『新訂民法總則(民法講義)』, 岩波書店, 1965,
329頁; 星野英一 編輯代表, 『民法講座 1 民法總則』, 有斐閣, 1984, 445頁; 新井
誠·赤沼康弘·大貫正男, 『成年後見制度 - 法の理論と實務』, 有斐閣, 2007, 11頁
참조). 참고로 대리권 소멸을 주장하는 견해에서도 '대리권 지속의 특약'은 인
정하는 것으로 보이는데, 후견계약은 본인의 판단능력 저하시 수임인의 대리
권이 발생 내지 계속되도록 한 특약이므로 본인의 의사능력이 상실되어도 대
리권이 소멸되지 않도록 설계된 제도적 장치라고 볼 수 있을 것이다.
209) 이 경우 사실상 본인의 사자(使者)로서 후견계약을 체결하는 것과 유사하다고
볼 수도 있을 것이다.

주요 배경 중 하나가 바로 위와 같은 장애인 부모들에게 해결책을 제시
하기 위함이라는 사실을 고려할 때 일정한 자격을 지닌 부모가 자녀를
위한 후견계약을 체결하는 것은 긍정되어야 한다고 생각한다.[210] 하지
만 현재 개정민법과 공증인법의 규정만으로는 해석상 논쟁을 피하기 어
려운 상태이므로 향후 입법을 통해 자신 또는 타인을 위한 후견계약을
체결할 수 있는 주체를 명시할 필요가 있다.[211] 특히 타인을 위한 후견
계약의 경우 그 한계에 대해서도 법에 명확한 기준을 두는 것이 바람직
할 것이다.[212]

　공정증서로 체결된 후견계약은 등기되어야 한다(제959조의15 제1항).
후견계약이 체결된 다음 계약이 수정·파기되거나 위조·변조되는 경우
도 있을 수 있으므로 후견계약의 체결·존속에 관한 사항을 객관적으로
쉽게 확인할 수 있도록 하고 계약의 완전성을 보전하기 위함이다.[213] 따

[210] 김형석, "민법개정안 해설", 『성년후견제 도입을 위한 민법개정안 공청회』, 법
　　무부, 2009, 33~34면 참조. 일본에서도 민법에 명문의 규정이 없음에도 부모
　　가 친권에 근거하여 자녀를 대신하여 임의후견계약을 체결하는 것이 가능하다
　　고 해석하고 있다(小林昭彦 外 5人, 『新成年後見制度の解說』, 社團法人 金融財
　　政事情硏究會, 2003, 227, 240頁).
[211] 프랑스 민법은 후견의 대상이 아닌 성년자, 친권이 해제된 미성년자, 부조인의
　　원조를 받는 피부조인이 자신을 위한 장래보호위임계약을 체결할 수 있으며,
　　미성년 자녀에게 친권을 행사하고 있거나 성년 자녀의 물질적·정서적 부양을
　　맡고 있는 부모는 자녀를 위하여 장래보호위임계약을 체결할 수 있다고 명시
　　하고 있다(제477조 제1항 내지 제3항).
[212] 대리를 통한 후견계약이 인정된다고 하더라도 대리인이 후견계약을 통해 자신
　　의 권한을 넘어서는 수권을 해서는 안 될 것이다. 특히 신상보호는 제3자의
　　대리 의사결정과 친하지 않으므로 본인의 의사가 명확히 확인되지 않은 상태
　　에서 대리인이 본인의 생명, 신체, 프라이버시에 관한 중대한 침해가 수반될
　　수 있는 내용을 후견계약에 포함시킬 수 없도록 제도적 장치를 마련해야 할
　　것이다.
[213] 일본 임의후견법 제4조 제1항도 임의후견계약의 등기를 전제로 하고 있다(小
　　林昭彦 外 5人, 『新成年後見制度の解說』, 社團法人 金融財政事情硏究會, 2003,
　　237~238頁 참조).

라서 법원의 후견개시심판만으로 후견이 발효되는 법정후견과 달리, 후견계약에서는 공시가 효력 요건이 된다.[214]

III. 임의후견감독인의 선임 및 직무

1. 임의후견감독인의 선임

후견계약은 가정법원이 임의후견감독인을 선임한 때부터 효력이 발생한다(제959조의14 제3항). 후견계약이 위임과 결정적으로 다른 점은 후견계약의 발효 및 이행과 관련하여 국가 기관이 관여한다는 것이다. 임의후견인에 대한 가장 강력하고 직접적인 통제는 가정법원의 직접 감독이지만, 인력과 예산이 충분하지 않은 상태에서 가정법원이 모든 임의후견인을 직접 관리감독하는 것은 현실적으로 곤란하기 때문에 개정민법은 가정법원이 임의후견감독인을 선임함으로써 간접적으로 임의후견인을 감독하도록 하였다.

가. 관할 및 청구권자

법정후견심판과 마찬가지로 임의후견심판도 대심적 구조를 취하지 않고 가정법원의 후견적 기능이 강조되므로 라류 가사비송사건으로 분류될 것이며, 원칙적으로 사건 본인의 권익을 위해서 그의 주소지 가정법원에서 관할하는 것이 바람직할 것이다.[215]

---

214) 제1기 민법개정위원회, 제2분과 제15차 회의(2009. 9. 1.) 중 민유숙 위원 발언 부분(내부 회의록 3면) 참조.
215) 일본 특별가사심판규칙에서도 임의후견 관련 심판은 임의후견위임자의 주소지 가정재판소 관할로 하고 있다(제3조). 법정후견의 관할에 대해서는 제3장

실제로 개정가사소송법은 법정후견과 마찬가지로 임의후견에 관한 사건도 피후견인(피후견인이 될 사람 포함)의 주소지 가정법원의 관할로 규정하고 있다(제44조 제1의2호).

임의후견감독인의 선임은 본인, 배우자, 4촌 이내의 친족, 임의후견인, 검사 또는 지방자치단체장이 청구할 수 있다(제959조의15 제1항). 법정후견에서와 마찬가지로 본인은 의사능력이 있는 한 행위능력 유무와 관계없이 단독으로 위 청구를 할 수 있다고 해석해야 할 것이다.[216] 법문상 "임의후견인"은 임의후견수임인을 의미하는데, 위 청구권자들 중 가장 중요한 역할을 할 것이다. 왜냐하면 임의후견 개시를 청구할 즈음에는 이미 본인의 정신능력이 상당히 저하된 상태여서 후견계약의 내용을 가장 잘 알고 있고 본인의 정신 상태를 주의 깊게 살펴온 임의후견수임인이 임의후견감독인의 선임을 청구해야 할 경우가 많을 것이기 때문이다. 더욱이 임의후견수임인은 위임계약상 선관주의의무가 있기 때문에 제때 임의후견감독인 선임을 청구해야 할 의무가 있다. 하지만 임의후견수임인이 위 의무를 해태할 수도 있으므로 법정후견에서와 마찬가지로 다른 청구권자들도 규정하고 있다.

임의후견감독인 선임 청구와 관련하여 가장 큰 문제는 본인이나 주변인에 의한 청구가 어려운 상황에서 임의후견수임인도 임의후견 개시 절차를 밟지 않을 경우 보호의 공백이 생길 수 있다는 것이다.[217] 특히

개정민법상 성년후견제도 분석 제2절 성년후견 Ⅰ. 성년후견의 개시 3. 성년후견개시의 심판 및 효과 가. 성년후견개시의 심판 중 (1) 관할 부분 참조.

[216] 이에 대한 보다 자세한 내용은 제3장 개정민법상 성년후견제도 분석 제2절 성년후견 Ⅰ. 성년후견의 개시 중 2. 성년후견의 청구 부분 참조.

[217] 예컨대, 무연고자인 본인이 의사무능력 상태에 이르렀음에도 임의후견수임인이 본인의 건강 상태를 파악하지 못하고 있거나 일부러 임의후견감독인의 선임 청구를 해태하는 경우를 생각할 수 있다(이러한 경우에는 본인의 상태가 외부로 알려지지 않기 때문에 검사나 지방자치단체장의 청구도 어려울 것이다).

후견계약이 발효되기 전에 별도의 위임계약을 통해 임의후견수임인에게 광범위한 대리권을 수여하는 경우가 있을 수 있는데, 이 경우 임의후견 수임인은 임의후견 개시의 필요성을 별로 느끼지 못하고 오히려 임의후견감독인의 감독을 회피하기 위하여 고의로 임의후견감독인 선임 청구를 지연시킬 수 있다.[218] 따라서 위와 같은 부작용을 방지하기 위하여 수임인의 선관주의의무를 원용하는 데 그치지 말고 임의후견수임인이 본인의 정신 상태를 확인하고 제때 임의후견인 선임을 청구할 의무를 부과하는 구체적인 규정을 두는 것이 보다 바람직할 것이다. 또한 후견계약과 관련된 서면이나 자료를 소지한 사람이 후견계약이 발효될 사정이 생긴 것을 알게 되면 즉시 가정법원에 이를 제출하도록 하는 한편, 가정법원이 위 자료 제출을 요구할 수 있도록 하는 근거를 마련하는 것도 효과적일 것이다.[219]

나. 임의후견감독인 선임의 요건 및 기준

가정법원은 후견계약이 등기되어 있고, 본인이 사무를 처리할 능력이 부족한 상황에 있다고 인정할 때 위 청구에 의하여 임의후견감독인을 선임한다(제959조의15 제1항).

(1) 후견계약의 등기

임의후견의 기초가 되는 후견계약이 등기되어 있어야 한다. 이는 후견계약의 완전성을 보전하고, 가정법원이 임의후견수임인의 동일성, 후

---

218) 일본에서도 앞에서 소개한 돌보미계약(見守り契約)을 이용할 경우 임의후견이 제때 발효되지 못할 우려가 크다고 한다[오카 교수 법무부 방문 간담회(법무부 법무실 회의실, 2010. 12. 28.) 중 오카 교수 발언 부분 참조].

219) 독일 민법은 후견인 선임이나 후견 개시에 대한 본인의 의사나 소망이 담긴 서면을 소지한 사람이 후견인 선임 절차가 개시된 것을 알게 되면 즉시 후견법원에 그 서면을 인도하도록 하는 규정을 두고 있다(제1901조의c).

견계약의 내용과 존속 여부 등을 간편하고 정확하게 확인할 수 있도록
하기 위함이다.

(2) 사무처리 능력의 부족

정신적 제약으로 인해서 사건 본인의 사무처리 능력이 부족한 상황에
있어야 한다. 후견계약은 모든 후견 유형 중 제일 탄력적이고 다양한 형
태를 취할 수 있기 때문에 이용자들이 가지는 정신능력의 스펙트럼도
가장 광범위하다고 할 수 있다. 결국 사건 본인의 정신 상태, 후견계약
의 내용 등 제반 사정을 종합적으로 고려하여 위 요건의 충족 여부를
판단할 수밖에 없을 것이다.

본인의 정신능력을 평가하기 위하여 정신감정이 필요한 경우도 있을
수 있다.[220] 임의후견의 경우 후술하는 바와 같이 행위능력의 제한을 수
반하지 않고 원칙적으로 본인의 동의를 전제로 하기 때문에 정신감정의
필요성이 적다고 생각할 수도 있으나, 후견계약을 통해서 임의후견인에
게 성년후견인 이상의 강력한 권한이 부여될 수도 있고 본인의 의사 확
인 없이 절차가 진행될 수 있는 예외도 있으므로 일률적으로 정신감정
필요성의 다과(多寡)를 논할 수 없을 것이다. 이 역시 사건 본인의 정신
상태와 후견계약의 내용 등을 종합하여 정신감정의 요부(要否)를 판단해
야 할 것이다. 다만, 후견계약을 통한 수권의 정도가 낮거나 본인의 진
의(眞意) 확인이 용이할수록 정신감정을 생략할 수 있는 가능성도 높아
질 것이다.[221]

---

220) 법정후견에서와 마찬가지로 임의후견 개시 여부에 관한 판단은 법적 판단이기
   때문에 판사가 정신감정 결과에 구속되지는 않을 것이다.
221) 일본 특별가사심판규칙 제3조의2도 임의후견은 이용자의 편의 등을 위하여 의
   사의 진단 등만 거치면 족하도록 규정하고 있다(小林昭彦 外 5人, 『新成年後見
   制度の解説』, 社團法人 金融財政事情研究會, 2003, 311頁).

실제로 개정가사소송법은 임의후견감독인을 선임할 경우 가정법원이 피임의후견인이 될 사람의 정신상태에 관하여 의사나 그 밖에 전문지식이 있는 사람의 의견을 들어야 하되, 이 경우 의견을 말로 진술하게 하거나 진단서 또는 이에 준하는 서면으로 제출하게 할 수 있다고 규정함으로써 성년후견·한정후견과는 달리 정신감정을 강제하고 있지 않다(제45조의5).[222]

(3) 본인의 동의

본인이 아닌 자의 청구에 의하여 가정법원이 임의후견감독인을 선임할 때에는 본인의 동의를 받아야 한다. 임의후견의 본질은 본인의 의사에 기초한 후견이므로 그 효력 발생도 본인의 의사에 구속되도록 한 것이다(제959조의15 제2항 본문). 하지만 식물인간 상태에 있는 등의 사정으로 본인의 동의 여부를 확인할 수 없더라도 후견계약의 내용 등 제반 사정에 비추어 볼 때 임의후견을 개시하는 것이 상당한 경우도 있을 수 있으므로 본인이 의사를 표시할 수 없는 때에는 위 절차를 생략할 수 있는 예외를 마련하였다(제959조의15 제2항 단서). 본인의 의사를 확인하기 위하여 가급적 대면 진술을 청취하는 것이 바람직함은 법정후견에서와 마찬가지일 것이다.[223] 그 밖에도 가정법원은 후견계약을 이행·운영할 때 본인의 의사를 최대한 존중해야 한다(제959조의14 제4항).

---

222) 특정후견에서와 마찬가지로 원래 법무부가 제출한 가사소송법 개정안에는 의사나 그 밖의 "적당한" 사람의 의견을 듣도록 규정되어 있었으나, 국회 심의 과정에서 의사나 그 밖에 "전문지식이 있는" 사람의 의견을 듣도록 표현이 수정되었는데, 후견 심판의 객관성과 공정성을 강조한다는 측면에서 타당한 입법이라고 생각한다(국회 법제사법위원회, 『가사소송법 일부개정법률안 심사보고서』, 2013. 3, 6~7면 참조).

223) 일본에서도 임의후견계약 본인의 진술 청취 방법 및 예외에 대한 해석은 법정후견개시심판시와 다르지 않다고 보고 있다(小林昭彦 外 5人, 『新成年後見制度の解説』, 社團法人 金融財政事情硏究會, 2003, 312頁).

개정가사소송법은 임의후견감독인 선임 심판에서 피임의후견인이 될 사람이 의식불명 그 밖의 사유로 자신의 의사를 표명할 수 없는 경우를 제외하고는 가정법원이 피임의후견인이 될 사람의 진술을 들어야 하도록 규정하고 있다(제45조의6).

(4) 임의후견감독인의 자격

개정민법이 임의후견수임인 내지 임의후견인의 자격에 대해서는 아무런 규정을 두지 않은 것과는 달리 임의후견감독인의 자격에 대해서는 따로 규정을 두고 있다. 전자가 사적 자치에 의해서 정해지는 것과는 달리 후자는 가정법원이 선임하는 것이기 때문이다. 먼저 법정후견감독인과 마찬가지로 전문성과 공정성을 강화하기 위해서 복수·법인의 임의후견감독인도 선임할 수 있도록 하였다(제959조의16 제3항, 제940조의7, 제930조 제2항·3항). 또한 임의후견감독인이 선임된 경우에도 효율적인 감독업무 수행을 위하여 필요한 경우 가정법원은 본인, 친족, 임의후견인, 검사 또는 지방자치단체장의 청구에 의하거나 직권으로 임의후견감독인을 추가로 선임할 수 있다(제959조의15 제4항). 그런데 제959조의16 제3항에 의해서 준용되는 제940조의7은 성년후견인의 추가 선임에 관한 제936조 제3항을 준용하고 있으므로 중복 입법의 문제가 있다. 더욱이 제936조 제3항을 준용할 경우 기존에 선임되어 있던 임의후견감독인이나 이해관계인도 청구권자에 포함될 것인데 제959조의16 제3항에서는 이들이 청구권자에서 배제되어 있는 등 양 규정이 충돌되고 있다. 따라서 향후 중복을 해소하고 청구권자의 범위도 법정후견감독인의 경우와 균형을 맞추어 규정하는 것이 바람직할 것이다.[224]

법정후견인의 결격사유는 임의후견감독인에 대해서도 적용된다(제959조의16 제3항, 제940조의7, 제937조). 또한 공정한 후견감독을 위하여 제779조

---

224) 이에 대한 보다 자세한 내용은 제3장 개정민법상 성년후견제도 분석 제2절 성년후견 Ⅲ. 성년후견감독인의 선임 및 직무 중 2. 성년후견감독인의 선임 부분 참조.

에 따른 임의후견인의 가족은 임의후견감독인이 될 수 없다(제959조의15
제5항, 제940조의5).

(5) 기타 고려 사항

가정법원은 후견계약을 이행·운영하는 모든 단계에서 본인의 의사를
최대한 존중해야 한다(제959조의14 제4항). 임의후견감독인을 선임할 때에
도 본인의 의사를 존중해야 하며, 그 밖에 본인의 건강·생활관계·재산
상황, 임의후견감독인이 될 사람의 직업·경험·본인과의 이해관계 유무
(법인이 임의후견감독인이 될 때에는 사업의 종류와 내용, 법인이나 그 대표자와 본인
사이의 이해관계 유무) 등의 사정도 고려하여야 한다(제959조의16 제3항, 제940
조의7, 제936조 제4항).

다. 임의후견감독인 선임의 제한

임의후견감독인 선임을 위한 이상의 요건이 충족되는 경우에도 임의
후견수임인에게 제937조에 해당하는 결격사유가 있거나 현저한 비행을
한 전력이 있는 등 임무 수행에 적합하지 않은 사유가 있다면 가정법원
은 임의후견감독인을 선임하지 아니한다(제959조의17 제1항). 위와 같은 사
유를 임의후견수임인 내지 임의후견인의 결격사유로 삼는 것은 사적 자
치에 반할 수 있기 때문에 본인 보호를 위하여 임의후견감독인을 선임
하지 아니함으로써 후견계약이 발효되는 것을 간접적으로 차단할 수 있
도록 한 것이다.[225]

만약 임의후견감독인이 선임된 이후 임의후견인이 현저한 비행을 하
거나 그 밖에 그 임무에 적합하지 아니한 사유가 있게 된 경우에는 가정
법원이 임의후견감독인, 본인, 친족, 검사 또는 지방자치단체장의 청구

---

225) 일본 임의후견법 제4조 제1항 제3호; 小林昭彦 外 5人, 『新成年後見制度の解説』,
社團法人 金融財政事情研究會, 2003, 241~242頁 참조.

에 의하여 임의후견인을 해임할 수 있다(제959조의17 제2항). 개정민법은
가정법원이 직권으로 법정후견인을 변경할 수 있도록 규정하고 있는바
(제940조, 제959조의3 제2항, 제959조의9 제2항), 임의후견인에 대해서도 가정법
원의 직권 해임이 가능하도록 근거를 마련하는 것이 입법의 균형상 바
람직할 것이다.226)

2. 임의후견감독인 선임의 효과

임의후견감독인을 선임하면 후견계약이 발효함으로써 임의후견이 개
시된다. 따라서 임의후견수임인의 지위는 임의후견인으로 전환되며, 후
견계약에서 정한 권한과 의무에 따라 직무를 수행하게 된다. 임의후견이
개시되더라도 피후견인의 행위능력은 제한되지 않으며, 피후견인은 여
전히 확정적으로 유효한 법률행위를 독자적으로 할 수 있다.227) 하지만
피후견인의 정신능력이 상당히 저하된 상태에서 임의후견이 개시됨으로
써 사실상 임의후견인이 배타적으로 대리권을 행사하는 경우도 많을 것
이다.228)

---

226) 개정민법은 본인 보호에 공백이 생기지 않도록 하기 위해서 법정후견인의 해
임 규정만 따로 두는 대신 변경에 관한 포괄적인 규정을 두고 있는데, 이를
활용함으로써 부적격 법정후견인을 해임하는 효과를 거둘 수 있다(제940조,
제959조의3 제2항, 제959조의9 제2항). 임의후견의 경우 본인이 직접 임의후
견인을 지정하는 것이 제도의 핵심이기 때문에 가정법원이 임의후견인을 변경
하는 것은 적절하지 못하다는 고려에서 해임만 가능하도록 한 것이다.
227) 일본에서도 거래안전을 해치고 사적 자치의 한계를 벗어난다는 이유로 임의후
견을 통한 행위능력의 제한이나 동의권·취소권의 인정을 부정하고 있다. 하지
만, 소비자거래 등과 관련하여 동의권·취소권 행사의 필요성 내지 임의후견·
법정후견의 병존 가능성을 조심스럽게 언급하는 견해도 제기되고 있는바, 심
도 깊게 검토할 만한 매우 흥미로운 견해라고 생각된다(新井誠·赤沼康弘·大貫
正男, 『成年後見制度 - 法の理論と實務』, 有斐閣, 2007, 179~181頁 참조).
228) 영미의 지속적대리권제도에서도 본인의 의사능력이 상실된 상태에서 지속적

임의후견의 개시와 관련하여 후견계약 체결시 당사자가 효력 발생 시기나 조건을 따로 정할 수 있는지 여부가 문제된다. 일본에서는 "위임자가 의사능력을 상실한 것을 정지조건으로 하는 취지의 특약이나, 위임자가 일정한 연령(예를 들면, 만80세)에 달한 때를 기한으로 하는 취지의 특약을 붙인 계약은 임의후견계약의 요건에 적합하지 않아 무효"라는 해석이 지배적이며, 이는 "임의후견감독인의 선임과 임의후견계약의 효력 발생 시점 사이에 괴리가 생기는 것을 방지하고, 대리권의 남용을 막기 위함"이라고 설명하고 있다.[229] 생각건대, 위와 같은 특약을 일률적으로 무효로 보기는 어려울 것으로 생각된다. 개정민법상 후견계약의 효력이 발생하는 시기는 어디까지나 가정법원이 임의후견감독인을 선임한 때라는 점은 법문상 명백하다(제959조의14 제3항). 그렇다면 위 특약의 취지는 대개 후견계약의 효력 발생 시기나 조건을 정했다기보다는 '임의후견감독인 선임 청구'의 시기나 조건을 정한 것에 불과하다고 해석될 경우가 많을 것이다. 예컨대 후견계약의 당사자가 80세까지는 위임인의 정신능력이 어느 정도 양호할 것으로 예상했거나 재산관리와 신상보호에 관한 보다 나은 대안이 마련되어 있다고 판단하여 위임인이 80세에 이르렀을 때 임의후견감독인 선임을 청구하도록 합의하였다면 그 효력을 부정할 이유가 없다고 본다. 후견계약이 발효되기 전까지는 그 본질이 위임계약으로서 사적 자치가 지배하기 때문이다. 이 경우 후견계약이 발효되는

대리권이 발동되어 대리인이 배타적으로 법률행위를 하게 되는 경우가 많다고 한다. 본인의 지배력이 유지되는 통상의 수임인·대리인과 달리 임의후견인에 대해서 보다 강력한 통제가 필요한 이유가 바로 여기 있다(須永醇, 『被保護成年子制度の硏究』, 勁草書房, 1996, 161頁; 이득환·박민제, "성년후견제도에 대한 각국의 입법과 우리나라의 그에 대한 민법개정에서의 시사점", 『법학논총』 제26권 제4호, 2009, 377~378면).

229) 小林昭彦 外 5人, 『新成年後見制度の解說』, 社團法人 金融財政事情研究會, 2003, 230頁; 新井誠·赤沼康弘·大貫正男, 『成年後見制度 – 法の理論と實務』, 有斐閣, 2007, 164頁.

시점은 여전히 가정법원이 임의후견의 개시 요건이 충족되었다고 판단하여 임의후견감독인을 선임하는 때이기 때문에 일본에서 우려하는 "임의후견감독인의 선임과 임의후견계약의 효력발생 시기 사이의 괴리"는 발생하지 않을 것이다. 만약 특약에서 정한 시기보다 일찍 보호의 필요성이 발생한 경우에는 어떻게 해야 하는지 의문이 있을 수 있다. 예컨대 임의후견감독인 선임 청구 시기를 80세로 정하였으나 70세에 이미 본인의 정신능력이 흠결된 경우를 생각해 볼 수 있다. 만약 본인이 임의후견보다 선호하는 보호장치를 마련해 놓았다면 보호의 공백이 생길 여지가 적기 때문에 임의후견을 개시할 필요가 없을 것이다. 이러한 대안이 없는 경우에는 결국 후견계약의 해석을 통해 해결해야 될 문제라고 생각한다. 만약 위 특약이 '본인의 정신능력이 악화된 때'라는 취지를 예시적으로 표현한 것에 불과하다면, 특약의 자구(字句)에 얽매이지 않고 임의후견을 개시할 수 있을 것이다. 반면 후견계약 당사자의 의사가 정신적 제약의 정도를 불문하고 반드시 80세에 달해야 임의후견감독인 선임을 청구하기로 합의한 것이라면 이를 존중하는 것이 마땅하다고 생각한다. 임의후견의 기초는 위임계약으로서 당사자의 합의가 지배하기 때문이다. 본인 보호의 공백을 막기 위해서는 법정후견을 이용하면 된다. 물론 법정후견보다는 가급적 본인이 미리 설계해 놓은 임의후견을 이용하는 것이 바람직하다는 반론도 제기될 수 있지만, 당사자의 확고한 의사에 반하여 개시한 후견계약은 이미 "본인이 미리 설계해 놓은 임의후견"이 될 수 없다. 또한 법정후견을 발동하기 위해서는 필요성·보충성 요건을 충족해야 하고 본인 의사도 존중해야 하기 때문에 법정후견 개시로 인한 폐해도 거의 없을 것이다.230) 물론 80세에 달한 이후에 다시 임의후

---

230) 후견계약의 가장 중요한 요소는 후견인과 후견내용의 지정이다. 법정후견의 내용은 가정법원이 필요성, 보충성의 원칙 아래 본인에게 최선의 이익(the best interest)이 무엇인가를 탐지하는 과정에서 정해질 것이다. 개정민법은 법정후

건으로 전환해야 하는 불편이 있을 수는 있지만, 후견계약의 당사자가 진정으로 특약을 중시한 것이라면 그 정도의 불편은 충분히 감내할 수 있을 것이다.[231] 오히려 본인 보호의 필요성과 편익을 임의로 재단하여 당사자의 합의를 무시하는 것이야말로 후견계약의 본질을 침해할 우려가 있다. 또한 위 특약을 무효로 볼 경우 일부 무효의 법리에 따라 나머지 후견계약의 효력을 판단해야 할 것인데, 여전히 특약을 둘러싼 당사자의 진정한 의사가 무엇인지에 대해서 복잡한 분쟁이 발생할 가능성이 크다. 따라서 위 특약의 효력을 인정하되, '후견계약의 효력 발생'이 아니라 '임의후견감독인의 선임 청구'에 관한 특약으로서 의미를 부여하는 것이 상당할 것이다.[232]

3. 임의후견감독인의 직무[233]

임의후견감독인은 임의후견인의 사무를 감독하는 데 있어 가정법원의

건에서도 후견인 선임시 본인의 의사를 "존중"해야 한다는 원칙을 강조하기 때문에 임의후견수임인이 법정후견인으로 선임될 가능성이 높을 것이다.

231) 법정후견을 임의후견으로 전환하는 것은 후자가 전자 이상으로 충실한 보호를 할 수 있는 경우일 것이다. 만약 본인의 정신능력이 예상보다 심각하게 악화되어 후견계약의 내용보다 광범위한 법정후견이 개시되었고, 법정후견의 계속이 본인의 이익을 위하여 특별히 필요하다고 인정될 경우에는 후견계약이 발효되지 않을 것이다(개정민법 제959조의20 제2항 단서).

232) "후견계약의 효력 발생 시기는 원칙적으로 당사자들이 후견계약에서 정한 바에 따른다"는 해석도 있으나(김형석, "민법개정안 해설", 『성년후견제 도입을 위한 민법개정안 공청회』, 법무부, 2009, 34면), 이는 임의후견감독인의 선임 시점과 다른 효력 발생 시기를 정할 수 있다는 오해를 불러일으킬 수 있으므로 "임의후견감독인의 선임 청구 시기"라로 표현하는 것이 바람직할 것이다.

233) 임의후견인의 직무는 후견계약에서 당사자의 의사에 따라 정해지기 때문에 개정민법은 후견계약을 이행·운영할 때 본인의 의사를 최대한 존중해야 한다는 일반 규정 외에는 임의후견인에 대해서 자세한 규정을 두고 있지 않다(제959조의14 제4항).

관리감독을 대신하는 만큼 그 사무에 관하여 가정법원에 정기적으로 보고하여야 한다(제959조의16 제1항). 임의후견감독인의 직무에 대해서는 법정후견감독인에 관한 규정을 많이 준용하고 있다. 먼저 임의후견감독인은 언제든지 임의후견인에게 그의 임무 수행에 관한 보고와 재산목록의 제출을 요구할 수 있고 피임의후견인의 재산상황을 조사할 수 있다(제959조의16 제3항, 제953조).234) 또한 피임의후견인의 신상이나 재산에 대하여 급박한 사정이 있는 경우에는 그의 보호를 위하여 필요한 행위 또는 처분을 할 수 있으며, 임의후견인과 피임의후견인 사이에 이해가 상반되는 행위에 관하여는 피임의후견인을 대리한다(제959조의16 제3항, 제940조의6 제2항·제3항).235)

그 밖에 임의후견감독인에 대해서는 위임 및 법정후견인에 관한 규정 중 수임인의 선관의무, 위임종료시 긴급처리 및 대항요건, 피후견인의 신상결정, 복수 후견인의 권한 행사, 후견인의 보수와 사무비용 등이 준용된다(제959조의16 제2항, 제940조의7, 제681조, 제691조, 제692조, 제947조의2 제3항 내지 제5항, 제949조의2, 제955조, 제955조의2).

임의후견감독인은 후견계약을 이행·운영하는 모든 단계에서 본인의 의사를 최대한 존중해야 하는바(제959조의14 제4항), 위 모든 직무 수행시에도 본인의 의사 존중 의무가 부과됨은 물론이다.

---

234) 가정법원도 필요할 경우에는 임의후견감독인에게 감독사무에 관한 보고를 요구할 수 있고 임의후견인의 사무 또는 본인의 재산상황에 대한 조사를 명하거나 그 밖에 임의후견감독인의 직무에 관하여 필요한 처분을 명할 수 있다(제959조의16 제2항).

235) 개정민법은 법정후견감독인의 직무에 관한 규정 중 후견인 부재시 새로운 후견인 선임을 청구하도록 하는 제940조의6 제1항은 준용 대상에서 제외하고 있는데, 이는 본인이 직접 후견인을 지정해야 하는 임의후견의 특성 때문이다. 이 경우 임의후견감독인은 법정후견개시심판을 청구함으로써 보호의 공백이 생기지 않도록 할 수 있을 것이다(제959조의20 제1항).

4. 임의후견감독인의 사임 및 변경

임의후견감독인의 사임 및 변경에 대해서는 법정후견인에 관한 규정을 준용하고 있다. 즉 임의후견감독인이 더 이상 직무 수행이 어려울 정당한 사유가 있는 경우 가정법원의 허가를 얻어 사임할 수 있으며, 이 경우 사임청구와 동시에 가정법원에 새로운 임의후견감독인의 선임을 청구하여야 한다(제959조의16 제3항, 제940조의7, 제939조).

사망 등으로 임의후견감독인이 없게 된 경우 가정법원은 본인, 친족, 임의후견인, 검사, 지방자치단체장의 청구에 의하거나 직권으로 새로 임의후견감독인을 선임한다(제959조의15 제3항). 임의후견감독인은 존재하나 피임의후견인의 복리를 위하여 임의후견감독인을 변경할 필요가 있는 경우에는 피임의후견인, 친족, 임의후견인, 검사, 지방자치단체장의 청구에 의하거나 직권에 의하여 임의후견감독인을 변경할 수 있다(제959조의16 제3항, 제940조의7, 제940조).

Ⅳ. 후견계약의 종료

임의후견감독인이 선임되지 않아 아직 후견계약이 발효되지 않은 경우에는 본인 또는 임의후견수임인은 언제든지 공증인의 인증을 받은 서면으로 후견계약의 의사표시를 철회할 수 있다(제959조의18 제1항). 임의후견감독인이 선임되기 전까지는 후견계약의 본질인 위임계약의 법리에 따라 자유롭게 해지할 수 있도록 한 것이다(제689조 제1항). 만약 부득이한 사유없이 상대방의 불리한 시기에 후견계약을 해지한 때에는 그로 인한 손해를 배상해야 할 것이다(제689조 제2항).

임의후견감독인이 선임된 이후에는 본인 또는 임의후견인은 정당한 사유가 있는 때에만 가정법원의 허가를 받아 후견계약을 종료할 수 있다(제959조의18 제2항). 임의후견감독인이 선임되었다는 것은 피후견인의 판단능력이 저하된 것을 의미하기 때문에 위임의 일반 원리에 의하여 쉽게 후견계약을 소멸시킬 경우 피임의후견인의 권익을 침해할 수 있기 때문이다. 그런데 임의후견감독인이 선임되기 전이라도 본인의 정신능력이 악화된 경우가 있을 수 있다. 이때 문언 해석에 따라 제959조의18 제2항이 아니라 제1항을 적용하여 임의후견수임인이 자유롭게 후견계약을 해지할 수 있도록 한다면 본인의 권익을 해칠 수 있다. 물론 전술한 바와 같이 위임의 법리에 따라 임의후견수임인에게 손해배상책임은 물을 수 있겠지만, 손해의 전보가 이루어지기 곤란한 경우도 있을 수 있다. 따라서 향후 위와 같은 경우에도 정당한 사유가 있는 때에만 후견계약을 해지할 수 있도록 관련 규정을 개정하는 것이 바람직할 것이다.

그 밖에 임의후견감독인이 선임된 이후 임의후견인이 현저한 비행 등을 이유로 해임되거나 피임의후견인에 대해서 법정후견개시심판이 이루어진 경우에도 임의후견은 종료하게 된다(제959조의17 제2항, 제959조의20 제1항). 후견계약과 관련해서 별도의 규정은 없으나, 위임계약의 법리에 따라 당사자 일방이 사망하거나 임의후견수임인 내지 임의후견인이 파산하거나 성년후견개시심판을 받은 경우에도 후견계약이 종료된다고 해석해야 할 것이다(제690조).[236)]

---

236) 제690조를 그대로 원용하면 본인의 파산도 후견계약의 종료 사유가 될 것이나 이 경우 보호의 공백이 생길 수도 있으므로 신중한 검토가 필요할 것이다. 참고로 일본에서는 민법 제653조의 위임 종료사유를 그대로 원용하여 본인의 파산도 임의후견계약의 종료 사유로 해석하고 있으나(林昭彦 外 5人, 『新成年後見制度の解説』, 社團法人 金融財政事情研究會, 2003, 262~263頁), 프랑스 민법은 장래보호위임계약의 종료 사유에 대해서 별도의 규정을 두면서 피보호자나 수임인의 사망, 수임인에 대한 보호조치 개시, 수임인의 파산은 열거하고 있으

임의후견인의 대리권 소멸은 등기하지 아니하면 선의의 제3자에게 대항할 수 없다(제959조의19). 임의후견인을 통해 거래하는 상대방은 대리권 소멸이 등기되어 있지 않은 이상 그 사실을 알기 어려우므로 거래의 안전을 위해서 등기를 대항 요건으로 한 것이다. 이처럼 법정후견에서는 대리권 소멸에 관한 등기를 대항요건으로 하지 않는 반면, 임의후견에서는 이를 대항요건으로 하는 것은 일본의 체계와 유사한 것이다. 일본에서는 ① 임의후견인의 대리권은 사적 자치에 의해서 수여된 것이므로 거래안전을 상대적으로 많이 고려해야 하는 반면, ② 법정후견인의 대리권은 가정재판소의 심판에 의해서 발생하는 것이므로 본인 보호를 우선해야 한다는 취지로 설명하고 있다.237) 하지만, ① 임의후견에서도 대리권이 실제로 발생하려면 가정법원의 개입이 있어야 하므로 완전히 사적 자치에 맡겨져 있다고 보기 어렵고, ② 법정후견에서도 본인의 정신능력이 회복됨에 따라 더 이상 보호의 필요성이 없어져 법정후견의 종료와 대리권의 소멸이 이루어지는 경우가 있을 수 있는데 이때에도 거래안전보다 본인 보호를 꼭 우선해야 하는지 의문이다. 따라서 대리권 소멸의 대항 요건과 관련하여 법정후견과 임의후견을 획일적으로 달리 취급해야 하는 것인지에 대해서는 보다 심도 깊은 검토가 필요할 것이다.238)

나 피보호자의 파산은 언급하고 있지 않다(제483조 제1항).

237) 新井誠·赤沼康弘·大貫正男, 『成年後見制度 – 法の理論と實務』, 有斐閣, 2007, 243頁.

238) 또한 등기를 통한 대리권 소멸의 대항요건과 위임종료의 대항요건(제692조)과의 관계도 검토할 필요가 있을 것이다. 참고로 프랑스 민법에서는 법정후견(부조·후견)의 개시·변경·종료에 관한 심판은 피보호자의 출생증서 비고란에 기재한 때로부터 2개월이 경과한 후부터 제3자에게 대항할 수 있되, 악의의 제3자에 대해서는 공시와 무관하게 대항할 수 있도록 규정하고 있다(제444조 제1항, 제2항).

V. 법정후견과의 관계

후견계약이 등기되어 있는 경우에는 가정법원은 본인의 이익을 위하여 특별히 필요할 때에만 임의후견인 또는 임의후견감독인의 청구에 의하여 성년후견, 한정후견 또는 특정후견의 심판을 할 수 있다(제959조의20 제1항 전문). 후견계약을 체결하여 등기를 마쳤다는 사실은 법정후견보다 임의후견을 이용하겠다는 강한 의지를 나타내는 것이므로 쉽게 법정후견으로 넘어갈 수 있도록 할 경우 본인의 의사와 후견의 보충성에 반할 수 있다. 따라서 본인의 이익을 위하여 특별히 필요할 경우에만 가정법원이 법정후견을 개시할 수 있도록 한 것이다.239) 여기서 '본인의 이익을 위하여 특별히 필요한 때'란 임의후견만으로는 보호의 공백이 생길 수 있어 법정후견을 이용해야 하는 상황을 말한다.240) 제959조의20 제1항에서는 본인을 청구권자로 명시하지는 않았으나, 법정후견개시심판에 관한 개별 조문에서 본인을 청구권자로 명시하고 있는바(제9조 제1항, 제12조 제1항, 제14조의2 제1항) 후견계약의 본인도 의사능력이 있는 한 제959조의20 제1항의 청구를 할 수 있다고 해석해야 할 것이다.241)

---

239) 김형석, "민법개정안 해설", 『성년후견제 도입을 위한 민법 개정안 공청회』, 법무부, 2009, 41면 참조.

240) 예컨대, 후견계약 체결시 예상했던 것보다 훨씬 더 정신 상태가 악화되어 후견계약의 내용만으로는 보호가 불충분한 경우, 본인 보호를 위하여 법정후견의 동의 유보나 취소권 제도를 이용할 필요가 있는 경우 등을 상정할 수 있다(小林昭彦 外 5人, 『新成年後見制度の解說』, 社團法人 金融財政事情研究會, 2003, 273~274頁).

241) 민법개정위원회에서도 제959조의20 제1항의 청구권자는 기존 법정후견의 청구권자에 임의후견인과 임의후견감독인을 추가하는 의미를 갖는 것이므로 본인, 검사 등은 중복을 피하기 위하여 일부러 적시하지 않은 것임을 밝히고 있다[제1기 민법개정위원회, 제2분과 제13차 회의(2009. 7. 28.) 중 명순구 위원

위 청구에 의해서 본인이 성년후견 또는 한정후견 개시의 심판을 받은 때 후견계약은 종료한다(제959조의20 제1항 후문). 개정민법은 특정후견의 개시는 후견계약의 종료 사유로 삼고 있지 않고 있는데, 이는 특정후견의 범위가 제한적이어서 임의후견과 병행시키더라도 법률관계가 크게 복잡하지 않을 것이라는 판단이 반영된 것으로 보인다. 반면, 개정민법은 성년후견이나 한정후견이 개시될 경우에는 반드시 후견계약을 종료하도록 하였는데, 이는 일본의 체계와 유사한 것이다.242) 일본에서는 법정후견과 임의후견을 병존시킬 경우 양 후견인의 권한과 직무 수행이 충돌하여 본인 보호나 거래안전을 해할 우려가 있다는 것을 입법의 주된 논거로 삼고 있다.243) 하지만 후견계약의 일부를 보완하기 위해서 법정후견을 이용하고자 하는 경우도 있을 수 있는데,244) 이때에도 반드시 임의후견을 전면 종료하도록 하는 것은 법정후견의 보충성 원칙에 반할 수 있다. 임의후견인과 법정후견인의 직무 수행이 서로 충돌할 우려는 법정후견심판시 법정후견인의 권한 범위를 적정하게 조정함으로써 최소화할 수 있을 것이다. 더욱이 개정민법이 이미 임의후견인과 특정후견인

발언 부분 (내부 회의록 3면) 참조].

242) 일본 임의후견법은 후견·보좌·보조가 개시된 경우 임의후견계약이 종료한다고 규정하고 있다(제10조 제3항). 기술한 바와 같이 우리 성년후견은 일본의 후견과 유사하고, 한정후견은 보좌·보조를 합친 것에 비유할 수 있으며, 특정후견은 일본에는 없는 제도이므로 사실상 개정민법 제959조의20 제1항 후문과 일본 임의후견법 제10조 제3항은 내용이 거의 같다고 할 수 있다.

243) 小林昭彦 外 5人, 『新成年後見制度の解說』, 社團法人 金融財政事情研究會, 2003, 272頁 이하 참조.

244) 성년후견과 미성년후견의 경우 포괄적인 법정대리권과 취소권이 인정되므로 임의후견을 보완하기 위해서 활용할 수 있는 법정후견은 사실상 한정후견과 특정후견일 경우가 많을 것이다. 특히 전인격적 교양이 필요한 미성년자는 친권자나 미성년후견인의 보호 아래 두도록 하고 성인이 된 이후 임의후견감독인을 선임해야 할 것이다(小林昭彦 外 5人, 『新成年後見制度の解說』, 社團法人 金融財政事情研究會, 2003, 240頁 참조).

의 대리권이 병존하는 것을 허용하고 있는 이상 일본 임의후견법의 논리 체계를 그대로 원용할 필요는 없을 것이다. 따라서 향후 필요에 따라 법정후견과 임의후견을 병존시킬 수 있는 근거를 마련할 필요가 있다고 생각한다.245)

이상에서 논의한 상황과는 반대로 성년후견·한정후견·특정후견을 받고 있는 사람에 대해서 가정법원이 임의후견을 개시할 경우에는 종전의 법정후견을 종료해야 한다(제959조의20 제2항 본문). 그런데 임의후견을 받

---

245) 참고로 프랑스 민법에서는 장래보호위임계약으로 본인 보호에 충분하지 못한 경우 보충적인 법정보호조치를 개시할 수 있도록 하는 한편, 장래보호수임인 과 판사가 지정한 수임인이 서로 각자의 결정을 알리도록 함으로써 충돌을 방지하고 있다(제485조 제2항, 제3항). 독일에서는 본인의 의사능력 상실과 무관하게 임의대리권이 소멸하지 않는 것으로 보기 때문에 임의후견제도에 대한 필요성이 상대적으로 적은데, 사전에 설정한 임의대리권의 범위가 보호에 부족할 경우 그 범위에 한하여 법정후견이 개시될 수 있으며 임의대리와 법정후견이 병존할 수 있다고 해석하고 있다(新井誠·赤沼康弘·大貫正男,『成年後見制度 - 法の理論と實務』, 有斐閣, 2007, 159頁 참조). 미국에서도 법정후견과 임의후견의 병존을 인정하는 주(州)가 많다고 한다[Francis Collin·John Lombard·Albert Moses·Harley Spitler, *Durable Powers of Directives* (1995), §2.05, p. 2-14; Carolyn Dessin, "Acting as Agent under a Financial Durable Power of Attorney: an Unscripted Role", *Nebraska Law Review* (1996), p. 596; 송호열, "성년후견법제에 관한 연구", 동아대학교 박사학위논문 (2002), 89면 참조]. 일본에서도 이른바 '보호수단의 일원화 원칙'에 대한 입법론적 재검토가 필요하다는 견해가 유력하게 제기되고 있다(星野英一, "インタビュー·成年後見制度と立法過程",『ジュリスト』第1172號, 2000, 9頁; 堀勝洋·岩志和一郎,『高齡者の法律相談』, 有斐閣, 2005, 206頁; 新井誠·赤沼康弘·大貫正男,『成年後見制度 - 法の理論と實務』, 有斐閣, 2007, 180, 244~245頁; 岡孝, "韓國の成年後見制度改正案を讀法む",『高齡社會における法的諸問題 - 須永醇先生傘壽記念論文集』, 2010, 295~322頁 참조). 우리나라에서 법정후견과 임의후견의 양립이 가능하다는 견해로는 제철웅, "요보호성인의 인권존중의 관점에서 본 새로운 성년후견제도: 그 특징, 문제점 그리고 개선방안",『동아시아에 있어서 성년후견법의 전개와 과제』, 중국산동대법학원·일본학습원대동양문화연구소·인하대법학연구소, 2011, 96~97면 참조.

고 있는 사람에 대해서 특정후견을 개시할 때에는 임의후견을 종료할 필요가 없는데(제959조의20 제1항) 그 반대의 경우에는 임의후견과 특정후견의 병존을 항상 부정하는 것은 균형상 맞지 않는다고 생각한다.246) 이 역시 임의후견과 법정후견이 병존할 수 있는 근거를 마련함으로써 함께 해결할 수 있는 문제라고 생각한다. 만약 기존의 성년후견이나 한정후견을 계속하는 것이 본인의 이익을 위하여 특별히 필요하다고 인정될 경우에는 가정법원이 임의후견감독인을 선임하지 아니한다(제959조의20 제2항 단서). 가급적 본인의 의사에 기한 임의후견을 법정후견보다 우선하는 것이 바람직하기 때문에 본인 보호를 위하여 특별히 필요한 경우에만 임의후견의 개시를 저지할 수 있도록 한 것이다.247)

---

246) 물론 특정후견의 경우 시적 범위가 한정된 경우가 많아 임의후견과 병존할 필요성이 상대적으로 적겠지만, 임의후견이 개시될 때까지 특정후견 사무가 종료되지 않은 경우도 존재할 수 있을 것이다.
247) 특정후견은 제한적 보호장치이기 때문에 특정후견의 계속을 위해 임의후견의 개시를 저지해야 할 경우는 거의 없을 것이기 때문에 이에 대한 규정을 두지 않은 것으로 보인다.

제6절 소결

개정민법상 성년후견제도는 정신적 제약을 가진 사람들을 위한 법적 지원장치라는 점에서는 금치산·한정치산제도의 연속이라고 볼 수도 있으나, 여러 가지 면에서 본질적인 변화가 있다. 본인의 의사와 현존능력을 존중할 수 있도록 후견의 유형과 내용을 다양화하였고, 재산관리뿐만 아니라 신상보호의 근거와 절차도 명시하였다. 또한 후견의 전문성과 공정성을 제고하기 위하여 복수·법인 후견인도 선임할 수 있게 하였고, 친족회를 폐지하는 대신 후견감독인제도를 도입하였다.

법정후견 유형 중 성년후견은 정신적 제약이 가장 큰 사람들을 대상으로 하는 후견 유형으로서 포괄적인 법정대리권과 취소권을 인정한다는 점에서 금치산제도와 유사하다고 할 수 있다. 그러나 금치산제도와는 달리 본인의 현존능력을 최대한 활용할 수 있도록 일용품 구입 등 피성년후견인이 독자적으로 할 수 있는 법률행위를 규정하는 한편 이와는 별도로 가정법원이 개별 사건에서 취소할 수 없는 법률행위의 범위를 따로 정할 수 있도록 하였다.

한정후견은 이용 주체와 효과 측면에서 한정치산제도와 근본적인 차이가 있다. 먼저 한정후견은 이용자의 정신능력에 따라 보호가 필요한 한도 내에서만 행위능력을 제한하는 제도이다. 따라서 한정치산에서처럼 심신미약의 정도가 큰 사람을 대상으로 포괄적인 동의 유보와 대리를 인정하는 것이 아니라, 정신적 제약이 경미한 사람까지 그 대상을 확

장하면서 개별 사건마다 한정후견인의 동의권과 대리권의 범위를 정하
도록 하였다. 이러한 한정후견의 구조는 일원적 후견의 정신을 반영한
것으로서 향후 한정후견이 법정후견의 중추적 역할을 하면서 법정후견
제도가 가진 기존의 부정적 인식을 개선하는 데 크게 기여할 것으로 기
대한다.248)

 특정후견은 개정민법에서 신설된 법정후견 유형으로서 금치산·한정
치산제도와는 유사점을 찾기 힘들다. 특정후견은 본인의 동의 아래 일시
적으로 또는 특정 사무에 한하여 후견인이나 법원의 조력을 받는 데 불
과하므로 피특정후견인의 행위능력이 제한되지 않고 특정후견인이 대리
권을 행사하려면 가정법원으로부터 별도의 수권을 받아야 한다. 비록 보
호의 대상이나 기간은 제한되어 있으나 행위능력의 제한을 수반하지 않
고 손쉽게 이용할 수 있다는 장점을 가지고 있기 때문에 특정후견의 활
용도는 매우 클 것으로 예상된다.

 후견계약은 개정민법에서 새로 도입된 임의후견제도로서 본인이 직접
후견인과 후견의 내용을 정하는 후견 유형이다. 따라서 후견계약의 기초
는 사적 자치에 의한 위임계약이라고 할 수 있으나, 임의후견의 공정성
과 본인 보호를 위하여 가정법원이 임의후견감독인을 선임해야만 후견
계약이 발효되도록 하였다. 임의후견은 행위능력을 제한하지 않으며 후
견의 필요성·보충성 원칙에 가장 충실할 수 있는 미래지향적 보호장치

---

248) 다만, 한정후견은 개별 심판마다 후견의 내용을 정하는 데 시간과 비용이 많이
 들 수 있으며 인식감퇴증 환자 같이 정신능력이 계속적으로 저하되는 사람의
 필요를 즉각적으로 충족시키기 어려울 수 있다. 미국에서도 제한적 후견
 (limited guardianship)이 이론적으로 매력적이라는 데에는 별 이견이 없으나,
 위와 같은 단점 때문에 기대만큼 활용되지 못하고 있다고 한다(Whitton,
 Linda, "Surrogate Decision Making in an Aging World: Legal, Policy and
 Practical Challenges", 『한·미 성년후견법제의 발전』, 한양대학교 법학연구소,
 2011, 13면). 따라서 향후 이론적으로나 실무적으로 한정후견의 내용과 절차
 를 구체화해가는 노력이 필요할 것이다.

이기 때문에 앞으로 성년후견제도의 긍정적 이미지 제고와 발전 가능성 측면에서 가장 기대가 큰 후견 유형이라고 할 수 있다.[249]

성년후견제도의 도입 배경과 각 후견 유형의 분석에서 살펴본 바와 같이 개정민법은 여러 외국 법제들의 장점을 고르게 참고하면서도 우리 현실에 맞는 고유한 법제를 만들고자 했다는 점에서 높이 평가할 수 있다. 하지만 기술한 바와 같이 일원적 후견체제로의 전환, 신상보호의 개념 및 범위 정립, 각 후견 유형 간의 병존 가능성 등 심도 깊은 연구와 입법상 보완이 필요한 과제들이 산적해 있다. 마지막으로 개정민법의 두 가지 개선 과제를 추가로 언급하고자 한다. 먼저 후견계약의 규정들을 보다 촘촘히 구성할 필요가 있다는 점이다. 개정민법상 후견계약 관련 조문은 준용 규정을 제외하면 7개에 불과하다. 후견계약이 성년후견제도의 미래지향적 모델로서 가지는 위상이나 외국의 입법례 등을 고려할 때 후견계약의 절차·한계 등에 대한 보다 구체적인 규정들이 필요하다.[250] 또한 법률가 사이에서는 사소한 문제로 보일지도 모르지만, 진정

---

249) 또한 후견계약은 국가에 의존하던 전통적인 후견제도를 사적 자치의 영역과 조화시킴으로써 사회적 비용을 절감하는 부수적 효과도 기대할 수 있을 것이다(송호열, "임의성년후견제도", 『동아법학』 제31호, 2002, 274~275면). 다만, 후견계약이 잘 활용되기 위해서는 무엇보다 자신의 미래를 주변인과 상의하는 문화가 확대되어야 한다. 미국에서 사전의료지시제도(Health Care Proxies and Advance Directives)의 이용이 저조한 이유도 위와 같은 사회적 인식이 부족하기 때문이라고 한다(Whitton, Linda, "Surrogate Decision Making in an Aging World: Legal, Policy and Practical Challenges", 『한·미 성년후견 법제의 발전』, 한양대학교 법학연구소, 2011, 6면).

250) 참고로 프랑스 민법에서는 장래보호위임계약에 대하여 19개의 조문을 두고 있고, 일본 임의후견법은 13개 조문으로 구성되어 있다. 다만, 기본법인 민법을 다시 개정하기까지는 상당한 시간이 소요될 것으로 생각되므로 일단 공증인법 개정시 필요한 사항을 반영하는 것이 현실적인 대안이라고 생각한다(공증인법 개선에 대해서는 제4장 관련 제도의 개선 방향 제2절 관계 법령과의 정합성 중 Ⅱ. 공증인법 부분 참조).

한 '수요자 중심'의 입법이 되기 위해서 비법률가인 국민들도 알아보기 쉽도록 규정 형식을 개편해야 할 것이다. 개정민법은 가급적 기존 민법의 틀을 유지하고자 했기 때문에 성년후견제도에 관한 규정들이 총칙부터 친족편까지 산재(散在)하게 되었다. 무엇보다 준용 규정이 너무 많고, 심지어 준용 규정을 다시 재준용하는 경우까지 있어 과연 국민들이 정확하게 이해할 수 있을지 의문이다. 물론 기본법인 민법의 급격한 체제 변화를 피하고 경제적으로 조문을 구성하기 위한 불가피한 선택이었다고 선해(善解)할 수도 있지만, 성년후견이 판단능력이 부족한 사람들을 위한 제도임을 고려할 때 보다 친절한 입법이 필요할 것이다. 장기적으로는 행위능력 절(節)과 후견 장(章)에 흩어져 있는 성년후견제도에 관한 모든 조문들을 추출하여 '성년자에 대한 보호'라는 독립적인 표제 아래 체계적으로 상세하게 규정하는 방안도 고려할 수 있을 것이다.[251]

---

251) 이는 궁극적으로 일원적 후견체제 도입과 함께 성년후견제도가 행위능력 제한과 결별하는 수순(手順)으로서의 의미도 있을 것이다.

〈신구(新舊) 제도 비교표〉

	금치산·한정치산제도	새로운 성년후견제도
용어	금치산·한정치산 등 부정적 용어 사용	부정적 용어 폐지
이용 주체	중한 정신적 제약 소지자에 국한	가벼운 정신적 제약 소지자, 고령자 (인식감퇴증)까지 확대
이용 대상	재산행위	의료, 요양 등 복리(신상) 영역까지 확대
행위 능력	○금치산자 - 독자적인 법률행위 불가 ○한정치산자 - 모든 법률행위에 후견인의 동의 필요(수익적 법률행위 제외)	○피성년후견인 - 일용품 구입 등 일상 행위 가능 ○피한정후견인 - 가정법원이 정한 행위에만 후견인 동의 필요 ※피특정후견인, 피임의후견인 - 행위능력 제한 없음
후견인 선임	일률적으로 순위 규정 (배우자→직계혈족→3촌 이내의 친족)	가정법원이 전문성, 공정성 등을 고려하여 선임
본인 의사 존중	관련 규정 결여	본인 의사 존중 원칙 명시
감독 기관	친족회(실질적인 활동 없었음)	가정법원이 선임한 후견감독인
후견인 자격	자연인 한 사람만 가능 (전문 후견인 양성 불가)	복수 또는 법인 후견인 가능 (전문 후견인 양성 가능)
후견 계약	불가능 (법원이 후견인과 후견 내용 결정)	가능 (본인이 후견인과 후견 내용 결정)

제4장 관련 제도의 개선 방향

제1절 후견의 공정성 및 접근성 강화

성년후견제도의 성공적인 시행을 위해서는 민법 개정만으로 한계가 있다. 기술하였다시피 개정민법에는 성년후견제도를 도입하기 위한 최소한의 틀만 담았기 때문에 이를 구체적으로 실현할 수 있도록 관련 제도와 법령이 정비되어야 한다. 위 작업을 일관되고 효율적으로 추진하기 위해서는 민법 개정시와 마찬가지로 지도 이념을 먼저 정립할 필요가 있는데, '후견의 공정성과 접근성 강화'가 그 지표(指標)가 될 수 있다고 생각한다. 후견제도는 본인의 의사결정을 지원하기 위한 것이지만 그 이면에는 행위능력의 제한과 대리의사결정으로 인해서 자기결정권을 침해할 위험이 도사리고 있기 때문에 무엇보다 정확하고 공정한 판단에 기초하여 후견이 이루어져야 한다. 또한 후견제도가 아무리 공정하고 유익하더라도 시간, 비용 등의 문제로 이용하기 어렵다면 화중지병(畵中之餠)에 불과할 것이므로 누구나 쉽게 이용할 수 있는 여건을 조성해야 한다. 그런데 이러한 제도 정비 과정에서 관련 기관과 이해단체의 입장이 상충될 수 있으므로 '컴플라이언스(compliance) 원칙'에 입각하여 모든 과정을 투명하게 공개하고 의견을 충분히 수렴함으로써 사회적 명분과 이익을 극대화할 수 있는 결론을 도출해야 할 것이다.[1]

---

1) 컴플라이언스 원칙이란 "법률이나 사회규범에 따른 사업과 관련하여 구성원이 준수해야 할 구체적인 규범을 만들고, 사회 구성원들에게 이를 철저하게 준수할 것을 주지시키는 한편, 모든 과정과 정보를 공개하여 건설적인 비판을 활성화하

Ⅰ. 후견심판절차의 공정성 강화

공정한 후견이 이루어지기 위해서는 그 출발점이라고 할 수 있는 후
견심판에서 본인의 의사와 현존능력, 보호의 필요성을 정확하게 파악하
는 것이 중요하다. 이를 위해서 가사소송법상 사건관계인의 심문을 필요
적 절차로 전환하고 진술 청취의 방식도 가급적 판사의 대면 확인이 바
람직하다는 것은 기술한 바와 같다.[2] 그런데 법정 내에서의 확인만으로
는 위와 같은 상황을 정확하게 파악하기 어려울 수 있다. 때로는 본인의
주거지 등을 직접 방문하여 주변인을 탐문하거나 생활 여건을 확인해야
할 수도 있다. 판사가 직접 이러한 검증을 할 수 있다면 가장 바람직하
겠으나 현재의 인력으로는 사실상 곤란한 경우가 많을 것이므로 후견
분야에 전문화된 가사조사관 등 심판 보좌 인력을 확충해야 할 것이다.
또한 후견심판의 중요한 판단 자료가 되는 정신감정과 관련해서 감정인
의 전문성과 공정성을 제고할 필요가 있다. 프랑스에서는 아예 보호조치
개시를 청구할 때부터 검사가 작성한 인명부에 등재된 의사가 작성한
증명서를 첨부해야 하고 이를 구비하지 못한 경우 청구를 각하하도록
하고 있다(프랑스 민법 제431조 제1항). 정신감정인은 후견심판 과정에서 판
사에 의해서 선임되기 때문에 부작용이 적다고 생각할 수도 있으나, 향
후 후견사건이 급증할 경우를 대비하여 국가적으로 공신력이 확인된 후

고, 이를 통하여 발생하는 문제들의 원인을 파악하고 시정하는 시스템을 구축하
는 방식"을 말한다[日本辯護士聯合會, 『契約形福祉社會と權利擁護の形態を考え
る』, 2002, 64頁; 이명헌, "복지서비스 이용자의 애드보커시(Advocacy)를 위한
성년후견제도에 대한 연구", 『사회법연』구 제1호, 2003, 235~236면 참조].
 2) 이에 대한 보다 자세한 내용은 제3장 개정민법상 성년후견제도 분석 제2절 성
    년후견 3. 성년후견개시의 심판 및 효과 가. 성년후견개시의 심판 중 (2) 본인의
    의사 존중 부분 등 참조.

견 전문 감정인단을 지정하거나 양성하는 방안도 검토할 필요가 있다고
생각한다. 전문 감정인단이 형성되면 사건의 집중을 통해 전문성이 향상
되고 시간과 비용이 절약되어 후견의 접근성을 높이는 효과도 가져올
수 있을 것이다.

II. 후견심판절차의 접근성 강화

후견심판절차의 접근성 강화를 위해서는 먼저 후견심판 청구시 구비
해야 할 서류를 간소화할 필요가 있다. 위 서류로는 사건 본인의 가족관
계나 정신능력을 소명하는 자료 등을 생각할 수 있는데, 이 중 청구인의
절차 부담을 가장 크게 가중시키는 것은 진단서 등 본인의 정신적 제약
을 나타내는 서면의 요구일 것이다.[3] 왜냐하면 정신장애인 중 상당수가
연고나 자력이 없을 뿐만 아니라 의사소통이 어렵기 때문에 병원에 가
서 진단서를 발급받는 것 자체가 힘들기 때문이다. 후견심판에서 정밀한
정신감정이 이루어질 경우 심판 청구 단계에서는 후견의 필요성을 소명
할 최소한의 자료만 요구하면 족할 것이다. 참고로 일본에서는 후생성의
지침에 의하여 지방자치단체장이 지적장애인에게 발행하는 요육(療育)수
첩 사본으로 진단서를 대체할 수 있게 해 달라는 목소리가 높다고 한

---

3) 프랑스에서는 후견 등을 청구할 때 출생증명서초본·의료확인서 등이 필요하고
   [Jacqueline Jean·Agnès Jean, *Mieux comprendre la tutelle et la curatelle 2e
   édition* (Librairie Vuibert, 2008), p. 35], 일본에서는 호적등본·진단서 등을 요
   구하고 있는데 청구인들이 가장 부담을 느끼는 것은 진단서의 첨부라고 한다(小
   林昭彦 外 5人, 『新成年後見制度の解説』, 社團法人 金融財政事情硏究會, 2003,
   283~284頁; 오호철, "일본의 성년후견제도의 개선 논의에 대한 동향", 『비교사
   법』 제13권 제4호, 2006, 442~443면).

다.[4] 우리나라에서도 정확성이 담보된다는 전제 아래 보건복지부에서 관리하는 장애인·고령자 관련 자료를 소명자료로 활용하는 방안을 검토할 수 있을 것이다. 또한 진단서의 기재 사항이나 서식을 유형화·통일화하는 것이 후견심판의 청구권자, 감정인, 재판부 모두의 편익을 증진시키는 데 효과적일 것이다.[5]

후견심판이 개시된 이후의 절차도 효율성을 높일 필요가 있다. 먼저 후견심판 과정에서 가장 큰 비용과 시간이 드는 정신감정 절차를 통일적으로 정비함으로써 심리 기간의 단축과 비용 절감을 유도할 수 있을 것이다.[6] 또한 후견심판 과정에서 시급한 보호가 필요한 경우 특정후견을 적극 활용할 필요가 있다. 기존 가사소송법상 사전처분 제도가 있으나 소극적인 현상 유지에 그치는 경우가 많을 것이므로 적극적인 보호도 가능한 특정후견을 이용하는 것이 효과적일 것이다.[7] 더욱이 특정후

---

4) 日本辯護士聯合會,『成年後見制度に關する改善提言』, 2005, 7~8頁; 오호철, "일본의 성년후견제도의 개선 논의에 대한 동향",『비교사법』제13권 제4호, 2006, 443면. 참고로 장기간에 걸친 중증 지적장애를 나타내는 요유 수첩은 재판 실무상 감정의 요부를 판단하는 자료로도 활용되고 있다고 한다[東京家載後見問題研究會編著, "東京家載後見センターにおける成年後見制度運用の狀況と問題",『判例タイムズ』第1165號, 2005, 38頁).

5) 일본의 경우 최고재판소 사무총국 가정국에서 진단서 기재 가이드라인과 서식 등을 담은 "새로운 성년후견제도에 있어서 진단서 작성의 안내" 책자를 작성하여 각 가정재판소에서 배포하는 등 홍보에 힘쓰고 있다고 한다(小林昭彦 外 5人,『新成年後見制度の解說』, 社團法人 金融財政事情研究會, 2003, 288, 290頁).

6) 참고로 일본에서의 감정 비용, 감정 기간, 심리 기간에 대한 통계는 다음과 같다 (新井誠·赤沼康弘·大貫正男,『成年後見制度 - 法の理論と實務』, 有斐閣, 2007, 2頁 참조).

연 도		2000	2001	2002	2003	2004
감정 비용	5만 엔 이하	25%	30%	36%	37%	40%
	5만 엔~10만 엔	65%	63%	60%	60%	57%
감정 기간	1개월 이내	44%	39%	41%	42%	41%
	1개월~2개월	40%	39%	38%	37%	39%
심리 기간	3개월 이내	43%	35%	40%	46%	51%
	4개월 이내	61%	51%	56%	62%	67%

견은 본인의 동의를 전제로 하고 행위능력을 전혀 제한하지 않기 때문에 간소한 심판절차를 거쳐 활용할 수 있을 것이다.[8]

마지막으로 무자력인 사건 본인이 후견심판 과정에서 전문가의 조력을 받을 수 있도록 하는 장치가 마련되어야 한다. 『1991년 유엔 정신질환자보호 및 정신보건개선 원칙』은 "정신적 질환을 이유로 법적 능력을 제약하고 후견인을 선임하는 결정은 공정한 심판기관에서 공정한 심리를 거쳐 이루어져야 하고, 사건 본인은 변호인의 조력을 받아야 하며, 무자력일 경우 무료로 그러한 조력을 받을 수 있어야 한다"고 천명하고 있다.[9] 하지만 우리나라에서는 아직 후견심판 과정에서 절차보조나 법률구조가 미약한 상태이다. 비록 후견심판이 가사비송으로서 대심적 구조를 갖지 않고 법원이 후견적 역할을 할 수 있기는 하지만, 사건 본인이 자신의 입장을 제대로 대변할 수 없는 경우가 많고 이해관계가 대립되는 주변인에 의해서 후견제도가 악용될 우려가 큰 점에 비추어 볼 때 그 어떤 사건보다 사건 본인에 대한 조력의 필요성이 크다고 할 것이다. 따라서 앞으로 후견심판 과정에서 무자력이거나 의사소통이 어려운 사

---

7) 개정가사소송규칙에서 임시후견인에 관한 규정이 신설되었으나, 입법 형식 내지 특정후견인과의 관계 등과 관련하여 검토가 필요하다는 점은 기술한 바와 같다[이에 대한 보다 자세한 내용은 제3장 개정민법상 성년후견제도 분석 제4절 특정후견 Ⅰ. 특정후견의 개시 중 4. 성년후견·한정후견과의 관계 부분 참조].

8) 참고로 독일에서는 법원이 후견심판 지연시 긴급한 사무 처리를 위하여 간소화된 절차로 가명령(假命令, Einstweilige Anordnung)에 의해 임시후견인을 선임하거나, 임시로 동의 유보를 명하는 방법을 활용하고 있다고 한다. 법원의 긴급조치는 6개월이 경과하면 자동적으로 효력이 상실되고(전문가의 감정을 거쳐 또 다른 가명령을 내릴 수는 있지만 총 기간이 1년을 넘을 수 없음), 후견인이 선임되지 않았거나 후견인이 직무를 이행할 수 없는 한도에서만 후견인 대신 법원이 필요한 조치를 취할 수 있다고 한다[가사 및 비송 사건 절차법(FamFG) 제300조 내지 제302조; Bundesministerium der Justiz, *Betreuungsrecht* (2009), S. 25-26].

9) 신권철, "성년후견제도의 도입과 법원의 역할", 『사법』 제14호, 2010, 31면 참조.

람을 위한 절차보조나 법률구조를 시행할 수 있는 장치를 확충해 나가
야 할 것이다.10)

실제로 개정가사소송법은 가사비송사건에 있어서도 부당한 목적으로 심판청구를
하는 것이 명백한 경우를 제외하고는 가정법원이 절차에 소요되는 비용을 지출할
자금능력이 없거나 그 비용을 지출하면 생활에 현저한 지장이 있는 사람에 대하여
그 사람의 신청 또는 직권에 의해서 절차구조를 할 수 있도록 하는 규정을 신설하
였다(제37조의2).11)

Ⅲ. 사법부 및 행정부의 전문인력 확충 및 공조

후견절차의 첫 단계는 후견심판이다. 따라서 이를 담당하는 가정법원
의 역할이 매우 중요하다. 가사사건이 전체 법원 사건에서 차지하는 비
중은 높지 아니하나, 다른 사건에 비해서 본안 사건이 차지하는 비중이
높아 표면상 수치보다는 업무 부담이 높은 편이라고 한다.12) 나아가 대
립되는 당사자 사이에서 입증책임에 근거하여 법적 쟁점에 대한 판단을

---

10) 참고로 독일에서는 소송 절차 및 법원 통지의 설명 등 절차상 조력이 필요한
　　경우 법원이 절차보조인을 선임한다. 절차보조인은 요보호자의 가족·지인 중 신
　　뢰할 수 있는 사람을 명예직으로 선임하되, 마땅한 사람이 없을 경우에는 후견
　　단체 직원·변호사 등 직업 절차보조인를 선임할 수 있다[Bundesministerium der
　　Justiz, *Betreuungsrecht* (2009), S. 24 참조].
11) 필자는 개정가사소송법 등의 기초 작업을 한「법무부 성년후견제 관계 법령 정
　　비위원회」에 참여하면서 가사비송사건에 대한 절차 구조의 필요성을 강력히 주
　　장한 바 있는데, 이번에 법률상 그 근거가 마련된 것은 매우 반가운 일이며 이번
　　가사소송법 개정 사항 중 가장 의미 있는 것 중의 하나라고 생각한다.
12) 2006년의 경우 전체 사건에서 가사사건이 차지하는 비중은 0.6%에 불과하나,
　　가사사건 중 본안 사건이 차지하는 비중은 41.9%이다(법원행정처,『사법연감』,
　　2007, 617면; 김상훈, "우리나라 가정법원의 현황 - 성년후견제도의 도입 및 후
　　견법원 설치를 위하여",『법학연구』제8권 제4호, 2008, 155~156면).

내리면 되는 일반 민사소송과는 달리, 가사사건 특히 가사비송사건에서는 법원의 후견적 역할이 강조되기 때문에 판사가 사건 관계인의 개인적 사정까지 깊이 이해해야 하는 부담이 있다. 최근 법원에서 가사사건 전문법관을 선발하여 장기간 동종 업무를 계속 담당하도록 하는 한편, 연륜이 깊은 판사를 배치하려고 하는 것도 위와 같은 사정에서 비롯된 것이다.13)

성년후견제도가 시행되면 가정법원의 업무가 급증할 것으로 예상된다. 제도 시행 초기에는 후견 신청 건수가 폭발적으로 증가하지 않는다고 하더라도 후견제도 자체가 다양해졌기 때문에 업무 증가는 필연적이다. 예컨대, 후견 유형이 과거에는 금치산·한정치산 두 가지밖에 없었으나, 앞으로는 성년후견·한정후견·특정후견·후견계약으로 세분화된다. 또한 후견의 내용도 재산관리 위주에서 신상보호 영역까지 확대되고, 복수·법인 후견인 내지 후견감독인의 선임도 고려해야 한다. 후견심판 이후에도 신상보호에 관한 허가 등 법원의 후견감독 업무가 늘어나게 된다. 최근 가정법원이 늘어나는 추세이지만 아직 전국적인 조직이 아니고, 가사사건 전문법관도 그 제도가 시행된 지 얼마 되지 않아 그 수가 많지 않다. 따라서 앞으로는 가정법원 내지 가사전담재판부를 증설하는 한편, 후견 전문 판사 및 가사조사관을 시급히 양성해야 한다.14) 특히 신상과 관련된 사항은 피후견인의 인권에 직접적인 영향을 미치는 것이므로 올바른 심판을 위하여 정확한 정보를 수집할 수 있는 시스템을 구

---

13) 선재성, "가사소송에서의 신모델의 향후 과제 – 가사소송의 비송화 및 상담조정 기능의 확충", 『재판자료』 제106집, 2005, 301면 이하; 김상규, "가정법원의 장기적 발전방안 – 인적·물적 구성을 중심으로", 『실무연구』 제10호, 2005, 781면; 김상훈, "우리나라 가정법원의 현황 – 성년후견제도의 도입 및 후견법원 설치를 위하여", 『법학연구』 제8권 제4호, 2008, 164면 참조.
14) 신은주, "우리나라에서 성년후견제도의 도입", 『한국의료법학회지』 제17권 제6호, 200), 54~55면.

축해야 한다.15)

　행정부도 성년후견제도의 성공적인 시행을 위한 사회적 인프라를 구축하기 위해서 노력해야 한다. 후견제도가 원활히 운용되기 위해서는 양질의 후견인 양성 및 감독, 무자력자에 대한 재정 지원, 사회보호시설에 대한 지원 및 감독 등 여러 시스템이 유기적으로 결합하여 작동되어야 한다. 따라서 해당 행정부처에서는 후견법인 설립, 후견인 교육, 후견 연금·보험 개발, 법률구조 등 관련 분야에 적절한 인력을 장기간 배치하여 전문성을 기를 수 있게 해야 한다. 무엇보다 관련 행정부처와 사법부는 서로 배타적인 영역을 주장하거나 책임을 전가해서는 안 되고 충분한 정보 교류와 협의를 통해 필요한 제도를 함께 설계해 나가야 할 것이다.16)

IV. 양질의 후견인 확보

　후견제도의 성패를 좌우하는 결정적 요인 중의 하나는 양질의 후견인을 얼마나 확보할 수 있느냐이다. 아무리 후견심판이 공정하게 이루어진다고 하더라도 결국 후견 업무를 수행하는 것은 후견인의 몫이기 때문이다. 국가 차원에서 후견인을 양성하는 데에는 논란과 한계가 있기 때

---

15) 김상용, "성년후견법안의 문제점", 『법률신문』(2009. 10. 22.).
16) 예컨대, 법무부는 법률구조, 후견법인 설립 및 감독, 법률 교육 등에 관한 제도를 검토하고, 보건복지부는 정신감정, 후견 연금·보험, 사회복지 교육 등에 관한 시스템을 준비하는 방안을 생각해 볼 수 있다. 주의할 것은 법률서비스와 사회복지서비스가 결합된 성년후견제도의 특성상 위 업무들이 서로 완전히 분리되기 어렵다는 것이다. 따라서 관련 부처와 사법부가 함께 큰 틀을 구상하고 예산과 조직을 합리적으로 분배하여 조화롭게 사업을 추진해야 할 것이다.

문에 결국 사적 영역의 참여가 중요하다. 특히 개정민법에서는 후견인의 전문성을 높이기 위해서 후견법인제도를 신설했는데, 후견인 양성에 있어서도 후견법인의 역할이 중요할 것으로 생각된다. 일본의 경우 1999년에 우리나라의 법무사회와 유사한 사법서사회가 '사단법인 리갈서포트'가 설립하여 대표적인 후견법인으로 활동하면서 후견인의 교육, 추천, 지도감독 등에 참여하고 있다. 우리나라에서도 법무사회가 일본의 리갈서포트와 유사한 단체를 만들어 활동할 필요가 있다는 견해가 있으며, 변호사협회, 사회복지사회, 장애인단체, 사회보호시설단체 등에서도 후견인 양성과 활동에 대해서 많은 관심을 가지고 있다.[17]

후견인의 양성과 관리 시스템을 어떻게 설계할 것인가는 매우 어려운 문제이다. 먼저 후견인 내지 후견법인의 자격에 대해서 아무런 기준을 두지 않는 개방형 시스템을 생각해 볼 수 있다.[18] 이 경우 보다 많은 사람이 후견인 또는 후견법인으로 참여할 수 있는 장점이 있으나, 후견의 수요자나 가정법원으로서는 과연 누가 전문성과 공정성을 갖추었는지 파악하기 어려운 문제가 있다.[19] 더욱이 자질이 부족한 후견인들이

---

[17] 후견인의 자격과 관련된 이해단체의 입장도 상호 이해와 협조를 바탕으로 조율되어야 할 것이다. 일본 사법서사연합회가 성년후견제도 입법이 이루어지기 전부터 사회복지사회 등 다른 단체와 교류하는 데 힘썼다는 사실은 시사하는 바가 크다(齊木賢二·大貫正男, "司法書士と成年後見", 『成年後見 法律の解說と活用の方法』, 有斐閣, 2000, 331頁; 이영규, "새로운 성년후견제에서 법무사의 역할", 『법무사』 제516호, 2010, 12~13면).

[18] 개정민법은 "후견법인"이라는 용어만 사용하고 있기 때문에 다른 법에서 별도의 요건을 정하지 않을 경우 누구나 민법상 법인 내지 상법상 회사 등으로 후견법인을 설립할 수 있게 된다.

[19] 예컨대 "대한후견인협회", "전국후견법인연합회" 등 명칭만 그럴싸한 후견법인이 난립하여 수준 낮은 교육 과정을 개설한 후 교육·자격 인증 명목으로 회원들로부터 각종 금품을 수수할 가능성이 크다. 나아가 위와 같은 후견법인으로부터 사실상 돈으로 후견인 자격 인증을 받은 사람들이 "한국후견인협회 소속 전문후견인(대한후견인협회 전문 후견인 과정 이수 및 자격 인증 필)" 등으로 선전하

넘쳐날 경우 후견제도 전반에 대한 신뢰를 실추시킬 우려가 있다.[20] 어떤 사람들은 금치산·한정치산제도에서는 후견인의 자질에 대해서 전혀 제한이 없었고 근친자이기만 하면 누구나 후견인이 될 수 있었는데 갑자기 개정민법에서 후견인의 자격을 제한하는 것은 과잉 규제라고 비판할 수도 있다. 하지만, 기존 민법에서는 후견인이 주로 가족관계에 의하여 선임된 반면, 개정민법에서는 후견인의 법정 순위를 폐지함에 따라 제3자가 후견인이 될 가능성이 커졌기 때문에 보다 엄격한 기준이 필요하다고 생각한다.[21] 가족관계에 의한 후견이 비전문성과 이해상충 등으로 비판받아온 것은 사실이나, 대부분의 경우 가족 간의 정리(情理)에 기반한 후견을 기대할 수 있는 장점이 있었다. 하지만 제3자 후견의 경우 이러한 온정적 후견을 항상 기대할 수는 없는 만큼 공정성과 전문성을 담보할 수 있는 제도적 장치가 필요한 것이다. 무엇보다 피후견인의 정신능력이 부족하여 후견인과 대등한 관계를 기대할 수 없고 후견의 영역이 신상보호까지 확대되었기 때문에 사후적 제재만으로는 피후견인을

며 현혹할 가능성이 있다.

20) 최근 민간자격증 남발에 따른 피해 증가 현상은 이러한 우려가 현실로 나타날 가능성이 크다는 것을 보여준다[일요신문, 「해도 너무한 민간 자격증 남발 실태」 (2011. 10. 26.), <http://www.ilyo.co.kr/news/articleView.html?idxno=80475>].

　수많은 민간기관들이 그럴듯한 포장으로 다양한 민간자격증을 내놓고 돈벌이에 나서고 있는 형국이다. 하지만 막상 자격증을 발급한 뒤, 사후관리는 뒷전이다.… 소비자보호원 자료에 따르면 지난해 민간자격증 피해사례로 접수된 건은 1786건에 이른다. 2008년 1531건, 2009년 1622건과 비교해 월등히 높아진 수치다.… 현재 민간자격증의 등록과 모니터링역할을 하고 있는 '한국직업개발원'에 공식 등록된 민간자격증 수는 2000여 개에 이른다. 이 중 국가공인을 받은 자격증은 84개에 불과하다.… 자격기본법 17조 1항은 '신설을 금지하는 분야를 제외하고는 누구나 자율적으로 민간자격증을 신설·운영·관리할 수 있다'고 규정하고 있다. 민간기관이 '한국직업개발원'에 민간자격증 등록을 신청하면 교과부와 관계중앙부처를 거쳐 손쉽게 신설할 수 있는 구조였다.… 마땅한 수익이 없는 민간기관들은 민간자격증 설립을 남발해 수익원으로 이용하고 있었다.… 따라서 민간자격증의 권위는 갈수록 추락하고 있다.

21) 일본에서도 2008년에 이미 친족이 아닌 제3자 후견인이 선임되는 비율이 27.7퍼센트에 이르렀다고 한다(日本 最高裁判所事務總局, 成年後見關係事件現況, 2008).

보호하기 어렵게 되었다는 점을 간과해서는 안 된다. 민법상 제한능력자
의 보호가 거래안전 등을 압도하는 최우선 명제임에 비추어 볼 때 피후
견인의 보호를 위하여 후견인의 자질에 관한 최소한의 기준을 고민하는
것은 어쩌면 너무나 당연한 것인지도 모른다.[22]

　후견인의 자격을 제도화하는 방안으로는 크게 세 가지를 생각할 수
있다. 첫째로 변호사나 법무법인처럼 국가시험이나 행정청의 심사 등을
통해서 후견인 또는 후견법인의 자격을 부여하는 것이다. 이 경우 후견
인의 자질은 높아지겠으나 진입 장벽이 높아져 충분한 수의 후견인을
확보하기 곤란하다. 또한 자발적 참여와 봉사를 요구하는 후견의 본질에
비추어 지나친 규제라는 비판을 피할 수 없을 것이다. 둘째로 변호사,
사회복지사, 법무사 등 기존 전문 자격사나 그들로 구성된 단체에게 후
견인의 자격을 인정하는 것이다. 이들은 이미 관련 분야에서 전문성이
검증된 상태이기 때문에 가장 신속하고 경제적으로 후견인 집단(pool)을
구성할 수 있는 장점이 있다. 하지만 후견인 자격을 인정할 전문가 집단
을 선정하는 객관적 기준을 만들기 어려워 특혜 시비가 끊이지 않을 것
이다. 무엇보다 기존에도 변호사, 법무사, 사회복지사 등 전문가 집단이
있었음에도 후견제도가 성공적으로 이루어지지 못했는데, 그들에게 후
견인 자격을 부여한다고 해서 과연 무엇이 달라질 수 있겠느냐는 회의
론을 극복하기 어려울 것이다. 요컨대 법률 전문가와 사회복지 전문가가
각자 자기만의 성을 쌓고 제한된 전문성만 자랑할 경우 법률서비스와
사회복지서비스의 통합을 지향하는 후견제도의 목표를 실현할 수 없을

---

22) 일본에서도 후견인의 수요보다 공급이 부족하여 개방적으로 시민후견인을 육성
　　하는 시도를 하고 있으나 사실상 많은 부작용이 있다는 비판이 있으며, 영국에
　　서는 공공후견청(Office of the Public Guardian)을 운영하여 영속적 대리인과 법
　　정대리인을 지도 감독하고 있다(上山泰, "專門職後見人の現況と市民後見人シス
　　テムの充實に向けて",『實踐成年後見』第8號, 2004, 63頁; 岡部 喜代子, "일본의
　　성년후견제도의 문제점",『한림법학 FORUM』제20권, 2009, 202면 참조).

것이다. 셋째로 공공 기관에서 일정한 교육 과정을 개발하여 이것을 성
공적으로 이수한 사람들에게는 모두 후견인 자격을 인정하는 방법이 있
다. 앞서 살펴본 두 가지 방안과 비교해 볼 때 이것이 가장 합리적이고
사회적 갈등을 최소화할 수 있는 대안이라고 생각한다. 문제는 과연 프
로그램의 내용과 강도를 어떻게 정하고 그 교육의 주체를 누구로 정할
것인가이다. 프로그램의 내용은 법률과 사회복지를 아우르는 것이어야
하되, 그 강도는 피교육자의 배경 지식과 경험에 따라 탄력적으로 정할
수 있다고 생각한다.23)

후견법인의 경우에는 법인 자체에 대한 교육을 상정하기 어렵기 때문
에 그 자격과 관련해서 보다 복잡한 고민이 필요하다. 먼저 후견법인의
설립 요건이 문제될 수 있는데, 기본적으로는 사실상 후견인으로 활동할
법인의 구성원이 위와 같은 교육 과정을 이수하였는지, 법률이나 사회복
지 관련 전문가가 충분히 참여하여 상호 보완해 줄 수 있는지 등이 그
기준이 될 수 있을 것이다. 다음으로 후견법인의 영리성이 문제될 수 있
다. 후견법인의 전문화와 규모의 경제를 유도하기 위해서는 영리성을 인
정하는 것이 바람직하다는 견해가 있을 수 있다.24) 하지만 후견법인의
공익성에 비추어 볼 때 구성원에 대한 이익 분배를 인정하는 것은 바람
직하지 않다고 본다.25) 영리성을 부정한다고 하더라도 법인 운영에 필

---

23) 예컨대 변호사의 경우 법적 교육은 신상보호에 관한 것으로 최소화하고 사회복
    지 연수를 강화하는 반면, 사회복지사의 경우 법률 지식 습득에 초점을 맞추어
    교육할 수 있을 것이다.
24) 일본에서는 후견법인의 자격에 대해서 법률상 특별한 제한이 없기 때문에 비영
    리법인, 공익법인뿐만 아니라 신탁은행과 같은 영리법인도 후견인이 될 수 있다
    고 해석하고 있다[小林昭彦 外 5人, 『新成年後見制度の解說』, 社團法人 金融財政
    事情硏究會, 2003, 128頁; 新井誠·赤沼康弘·大貫正男, 『成年後見制度 – 法の理論
    と實務』, 有斐閣, 2007, 50頁).
25) 향후 후견법인에 대해서 조세 혜택 등 공적 지원이 이루어질 가능성이 큰 점을
    고려하면 사적 영리를 인정할 명분이 더욱 희박하다. 또한 영리성이 강화될수록

요한 수익활동은 가능한 점을 고려할 때 적어도 제도 시행 초기에는 후
견법인을 비영리법인 내지 공익법인으로 제한하여 국가의 관리감독 아
래 투명하게 운영되도록 하는 것이 합당할 것이다.[26]

사회보호시설 내지 그 관계자를 후견인에서 배제할 것인가도 매우 어
려운 문제이다. 사회보호시설의 장과 그 직원은 수용하고 있는 사람을
보호하는 것이 주된 역할인데 후견인의 업무까지 병행할 경우 직무 수
행이 부실해질 수 있으므로 후견인이 될 수 없도록 하는 것이 바람직하
다는 견해가 있다.[27] 하지만 후견인이 충분히 확보되지 않은 상태에서
양심적이고 희생적으로 운영되고 있는 사회보호시설 관계자까지 전면적
으로 후견인의 자격을 부정할 것인지에 대해서는 신중한 검토가 필요하
다. 적어도 제도 시행 초기에는 개정민법상 후견인 선임 기준을 통하여
이해관계가 상충되는 후견인을 선별적으로 배제하는 것이 합리적인 방
안일 것이다.[28] 또한 사회보호시설 관계자를 후견인으로 선임할 경우에

사업자와 이용자 사이에 정보의 비대칭성이 심화되고 재산이 없는 사람은 양질
의 후견을 이용할 수 없게 되는 부작용도 간과해서는 안 될 것이다.
26) 미국에서도 공적 후견에 대한 보완책으로서 자원봉사자들이 중심이 된 발달 장
애인을 위한 협회(Association for Retarded Citizens) 등 비영리법인이 무료로 후
견 서비스를 활발히 제공하고 있다고 한다[Mental and Physical Disability Law
Reporter, *Support Services and Alternatives to Guardianship*, vol. 12, No. 2
(1988), pp. 202-223; Hodgson Robert, "Guardianship of Mentally Retarded
Person: Three Approaches to a Long Neglected Problem", *Albany Law Review*
(1973), pp. 430-455; 장혜경, "성년후견제도의 도입에 관한 연구", 한양대학교
석사학위논문, 1999, 76면].
27) 신은주, "우리나라에서 성년후견제도의 도입", 『한국의료법학회지』 제17권 제6
호, 2009, 50~51면.
28) 참고로 일본에서는 기술한 바와 같이 본인이 입소하고 있는 보호시설과 관련된
법인도 후견인의 자격이 당연히 박탈되는 것은 아니나, 피후견인과 이해상반 여
부에 대해 엄격한 판단이 필요하다고 보고 있다. 예컨대, 입소 비용을 청구하는
법인은 이해상반의 우려가 크고, 무상으로 신상보호 서비스를 제공하는 법인은
이해상반의 우려가 적다고 보고 있다[小林昭彦 外 5人, 『新成年後見制度の解說』,

는 후견감독인제도를 적극적으로 활용함으로써 부작용을 최소화할 수 있을 것이다.[29]

마지막으로 후견인에 대한 원활한 지원과 관리감독을 위해서 '후견관청' 내지 '후견지원센터'를 설립할 필요가 있다.[30] 성년후견제도 시행 초기에는 위 기관에서 통일적으로 후견인 교육 등을 무상(無償) 실시하고 제도가 안정 단계에 접어들면 신뢰할 수 있는 지방자치단체나 사인(私人)에게 관련 업무를 위탁할 수 있을 것이다.[31]

V. 후견비용의 공적 지원
- 국가·지방자치단체의 역할과 책임

성년후견제도가 활발히 이용되기 위해서는 후견심판 비용, 후견인 보수 등 갖가지 후견비용에 대한 공적 지원이 필요하다. 개정민법은 본인이 후견인 보수 및 후견사무 비용을 부담하는 것을 원칙으로 하고 있으나(제955조, 제955조의2), 우리 법체계 곳곳에서 사회적 약자 보호에 대한 국가나 지방자치단체의 책임을 강조하는 규정을 발견할 수 있다. 먼저

社團法人 金融財政事情硏究會, 2003, 128頁).

29) 후견감독인은 직접 후견 업무를 수행하는 것이 아니어서 동시에 여러 후견인을 감독할 수 있으므로 인력 수급에 대한 문제도 상대적으로 적을 것이다.

30) 한국성년후견학회 초대 회장인 제철웅 교수도 평소 후견관청, 후견지원센터의 설립 필요성과 역할을 강조하고 있다(제철웅, "후견계약의 소비자법적 과제", 『복지법제의 소비자법적 과제』, 한국소비자법학회·한국법제연구원·아주대학교 법학연구소, 2013, 18~21면 등 참조).

31) 후견관청을 어느 부처나 기관에 둘 것인지는 국민이 선택할 문제라고 생각한다. 후견 수요자의 고충과 소망을 이해하고 이들을 위해 적극적으로 준비해왔으며 앞으로도 역동적으로 활동할 수 있는 부처에 임무를 맡기는 것이 타당할 것이다.

헌법은 국가의 기본권 보장 의무, 사회보장·사회복지 증진 의무, 노인
복지 향상 의무, 신체장애자 등에 대한 보호 의무를 천명하고 있다(제10
조, 제34조). 또한 장애인복지법 제1조는 장애인의 인간다운 삶과 권리보
장을 위한 국가와 지방자치단체의 책임을, 노인복지법 제4조는 노인의
보건 및 복지증진에 대한 국가와 지방자치단체의 책임을 밝히고 있다.
따라서 후견제도와 관련해서도 공적 지원에 대한 근거와 절차를 구체화
해갈 필요가 있다.32) 특히 후견제도가 제대로 작동하기 위해서는 지역
복지시스템의 역할이 매우 중요하므로 국가와 지방자치단체가 유기적으
로 연계하여 공적 지원 체계를 만들어가야 할 것이다.33)

　후견비용과 관련된 외국의 예를 살펴보면 본인의 부담을 경감시키려
는 노력을 여기저기서 발견할 수 있다. 프랑스 민법에서는 성년사법수임
인 외의 재판상 보호조치는 무상을 원칙으로 하고(제419조 제1항), 성년보
호사법수임인에 의해 재판상보호조치가 수행되는 경우에 그 재정은 피
보호자의 소득과 '복지활동 및 가족복지법전'에 규정된 절차에 따라 피
보호자가 전부 또는 일부를 부담한다고 규정하고 있다(제419조 제2항). 보

---

32) 프랑스에서는 민법전에 피보호성년자에 대한 보호가 지방자치단체의 의무임을
　　명시하고 있다(제415조 제4항). 물론 사적 자치를 기본으로 하는 민법전에 위와
　　같은 규정을 두는 것이 적절한 것인지에 대해서 논란이 있을 수 있지만, 자기책
　　임보다 제한능력자 보호를 앞세우는 후견제도의 취지에 비추어 볼 때 향후 우리
　　민법전에도 공적 지원의 근거를 선언하는 규정 정도는 도입할 여지가 있다고 생
　　각한다(국가와 지방자치단체의 책임과 역할을 법에 명시해야 한다는 견해로는
　　우주형·조성열·최윤영·박세용, 『성년후견인 및 후견감독인의 직무범위 등에 관
　　한 연구』, 법무부 연구용역, 2009, 18면 참조).
33) 예컨대 무연고자에 대해서 제때 후견이 이루어지기 위해서는 지역 사회의 관심
　　과 배려가 필요하다. 개정민법이 지방자치단체장을 후견개시심판의 청구권자로
　　추가한 것도 위와 같은 맥락이라고 볼 수 있다(장애인 등이 지역사회에서 자립할
　　수 있도록 지원하는 '지역복지권리옹호사업'의 역할과 중요성에 대해서는 田山輝
　　明, "일본에 있어서의 성년후견법의 성립과 과제", 『한일법학』제20집, 2001,
　　78~81, 85~86면 참조).

호조치에 수반되는 비용에 대해서 지방자치단체의 보충적 책임을 인정
하며(제419조 제3항), 장래보호위임계약은 특약이 없는 한 무상으로 하는
것을 원칙으로 한다(제419조 제5항). 또한 성년보호사법수임인은 지방자치
단체의 보조금 등 공적 지원 외에는 직무와 관련하여 금전이나 재산상
이익을 취득할 수 없도록 하고 있다(제420조 제1항).34) 독일에서는 연간
약 5,000유로의 후견 비용이 소요되는데 기본 재산이 25,000유로 이상일
때부터 비용 부담이 발생하며, 후견인은 무상 자원봉사를 원칙으로 하되
직업 후견인에 한해 보수 청구가 가능도록 하였다(후견인의 보수에 관한 법
률 제1조, 제4조).35) 일본의 경우 후견 신청 비용은 약 15,000엔, 감정 비용
은 약 50,000엔에서 100,000엔, 후견인 보수는 약 18,000엔에서 28,000엔
정도가 소요되는데, 2001년부터 '성년후견제도 이용지원사업'을 국가보
조사업으로 실시하여 중증의 치매 노인이나 지적장애인에 대해서는 후
견비용의 전부 또는 일부를 지원하고 있다.36)

---

34) 가족이 아닌 제3자가 보호조치를 시행하는 경우 후견판사의 허가를 받아 성년
대상자의 자산에서 보수를 인출하여 지급하게 되는데, 요보호자의 연간 수입이
2,286.74 유로일 경우에는 3퍼센트, 2,286.74 유로에서 6,860.21 유로 사이에서는
2퍼센트, 6,860.21 유로 이상은 1퍼센트 상당액이 연간 보수로 지불된다고 한다
[오승규, "프랑스의 2007년 성년보호제도개혁법률",『최신외국법제정보』, 2009,
41면; Jacqueline Jean · Agnès Jean, *Mieux comprendre la tutelle et la curatelle 2e
édition* (Librairie Vuibert, 2008), pp. 89-95 참조].
35) 독일에서 장기 후견에 대한 연 보수는 피후견인의 재산이 25,000유로를 기준으
로 매 5,000유로를 초과할 때마다 5유로씩 청구할 수 있되, 최소 50유로는 청구
할 수 있다. 법원이 후견인 선임시 후견인이 직업적으로 후견업무를 수행하는
자라는 것을 확인한 경우에는 보수 지급이 가능한데 직업적 능력에 따라 시간당
27유로에서 44유로 사이에서 지급된다고 한다[김명엽, "성년후견제도 도입을 위
한 법무부 입법안의 개선에 관한 연구",『법과 정책』제16집 제2호, 2010, 40면;
Bundesministerium der Justiz, *Betreuungsrecht* (2009), S. 23, 26 참조].
36) 이 경우 국가, 도도부현(都道府県), 시정촌(市町村)이 2:1:1의 비율로 예산을
분담하여 지원하고 있는데, 시정촌장의 활동은 기대보다 저조하다고 한다(오호
철, "일본의 성년후견제도의 고찰",『법학연구』제27집, 2007, 584면; 김명엽,

지금까지 살펴본 공적 지원의 필요성과 외국의 사례를 참고하여 후견
비용과 공적 지원 시스템의 방향을 구상해보면 다음과 같다. 첫째로 후
견인의 보수를 일률적으로 산정하기보다는 전문성과 자발성의 정도에
따라 차등을 둠으로써 공적 부담의 범위를 합리적으로 조정하고 비용의
예측 가능성을 높여야 할 것이다.37) 둘째로 후견 관련 보험·신탁을 개
발하여 후견의 수요와 공급을 촉진할 필요가 있다. 특히 후견보험·신탁
과 후견계약을 결합할 경우 임의후견의 접근성과 활용도가 대폭 높아지
게 됨으로써 수요자 입장에서는 효율적인 노후 대책을 마련할 수 있고
공급자 입장에서는 새로운 법률·복지서비스 시장을 개척하는 효과를 기
대할 수 있을 것이다.38) 셋째로 국가와 지방자치단체가 각자 공적 지원
을 시행할 경우 자칫 중복 지원이나 사각지대가 발생할 수 있으므로 지

"성년후견제도 도입을 위한 법무부 입법안의 개선에 관한 연구", 『법과 정책』
제16집 제2호, 2010, 39~40면; 岡部 喜代子, "일본의 성년후견제도의 문제점",
한림법학 FORUM 제20권, 2009, 203~204면 참조). 또한 일본에서는 개호보험
과 신탁이 후견제도를 이끌어나가는 양대 축이라고 할 수 있는데, 고령화가 심
화됨으로 인해서 개호보험만으로는 후견비용을 해결하기 어려운 상태라고 한다
(신은주, "우리나라에서 성년후견제도의 도입", 『한국의료법학회지』 제17권 제6
호, 2009, 43면 참조).

37) 독일에서도 과거 직업후견인의 보수까지 포괄적으로 공적 지원의 대상으로 떠안
은 결과 각 주(州)의 재정에 지나친 부담이 된 전례(前例)가 있기 때문에, 1999년
법 개정을 통해 전문성 등을 기준으로 직업후견인의 보수 체계를 3단계로 세분하
였다고 한다[Jürgens·Kröger·Marschner·Winterstein, *Das neue Betreuungsrecht*
(1999), S. 3; Dodegge, *Das Betreuungsrecht*, (1998), S. 3073; 신은주, "우리나라
에서 성년후견제도의 도입", 『한국의료법학회지』 제17권 제6호, 2009, 43면 참조].

38) 일본에서도 2004년 시행된 개호보험법이 복지서비스에 있어 조치로부터 계약으
로 전환되는 중대한 계기가 되었으며, 최근 신상보호와 재산관리가 모두 가능하
도록 임의후견과 신탁을 결합한 '임의후견결합형 재량신탁(スキーム)'이 주목
받고 있다고 한다(岡部 喜代子, "일본의 성년후견제도의 문제점", 『한림법학
FORUM』 제20권, 2009, 199면; 新井誠·赤沼康弘·大貫正男, 『成年後見制度 - 法
の理論と實務』, 有斐閣, 2007, 16~17頁 참조).

원 대상과 영역을 유기적으로 분장할 필요가 있을 것이다. 넷째로 후견
인 보수 체계나 공적 지원 시스템이 만들어지더라도 낮은 수가(酬價)로
인해서 전문 직업후견인을 확보하는 데 애로가 있을 것으로 예상되므로
무보수 자원봉사 후견인을 확충해야 한다. 이를 위해서 기술한 바와 같
이 후견관청 내지 후견지원센터를 설립하여 무상(無償)으로 후견인을 교
육·지원하고 후견의 수요자와 공급자 사이에 네트워크를 구축해 가는
것이 효과적일 것이다. 다섯째로 후견인의 책임을 합리적이고 예측 가능
한 범위로 제한할 필요가 있다. 예컨대 피후견인이 불법행위를 했을 경
우 후견인은 민법상 감독책임자로서 책임질 수 있는데, 무보수 후견인에
게까지 사실상 무과실 책임을 묻는 것은 지나치게 과중할 수 있다.[39]
따라서 후견인의 전문성과 보수 체계에 따라 그 책임에 차등을 두는 것
이 합리적일 것이다.[40] 또한 피후견인과 마찬가지로 후견인을 위한 보
험제도도 마련할 필요가 있을 것이다.[41] 마지막으로 이상의 후견비용
수급 체계를 설계할 때에는 컴플라이언스 원칙에 따라 후견비용의 산정

---

39) 일본에서도 성년후견인은 민법 제714조에 의하여 책임무능력자의 법정감독의무
    자로서 책임을 지는 것이 원칙인데, 이 경우 감독상 과실 추정으로 인해 면책
    가능성이 희박하게 된다(加藤一郎, 『不法行爲』, 有斐閣, 1974, 163頁).
40) 일본에서도 후견인이 피후견인과 공동생활을 하지 않는 경우에는 책임을 제한해
    야 한다거나(이 경우 후견인의 책임은 일반 불법행위책임과 다를 바 없다고 봄),
    아예 성년후견인의 법정감독의무자성을 부정하려는 견해가 대두되고 있다(上山
    泰, "成年後見人等と民法第714條の監督者責任", 『家族 <社會と法>』 第20號, 72
    頁; 新井誠·赤沼康弘·大貫正男, 『成年後見制度 - 法の理論と實務』, 有斐閣, 2007,
    117~119頁 참조). 참고로 프랑스 민법에서는 재판상 보호조치를 담당하는 기관
    은 임무 수행과 관련하여 과책이 있으면 손해배상책임을 부담하나, 강화된 부조
    외의 부조인과 부조감독인은 악의 또는 중과실에 대해서만 책임을 지도록 하는
    한편, 장래보호를 위한 수임인은 위임법에 따라 손해배상책임을 지도록 명시하고
    있다(제421조, 제424조).
41) 독일에서도 후견인에 대해서 책임보험 가입을 장려하고 있는데, 명예직 후견인은
    책임보험 비용의 전보를 요구할 수 있고 비용 없이 단체보험에 가입하는 것도 가
    능하다고 한다[Bundesministerium der Justiz, *Betreuungsrecht* (2009), S. 22-23].

기준, 지급 및 사용 내역 등을 투명하게 공개할 수 있도록 제도화해야 한다. 또한 후견심판시 후견인 보수 등 후견 비용 관련 결정에 불복할 수 있는 절차를 합리적으로 정비하는 방안도 검토할 필요가 있을 것이다.[42]

---

[42] 일본에서도 후견인의 보수가 공평하게 결정되고 있는지에 대한 비판이 있으며, 가사심판규칙에 후견인 보수 결정에 대한 불복 절차를 마련해야 한다는 주장이 대두되고 있다(赤沼康弘, "成年後見制度定着のための課題", 『ジュリスト』第 1211號, 2001, 63頁; 日本辯護士聯合會, 『成年後見制度に關する改善提言』, 2005, 17頁; 오호철, "일본의 성년후견제도의 개선 논의에 대한 동향", 『비교사법』제 13권 제4호, 2006, 446~447면 참조).

제2절 관계 법령과의 정합성

Ⅰ. 소송법

　현행 민사소송법상 미성년자·금치산자·한정치산자는 법정대리인을 통해서만 소송행위를 할 수 있고, 미성년자 또는 한정치산자가 독립하여 법률행위를 할 수 있는 경우에 대해서만 예외를 인정하고 있다(제55조). 피성년후견인의 경우 대부분 의사능력이 결여된 상태일 것이므로 소송능력에 있어 금치산자와 비슷한 수준으로 취급하더라도 크게 무리가 없을 것이다. 하지만 피한정후견인의 경우에는 필요한 범위에서만 행위능력이 제한되므로 한정치산자의 소송능력을 그대로 원용하기 어렵다. 현행 민사소송법상 한정치산자도 소송행위를 할 수 있도록 하는 단서 규정이 존재하기 때문에 "한정치산자"를 "피한정후견인"으로 치환하더라도 결과에 있어서는 큰 차이가 없다고 생각할 수도 있지만, 현재 규정 형식을 따를 경우 피한정인을 소송무능력자로 취급하는 것을 전제로 예외적으로 소송능력을 인정하는 것이기 때문에 가급적 한정후견인의 능력을 필요 최소한으로 제한하려는 개정민법의 취지에 반할 우려가 있다. 따라서 원칙적으로 피한정후견인의 소송능력을 인정하되, 피한정후견인의 행위능력이 제한되는 영역에 한해서 예외적으로 소송능력을 제한하는 것이 바람직한 입법 형식이라고 생각한다. 물론 소송행위는 법률행위

보다 고도의 판단능력을 필요로 하므로 본인 보호 차원에서 소송능력과
행위능력을 달리 취급해야 한다는 반론이 있을 수 있지만, 피한정인이
지니는 정신적 제약의 스펙트럼이 광범위한 점을 고려하면 소송능력을
획일적으로 제한하는 것은 부당할 것이다.[43]

종래의 학설과 실무에 따르면 가사사건에서도 민사소송에 준하여 제
한능력자의 절차능력이 제한될 가능성이 크다.[44] 하지만 기술한 바와
같이 후견개시심판과 관련하여 본인은 의사능력이 있는 한 행위능력 유
무를 불문하고 위 청구를 할 수 있다고 해석함이 상당하다. 독일에서는
원칙적으로 후견사건의 당사자가 행위무능력자라고 하더라도 절차능력
을 인정하고 있으며, 필요한 경우 후견법원에 의해 절차보좌인이 선임되
도록 하는 한편, 후견법관은 본인을 개인적으로 심문하여 직접 사실관계
를 확인하고, 예측 가능한 경과를 설명해 주도록 규정하고 있다[가사 및
비송 사건 절차법(FamFG) 제275조, 제67조, 제68조 제1항]. 우리나라에서도 가정
법원의 후견적 역할이 강조되는 비송사건에 있어서는 사건 본인의 절차
능력을 보다 탄력적으로 인정할 수 있는 명확한 근거를 마련하는 것이
바람직할 것이다.

참고로 민사소송법 개정과 관련하여 제한능력자의 소송능력 못지않게

---

43) 현행 민사소송법도 행위능력과 소송능력의 범위를 일치시키는 것을 기본 틀로
   하고 있다고 볼 수도 있을 것이다.
44) 가사소송에서 미성년자·한정치산자가 독자적으로 소송행위를 할 수 있는지에 대
   해서 견해의 대립이 있으나, 민법이나 기타 법령에서 특별히 행위능력이나 소송
   능력을 인정하고 있지 않는 한 법정대리인이나 특별대리인의 대리가 있어야 된
   다는 것이 학계와 실무의 대체적인 입장으로 보인다. 비송사건의 절차능력에 대
   해서 자세히 다루고 있는 문헌이나 실무례는 찾아보기 힘드나 가사소송의 소송
   능력과 큰 차이가 없다고 해석하는 것으로 보인다(박동섭, 『주석 가사소송법』,
   박영사, 2004, 62~64면; 법원행정처, 『법원실무제요 가사』 1994, 83~83면; 박
   동섭, "새 가사소송법과 미성년자의 가사소송능력", 『사법행정』 제32권 제8호, 한
   국사법행정학회, 1991, 56면 참조).

중요한 문제 중 하나는 후견인이 제한능력자의 소송대리를 할 수 있는
지 여부일 것이다. 이에 해결하기 위해서는 먼저 민법상 후견인이 가지
게 되는 대리권의 법적 성격을 먼저 규명해야 할 것이다. 개정민법상 성
년후견인을 제외하고는 한정후견인 등이 당연히 포괄적인 대리권을 가
지는 것은 아니기 때문에 한정후견인 등이 가지게 되는 대리권은 금치
산·한정치산자의 후견인이 갖는 전통적인 의미의 법정대리인과는 그 양
상이 다르다는 점은 기술한 바와 같다.

　만약 전통적인 의미의 법정대리권을 법에서 정하는 포괄적인 대리권
이라고 한정한다면, 한정후견인 등이 가지게 되는 대리권의 성질이나 대
리인으로서의 지위는 법정대리나 법정대리인이 아닌 것처럼 보일 수도
있다. 그러나 한정후견인 등의 대리권은 그 근거가 민법에 규정되어 있
고 가정법원의 심판이라는 공적 절차를 통해 부여되기 때문에 사적으로
부여되는 임의대리권으로 보기는 더욱 어렵다. 그렇다고 법정대리와 임
의대리 외의 제3의 대리 영역을 창설하여 한정후견인 등의 대리권을 이
에 포섭시키는 것은 법률관계를 복잡하게 만들기 때문에 찬성하기 어렵
다. 결국 한정후견인 등이 가지는 대리권은 그 범위가 유동적이고 제한
적일 수 있지만 결국 법정대리의 영역으로 포섭시키는 것이 합리적일
것이다. 하지만, 위와 같은 해석을 지나치게 확대할 경우에는 변호사대
리주의라는 현생 민사소송법의 원칙을 형해화시킬 수 있기 때문에 한정
후견인 등에 대한 소송대리권 인정에는 사안별로 신중을 기해야 할 것
이다.[45]

---

45) 일본에서도 민법상 법정대리의 대상이 되는 '법률행위'에 소송행위도 포함된다
　고 보는 것이 전통적인 견해였다는 점 등에 근거하여 민법상 대리권의 범위가
　포괄적이지 않은 보좌·보조인에게도 여전히 법정대리인의 지위를 인정하면서
　소송대리권 수여가 가능한 것으로 해석하고 있다. 하지만, 실제로 심판 과정에서
　보좌·보조인에게 소송대리권이 수여되는 경우는 그가 변호사의 자격을 갖는 경
　우에 한정될 것으로 예상하고 있는 듯하다[小林昭彦 外 5人, 『新成年後見制度の

II. 공증인법

개정민법은 후견계약 체결 과정의 공정성을 담보하기 위해서 공정증서 작성을 요건으로 하고 있다(제959조의14 제2항). 후견계약에 관한 공정증서를 작성할 때 가장 중요한 것은 본인의 진정한 의사를 확인하는 것이다. 그런데 현행 공증인법에서는 대리인의 촉탁에 의한 공정증서 작성도 허용하고 있어 자칫 본인의 진의(眞意)가 제대로 확인되지 않은 상태에서 후견계약이 체결될 염려가 있다(제30조). 따라서 후견심판시 사건 본인에 대한 판사의 대면 심리를 강화하도록 가사소송법을 개정할 필요가 있는 것과 마찬가지로 공증인이 후견계약 공정증서를 작성하는 과정에서 본인의 의사를 면밀히 확인하도록 공증인법을 개정할 필요가 있다.[46]

본인의 의사를 확인할 수 없는 경우 후견계약에 관한 공정증서 작성을 전면적으로 금지할 것인지는 매우 어려운 문제이다. 이는 후견계약의 대리가 가능한 것인지와도 밀접한 관련이 있는데, 기술한 바와 같이 식물인간 상태에 있는 미성년자의 부모가 법정대리인으로서 자녀가 성년이 된 이후 또는 부모가 사망한 이후를 대비하여 자녀를 위한 후견계약을 체결하는 경우 등에는 본인의 의사 확인이 불가능한 경우에도 공정증서 작성을 허용하는 것이 바람직할 것이다.[47]

解説』(社團法人 金融財政事情研究會, 2003) 233~234頁 참조].

46) 일본에서도 후견계약 체결시 본인의 의사능력 확인을 위하여 공증인의 본인 면접을 강조하고 있다(小林昭彦 外 5人, 『新成年後見制度の解説』, 社團法人 金融財政事情研究會, 2003, 233~234頁).

47) 대리에 의한 후견계약 체결의 가부(可否), 한계 및 입법론에 대해서는 제3장 개정민법상 성년후견제도 분석 제5절 후견계약 중 II. 후견계약의 체결 및 등기 부분 참조.

다음으로 공증인법상 후견계약 내지 공정증서 작성 양식을 어느 정도 통일할 필요가 있다. 후견계약의 체결은 사적 자치에 맡겨져 있기 때문에 당사자들이 내용을 자유롭게 정할 수 있다는 장점이 있는 반면, 처음 임의후견을 이용하고자 하는 사람들로서는 과연 후견계약에 어떤 내용을 어떤 형식으로 담아야 되는지 알기 어려워 후견계약의 내용이 부실해질 우려가 있다. 따라서 후견계약·공정증서 표준 양식을 사용함으로써 후견계약 당사자의 편익을 증진하고 공증의 시간과 비용을 절약하는 한편 임의후견인의 권한과 책임을 명확히 하여 법적 분쟁을 예방하는 것이 바람직할 것이다. 특히 후견등기제도와 연계하여 후견계약·공정증서 양식을 표준화할 경우 공시의 효율성도 높아질 것으로 기대된다.[48]

Ⅲ. 후견등기법

금치산·한정치산제도에서는 후견 사항이 가족관계등록부를 통해 공시되었다. 금치산·한정치산 선고가 확정되면 법원사무관 등이 이를 공고하고(가사소송규칙 제37조), 사건 본인의 등록기준지 시·군·읍·면의 신원조회담당자에게 통지하면 담당자는 선고문의 인적사항을 확인한 후 가

---

48) 일본에서도 임의후견계약시 법무성령에서 정한 양식을 사용하도록 하고 있으며(임의후견법 제3조), 공정증서 작성 수수료는 건당 11,000엔이다(공인인수수료령 제9조, 제16조 및 별표). 임의후견계약과 공정증서의 표준화에 대해서는 司原, "任意後見制度について", 『ジュリスト』第1172號, 2000, 32頁; 新井誠·赤沼康弘·大貫正男, 『成年後見制度－法の理論と實務』, 有斐閣, 2007, 187頁; 오호철, "일본의 성년후견제도와 우리나라의 성년후견법안의 비교", 『비교사법』 제15권 제2호, 2008, 321면; 김상찬·이충은, "성년후견제도 입법화를 위한 비교법적 연구", 『법과 정책』 제15집 제1호, 2009, 67면; 김명엽, "성년후견제도 도입을 위한 법무부 입법안의 개선에 관한 연구", 『법과 정책』 제16집 제2호, 2010, 37~38면 참조.

족관계등록부에 기본증명 사항으로서 기재한다.[49] 등록부 기록사항 증명서는 원칙적으로 본인, 배우자, 직계혈족, 형제자매만이 교부를 신청할 수 있으나, 그 밖에 대법원규칙으로 정하는 정당한 이해관계인도 신청할 수 있는 길을 열어놓고 있다(가족관계등록 등에 관한 법률 제14조 제1항). 여기서 정당한 이해관계인이란 민법상의 법정대리인, 채권·채무의 상속과 관련하여 상속인의 범위를 확인하기 위해서 등록사항별 증명서의 교부가 필요한 사람 및 그 밖에 공익목적상 합리적 이유가 있는 경우로서 대법원예규가 정하는 사람을 말한다(가족관계의 등록 등에 관한 규칙 제19조 제2항).

개정민법에서는 가족관계등록부 대신 새로운 후견등기제도를 공시방법으로 채택하였는데, 후견인의 권한과 직무가 세분화되고 신상보호에 관한 영역까지 확대됨에 따라 후견등기 사항이 복잡해질 것으로 예상된다. 따라서 후견등기의 공시 사항과 열람교부 청구권자의 범위를 합리적으로 정비할 필요가 있다.[50]

독일의 경우 과거에는 연방중앙등록부(Bundeszentralegister)에 행위능력 제한 사실을 등록했으나 새로운 성년후견제도에서는 원칙적으로 행위능력의 제한이 없기 때문에 공시를 하지 않고 있으며(연방중앙등록법 제3조 제2호 및 제9조 삭제), 정당한 이해관계를 소명한 사람은 법원의 성년후견 기록을 열람하는 방법으로 후견 사항을 확인할 수 있다.[51] 프랑스에서는 피보호자의 출생증서 비고란에 후견 사항을 기재하여 공시하고 있으며, 영국에서는 지속적 대리권을 공공신탁관리소(Public Trust Office)에 등

---

49) 이정래, "성년후견등록제도에 관한 소고", 『법학연구』 제30집, 2010, 378, 396면.
50) 신은주, "우리나라에서 성년후견제도의 도입", 『한국의료법학회지』 제17권 제6호, 2009, 43면.
51) 백승흠, "성년후견제도의 입법모델에 관한 비교법적 고찰 – 독일과 일본의 유형을 중심으로", 『한·독사회과학논총』 제15권 제2호, 2005, 30, 45면; 이정래, "성년후견등록제도에 관한 소고" 『법학연구』 제30집, 2010, 395면.

록하여 일정한 사유만 있으면 누구든지 등록 사항을 확인할 수 있도록
하고 있다.[52] 우리와 유사한 법제를 가지고 있는 일본의 경우 호적부
대신 새로운 후견등기부를 만들어 활용하고 있는데, 후견등기사무는 법
무대신이 지정하는 법무국 또는 지방법무국 또는 그 지국 또는 출장소
가 등기소로서 담당하며, 등기사항증명서의 교부 청구권자는 본인, 성년
후견인, 성년후견감독인, 임의후견인, 임의후견감독인, 배우자, 4촌 이내
의 친족 등으로 한정하고 있다(후견등기 등에 관한 법률 제2조, 제10조).

　우리나라에서도 후견등기부의 공개 대상은 본인, 후견인, 후견감독인,
배우자 및 근친자 등으로 제한하는 것이 바람직하다고 생각한다. 거래
상대방 내지 거래를 희망하는 상대방도 정보공개 대상자로 할 것인가는
어려운 문제이다. 거래안전을 위하여 거래 상대방도 후견등기부를 열람
할 수 있어야 한다는 견해도 있을 수 있으나, 개인정보가 무분별하게 공
개될 우려가 있다는 비판을 피하기 어렵다. 또한 위 정보가 필요한 단계
는 대개 거래가 성사되기 이전 단계인데, 단순한 교섭 내지 교섭의 시도
만으로 정당한 이해관계가 있다고 볼 수 있는지 의문이다. 가사 정당한
이해관계를 인정한다고 하더라도 과연 어떠한 방법으로 이를 소명할 수
있을지 불분명하다. 따라서 거래 상대방으로서는 본인 내지 그 대리인에
게 후견사항증명서를 발급받아 오도록 하는 것이 가장 현실적이고 간명
한 방법이라고 생각한다.

　다음으로 법인 후견인의 공시 방식이 문제될 수 있다. 명칭, 사무소
소재지 등 법인을 특정할 수 있는 정보가 공시되어야 함은 물론이다. 하
지만 기술한 바와 같이 법인 후견인이라고 할지라도 피후견인과의 개인적

---

52) 송호열, "성년후견법제에 관한 연구", 동아대학교 박사학위논문, 2002, 73~74
　　면; 명순구, 『프랑스의 성년후견제도』, 법무부 연구용역, 2009, 36면; 민유숙,
　　"후견공시제도와 예산지원", 『성년후견제 도입을 위한 민법개정안 공청회』, 법
　　무부, 2009, 103면.

유대가 강조되기 때문에 특정 구성원이 후견을 전담할 가능성이 많다. 그런데 후견등기부에 법인만 표시될 경우 부작용이 있을 수 있다. 예컨 대 법인으로부터 후견 직무를 위임받지 않은 직원이 후견등기부와 근로 관계 증빙 서류만 가지고 후견인으로 행세할 경우 제3자로서는 내부 수 권 관계를 제대로 확인하지 않을 수 있다. 또한 실제로 후견 직무를 수 행하는 법인의 직원이나 그와 거래하는 상대방의 입장에서도 후견법인 의 내부 수권 관계를 증명할 공신력 있는 방법이 없어 불편할 수 있다. 등기부에 후견법인뿐만 아니라 실제로 후견 업무를 담당하는 직원을 함 께 공시하는 방법을 생각할 수 있지만, 이 역시 내부 업무 분장이 변동 될 때마다 변경등기를 해야 하는 불편이 있고, 업무 변동과 변경등기 사 이에 시간적 간극이 생길 수 있어 내부 수권이 소멸된 직원이 후견업무 담당자의 지위를 가장하는 경우가 여전히 발생할 수 있다. 따라서 새로 운 등기시스템의 효율성과 간이성에 대한 분석이 이루어진 후에야 후견 법인의 공시 사항을 정할 수 있을 것이다.

마지막으로 후견등기법상 기존 금치산자, 한정치산자를 어떻게 취급 할 것인가에 대한 검토도 필요하다. 일본의 경우 구법에 의한 금치산·준 금치산 선고의 효력을 신법에 의한 후견개시심판·보좌개시심판에 준하 는 것으로 보는 한편(민법 부칙 제3조 제1항, 제2항), 개정민법 부칙에 의하여 성년피후견인·성년후견인·성년후견감독인·피보좌인·보좌인으로 간주 되는 자 또는 성년피후견인·피보좌인으로 간주되는 자의 배우자 또는 4촌 이내의 친족이 후견등기·보좌등기를 신청할 수 있도록 규정하고 있 다(후견등기 등에 관한 법률 부칙 제2조 제1항, 제2항). 그런데 우리 개정민법은 이미 금치산 또는 한정치산의 선고를 받은 사람에 대하여는 종전의 규 정을 적용하도록 규정하고 있다(부칙 제2조 제1항). 또한 일본의 보좌는 준 금치산의 연장선상에 있다고 볼 여지가 크지만, 우리 한정후견은 한정치 산과 성격이 매우 다르다. 따라서 우리나라에서는 후견등기부에 금치

산·한정치산 선고의 내용을 새로운 후견 유형으로 전환하여 공시하는
방법은 거의 불가능하다고 본다. 결국 금치산·한정치산 선고의 내용을
그대로 공시할 수밖에 없을 것인데, 이 경우 그 공시 매체를 가족관계등
록부로 할 것인지 아니면 새로 편성되는 후견등기부로 할 것인지도 어
려운 문제이다. 기본적으로는 기존 금치산자, 한정치산자에 대해서는 종
전의 규정을 적용하도록 한 이상 가족관계등록부에서 공시하는 것이 간
명한 해결책이라고 본다.53)

필자가 학위논문을 집필한 이후에 제정된 후견등기에 관한 법률(법률 제11732호,
2013. 7. 1. 시행, 이하 '후견등기법')의 주요 내용을 살펴보면 다음과 같다.54)
○ 미성년후견은 개정민법상 기존 틀을 유지하고 있고 미성년후견에 대한 부정적
  인식도 없으므로 기존 가족관계등록부를 계속 활용하고, 후견등기법에서는 성
  년후견, 한정후견, 특정후견, 후견계약의 등기만 규율(제1조)
○ 후견등기사무의 효율성과 전문성을 위하여 대법원규칙으로 정하는 가정법원이
  후견등기 관할(제4조)
○ 실무상 효율성과 거래안전을 위하여 피후견인 개인별로 후견등기부를 작성하
  는 인적편성주의 채택(제11조)
○ 등기사항증명서의 발급 및 등기신청서 등의 열람권자는 피후견인, 피후견인의
  배우자 또는 4촌 이내의 친족, 후견인, 후견감독인 등으로 제한(제15조 내지 제
  17조)
○ 후견등기사무 처리자의 비밀 누설 금지 및 처벌 근거 마련(제8조, 제42조)

---

53) 다만, 이 경우 제3자로서는 후견의 내용을 사안에 따라 가족관계등록부, 후견등
  기부를 선택적으로 또는 양쪽 모두를 확인해야 하는 불편과 혼란이 발생할 수는
  있을 것이다. 참고로 일본에서도 심신박약 이외의 원인, 예컨대 낭비벽을 이유로
  준금치산선고를 받은 자는 여전히 호적부에 공시를 계속하고 있다(송호열, "일
  본의 성년후견법제",『민사법이론과 실무』제8권 제1호, 2004, 175면 참조).
54) 후견등기법은 필자가 간사로 참여했던「법무부 성년후견제 관계 법령 정비위원
  회」에서 기초한 정부안이 국회에서 별다른 수정 없이 통과된 것으로서 향후 시
  행 과정에서 예상치 못한 문제가 발생할 수도 있겠지만 입법 이념이나 방향은
  타당한 것이며 제정법으로서 후견등기의 기초를 마련했다는 점에서 큰 의미가
  있다고 생각한다(법안 국회 심의와 관련된 보다 자세한 내용은 국회 법제사법위
  원회,『후견등기를 위한 법률안 심사보고서』, 2013. 3, 참조).

IV. 자격 제한 관련 법령

변호사법(제5조 제5호), 의료법(제8조 제3호) 등 각종 법령에서 금치산자, 한정치산자를 결격 사유로 규정하고 있다. 하지만, 후견을 받는다는 사실만으로 자격을 박탈하는 것은 헌법상 보장된 직업 선택의 자유를 제한하는 것이며 후견의 부정적 낙인효과를 심화시킬 수 있다. 결격 사유의 존치를 주장하는 주된 논거는 당해 직업의 공익성 내지 파급효과에 비추어 볼 때 자질이 부족한 사람이 활동할 경우 막대한 사회적 피해를 야기할 수 있다는 우려일 것이다. 또한 당해 직업의 수행 과정에서 민형사상 책임을 지게 될 수도 있으므로 피후견인의 보호 차원에서 결격 규정의 필요성을 언급하는 견해도 있을 수 있다. 하지만 현행 결격 규정의 실태를 살펴보면 과도한 제약이라는 점을 부정하기 어렵다. 예컨대 신체적 능력이 가장 중요시되는 경륜선수의 자격을 한정치산 선고를 받았다는 사실만으로 박탈하는 것이 과연 타당한 것인지 의문이다(경륜·경정법 제7조 제1항). 가사 고도의 정신능력과 윤리의식이 요구되는 직업이라고 할지라도 후견을 받는 사실을 결격 사유로 하는 것은 설득력이 약하다. 이러한 직업은 대개 시험이나 면접 등 엄격한 검증 절차를 거쳐 자격이 부여되기 때문에 정신능력이 부족한 사람은 위 검증 절차를 통과하기 어렵다. 또한 각종 임용 절차에서 후견 공시부를 확인하지 않을 수도 있기 때문에 과연 후견 여부를 제대로 파악할 수 있을지조차 의문이다. 결

다만, 후견등기법과 관련하여 다소 아쉬운 점도 있다. 예컨대, 후견등기 기록사항에 관한 제25조에서는 특정후견과 관련하여 '신상'에 대해서 명시하고 있지 않다. 하지만 기술한 바와 같이 입법자의 의도나 개정민법의 해석상 특정후견의 영역에는 신상에 관한 사항도 포함될 수 있다고 생각한다. 따라서 향후 후견등기법 개정시 신상에 관한 사항도 후견등기 기록사항에 포함시키는 것이 바람직할 것이다.

국 피후견인을 결격 사유로 하는 것은 실질적인 자질 검증을 하지 않겠다는 행정 편의적 발상으로 비추어질 가능성이 크다. 또한 후견을 받는 사람들이 결격 규정을 원하지 않는 이상 섣불리 피후견인 보호를 자격 제한의 명분으로 내세워서는 안 될 것이다. 무엇보다 당해 직무를 수행하지 못하는 사유에는 정신질환, 신체적 장애, 도덕성 결여 등 여러 가지가 있을 수 있는데, 유독 피후견인만 결격 대상으로 하는 것은 평등의 원칙에 반하는 것이다. 피후견인은 후견심판이라는 공적인 절차를 거쳐 사무처리 능력의 흠결을 공인받은 것이기 때문에 여타 직무 수행 장해 사유와는 달리 취급해야 한다는 반론도 있을 수 있지만, 신체장애도 공공기관의 등록을 거쳐야 하며(장애인복지법 제32조) 정신질환 진단도 전문 의료인의 판단에 기초한 것인데 가정법원의 후견심판만 명확한 기준이 될 수 있다는 것은 논거가 부족하다고 생각한다. 후견제도의 기본 이념이 정상화(normalization)에 있음에 비추어 볼 때 피후견인의 사회 복귀를 획일적으로 가로막는 자격제한 규정들은 폐지되어야 할 것이다.[55]

---

55) 송호열, "성년후견법제화의 기본원칙과 방향", 『동아법학』 제33호, 2003, 199면; 박인환, "성년후견 관계법령정비의 기본방향 – 이른바 '결격조항'의 정비를 중심으로", 『한·미 성년후견법제의 발전』, 한양대학교 법학연구소, 2011, 4~7, 12~13면 참조. 일본에서도 성년후견제도를 도입하면서 선임·해임 등 개별 심사 절차에 의해서 판단능력의 검증이 담보되어 있는 경우에는 종래 결격 조항을 삭제한다는 방침 아래 관계 법률의 정비가 이루어진바 있다(小林昭彦 外 5人, 『新成年後見制度 解說』, 社團法人 金融財政事情硏究會, 2003, 136, 342~349頁; 新井誠·赤沼康弘·大 貫正男, 『成年後見制度 – 法の理論と實務』, 有斐閣, 2007, 87~89頁 참조).

V. 정신보건법

정신능력이 미약한 사람들이 사회로부터 강제로 격리되어 고통받는 극단적인 예가 정신병원 등 보호시설에 강제로 입원되는 경우이다. 이 경우 국가적인 통제가 이루어지지 않는다면, 본인의 의사에 반하여 요보호자가 고립되어 보호시설 측으로부터 부당한 처우를 받거나 요보호자를 사실상 유기(遺棄)한 가족들에 의하여 재산을 빼앗길 수도 있으며, 무엇보다 퇴원이 자유롭지 않아 영원히 사회로 복귀할 수 없게 될 우려가 있다.[56] 개정민법에서는 이러한 폐해를 없애기 위하여 후견인이 피후견인을 치료 등의 목적으로 정신병원이나 그 밖의 다른 장소에 격리하려는 경우에는 가정법원의 허가를 받도록 하였다(제947조의2). 그런데 정신질환자를 정신병원에 입원시킬 때 가장 많이 이용되는 근거 법률은 민법이 아니라 정신보건법이다. 문제는 정신보건법에 의해서 정신의료기관에 비자발적으로 입원되는 환자 중 상당수는 후견제도의 보호 대상임에도 민법에 비해서 그 요건이 매우 완화되어 있다는 점이다.[57]

정신보건법상 정신질환자란 정신병·인격장애·알코올 및 약물중독 기타 비정신병적 정신장애를 가진 자를 말한다(제3조). 정신의료기관등의 장은 정신과전문의가 입원 등이 필요하다고 판단한 경우 정신질환자의 보호의무자 2인의 동의(보호의무자가 1인인 경우에는 그의 동의)만 있으면 정신질환자를 입원시킬 수 있다(제24조). 여기서 '보호의무자'란 민법상 부

---

56) 신권철, "성년후견제도의 도입과 법원의 역할", 『사법』 제14호, 2010, 17~18면.
57) 2008년도 정신의료기관 등의 입원 환자 68,110명의 유형을 살펴보면 정신분열증 57.2%, 알콜중독 21.2%, 정신지체 4.3%, 치매 3.4%로서 대부분 후견제도의 이용 주체에 해당하는 것으로 보인다(중앙정신보건사업지원단, 『2008년 사업보고서』, 2008, 98면; 신권철, "성년후견제도의 도입과 법원의 역할", 『사법』 제14호, 2010, 17면 참조).

양의무자 또는 후견인을 말하는데(정신보건법 제21조), 후견제도의 이용률
이 매우 저조하기 때문에 부양의무자가 보호의무자가 되는 경우가 많다.
결국 본인이 의사 전달을 제대로 할 수 없는 상태에서 이해관계가 상충
되는 동거 가족이 정신과전문의의 진단만 확보할 수 있다면 쉽게 피보
호자를 격리시킬 수 있는 것이다. 후견인이 선임되어 있다고 하더라도
강제입원의 동의권자로 부양의무자와 후견인을 병렬적으로 규정하고 있
기 때문에 부양가족의 동의만 있으면 개정민법상 가정법원의 허가 절차
를 피해갈 수 있다는 해석론도 제기될 수 있으며 실제로 후견인이 가정
법원의 허가를 받아 피후견인을 입원시키는 경우는 드물다고 한다. 따라
서 정신보건법이 개정되지 않는 한 금치산제도는 물론이고 앞으로 시행
될 개정민법상 성년후견제도도 정신질환자의 강제입원과 관련하여 무의
미해질 수 있다.[58]

　따라서 개정민법의 정신을 온전히 실현하기 위해서는 정신보건법의
개정이 필요한데, 가장 확실한 방법은 부양 의무자를 동의권자에서 배제
하고 후견인만 동의권자로 규정하는 것이다.[59] 이 경우 특별법 우선의
원칙에 따라 정신보건법상 후견인의 동의만 있으면 되고 민법상 요구되
는 가정법원의 허가는 필요 없다는 해석론도 제기될 수 있으나, 정신보
건법 제24조보다 개정민법 제947조의2가 나중에 만들어진 것이기 때문
에 전자가 후자를 배제하는 특칙이라고 보기 어렵다. 따라서 후견인은
정신보건법과 민법 모두의 적용을 받으며, 정신보건법상 입원 동의를 하
기 위해서는 민법의 규정에 따라 반드시 가정법원의 허가를 받아야 할
것이다.[60] 이처럼 의료기관 격리 수용시 후견인의 동의와 가정법원의

---

58) 신권철, "성년후견제도의 도입과 법원의 역할", 『사법』 제14호, 2010, 12~13면.
59) 비자발적 입원과 관련하여 정신보건법상 보호의무자 규정을 삭제하고 민법상
　　성년후견제도에서 일원적으로 규정해야 한다는 견해로는 이재경, "의료분야에서
　　성년후견제도의 활용에 관한 연구", 『성균관법학』 제21권 제3호, 2009, 271면.

허가를 받도록 하면 강제입원 과정에서의 인권 침해를 방지할 수 있을
뿐만 아니라 입원 이후에도 후견인이 보호시설의 처우에 대해서 수시로
감독할 수 있으므로 인권의 사각지대(死角地帶)를 해소하는 데 결정적인
역할을 할 것으로 기대된다.[61]

　정신보건법상 강제입원시 항상 후견인의 동의를 받게 할 경우 후견
사건 폭증으로 인하여 가정법원의 부담이 가중되고 절차가 지연될 것이
라는 비판이 있을 수 있으나, 개정민법에서는 특정후견제도가 신설되었
기 때문에 간소한 절차를 거쳐 특정후견인을 선임할 수 있고 가정법원
이 직접 후견인의 동의에 갈음하는 보호조치를 할 수도 있으므로 위와
같은 부작용은 상당 부분 완화될 수 있을 것이다.[62]

60) 신권철, "성년후견제도의 도입과 법원의 역할", 『사법』 제14호, 2010, 22면.
61) 필자의 입법론과는 반대로 일본에서는 ① 강제입원 관련 규정을 사법인 민법에
　　두는 것은 부적절하므로 정신보건 및 정신장해자복지에 관한 법률(이하 '정신보
　　건법')에서 총괄적으로 규정해야 하며, ② 정신보건법상 강제입원시 가정법원의
　　허가를 요하지 않는 것과 균형을 취해야 한다는 이유로 구 민법에 존재하던 가
　　정재판소의 시설 입소 허가 규정(제858조 제2항)을 삭제하였다(小林昭彦 外 5
　　人, 『新成年後見制度の解說』, 社團法人 金融財政事情硏究會, 2003, 147~148頁 참
　　조). 하지만 요보호자의 인권 보호를 위한 기본법의 규정을 비판의 대상이 되는
　　개별법에 맞추어 삭제한 점은 납득하기 어렵다.
62) 특정후견을 위한 법원의 직접 보호조치 및 특정후견의 활용 범위에 대해서는
　　제3장 개정민법상 성년후견제도 분석 제4절 특정후견 Ⅰ. 특정후견의 개시 중
　　3. 특정후견개시의 심판 및 효과(나. 특정후견개시심판의 효과) 및 4. 성년후견·
　　한정후견과의 관계 부분 참조.

제3절 신상보호의 한계 – 연명치료중단을 중심으로

Ⅰ. 문제의식

앞으로 개정민법상 성년후견제도에서 말하는 신상보호의 개념, 범위, 한계와 관련하여 많은 논쟁이 있을 것으로 예상된다. 제3장에서 이미 신상보호의 개념 및 범위에 대해서 언급한 바 있으나, 과연 그 한계가 어디까지인지에 대해서 보다 상세한 논의가 필요하다. 연명치료중단은 신상 결정의 가장 극단적인 모습을 보여주는 사례로서 신상보호의 한계를 규명하기 위한 좋은 연구 주제라고 생각한다.

현재 연명치료중단에 대하여 많은 논의가 있으나, 주로 그 허용 여부나 사전의료지시 등 본인 의사 확인 방법에 치중되어 있다. 하지만 이미 연명치료중단을 제한적으로 허용한 대법원 판례가 나왔고 국회에도 연명치료중단을 제도화하는 법안들이 제출되어 있는 점 등을 고려하면, 연명치료중단은 더 이상 가부(可否)의 문제가 아니라 그 절차와 한계의 문제로 무게중심이 넘어가고 있다고 생각된다.63) 또한 현실에서 연명치료

---

63) 대법원 2004. 6. 24. 선고 2002도995 판결; 대법원 2009. 5. 21. 선고 2009다 17417 판결; 2009. 2. 5. 신상진 의원이 대표발의한 「존엄사법안(이하 '신상진 의원안')」, 2009. 6. 22. 김세연 의원이 대표발의한 「삶의 마지막 단계에서 자연스러운 죽음을 맞이할 권리에 관한 법률안(이하 김세연 의원안)」 참조.

중단과 관련하여 가장 문제되는 상황은 본인이 사전에 연명치료중단에 관하여 의료지시서를 작성하거나 의사결정을 대행할 사람을 정한 경우가 아니라 사전의료지시 없이 의식 불명에 빠진 환자에 대해서 가족들이 일방적으로 연명치료중단을 요구하는 경우이므로 향후 논의의 핵심은 제3자의 의사결정에 의한 연명치료중단의 당부(當否) 및 절차가 될 가능성이 높다.

최근의 판례나 법안들은 위 문제를 이른바 '본인의 추정적 의사'나 의료기관(윤리위원회)의 판단을 통해서 해결하고 있으나 이는 매우 위험할 수 있다. 본인의 추정적 의사는 주로 가족 등 주변인을 통해서 확인해야 할 경우가 많은데 가족들과 환자의 이해관계가 대립될 수 있는 등 객관성이 담보되지 않고 의료기관의 법적 판단에 대한 전문성도 아직 검증되지 않았기 때문이다.

다음에서는 최근의 대법원 판례와 입법 동향을 중심으로 제3자의 의사결정에 의한 연명치료중단의 문제점을 살펴보고, 그 해결 방향을 성년후견제도와 연계하여 검토하고자 한다.

II. 이른바 '김할머니 사건'
(대법원 2009. 5. 21. 선고 2009다17417 판결)[64]

1. 사실 관계

2008년 2월 김할머니가 피고 측 병원에서 폐종양 조직 검사를 받던

---

[64] 대상 판결에서 연명치료중단의 대상이 된 76세의 여성은 언론을 통해 일명 "김할머니"라고 세상에 널리 알려진 바 있으므로 본 논문에서도 고인(故人)을 기리는 의미에서 익명이나 가명 대신 위 호칭을 계속 사용하기로 한다.

중 과다 출혈 등으로 인하여 심정지가 발생하고 지속적 식물인간상태 (persistent vegetative state)에 빠졌다. 김할머니는 대상 판결시까지 병원 중환 자실에서 인공호흡기를 부착한 상태로 항생제 투여, 인공영양 공급, 수 액 공급 등의 치료를 받아왔으며, 피고 측은 인공호흡기를 제거하면 김 할머니가 곧 사망에 이르게 될 것으로 판단했다.[65] 김할머니의 가족은 피고 측의 조치는 의학적으로 의미 없는 연명치료에 불과하고, 김할머니 가 평소 무의미한 생명연장을 거부하고 자연스러운 사망을 원하는 취지 의 의사를 밝혀왔다는 이유 등으로 피고 측을 상대로 연명치료중단을 요구하는 소를 제기하였다.[66]

2. 판결의 요지

가. 다수 의견

회복불가능한 사망의 단계에 이른 후에 환자가 인간으로서의 존엄과 가치 및 행복추구권에 기초하여 자기결정권을 행사하는 것으로 인정되 는 경우에는 특별한 사정이 없는 한 연명치료의 중단이 허용될 수 있다.

환자가 회복불가능한 사망의 단계에 이르렀을 경우에 대비하여 미리

---

65) 법원에서도 인공호흡기를 제거할 경우 김할머니가 곧 사망할 것이라고 사실관 계를 확정하였다. 그러나 피고 측 병원이 대법원 판결에 따라 2009. 6. 23. 인공 호흡기를 제거하였으나, 김할머니는 6개월 이상 자발 호흡을 하면서 생존하다가 2010. 1. 10. 신부전 등 다발성장기부전으로 사망하였다.

66) 위 소송에서 원고 1은 김할머니, 나머지 원고 2, 3, 4, 5는 원고 1의 자녀들이다. 가족들은 위 소송에서 "원고 1에 대한 치료와 관련하여서는 가족들인 나머지 원 고들의 권리 및 이해관계도 고려되어야 하는 것인데, 인공호흡기를 계속하여 부 착하는 것은 나머지 원고들에게 경제적·정신적으로 큰 고통을 야기하고 인간으 로서의 존엄과 가치, 행복추구권, 평등권, 양심의 자유권, 건강권, 재산권 등을 침해하므로 나머지 원고들도 독자적으로 인공호흡기의 제거를 구할 수 있는 권 리를 가진다"고 주장하였다.

의료인에게 자신의 연명치료 거부 내지 중단에 관한 의사를 밝힌 경우(이하 '사전의료지시'라 한다)에는, 비록 진료 중단 시점에서 자기결정권을 행사한 것은 아니지만 사전의료지시를 한 후 환자의 의사가 바뀌었다고 볼 만한 특별한 사정이 없는 한 사전의료지시에 의하여 자기결정권을 행사한 것으로 인정할 수 있다.

한편, 환자의 사전의료지시가 없는 상태에서 회복불가능한 사망의 단계에 진입한 경우 … 환자의 평소 가치관이나 신념 등에 비추어 연명치료를 중단하는 것이 객관적으로 환자의 최선의 이익에 부합한다고 인정되어 환자에게 자기결정권을 행사할 수 있는 기회가 주어지더라도 연명치료의 중단을 선택하였을 것이라고 볼 수 있는 경우에는 그 연명치료 중단에 관한 환자의 의사를 추정할 수 있다.

나. 반대 의견

이미 삽입 또는 장착되어 있는 생명유지장치를 제거하거나 그 장치에 의한 치료를 중단하라는 환자의 요구는 특별한 사정이 없는 한 자살로 평가되어야 하고, 이와 같은 환자의 요구에 응하여 생명유지장치를 제거하고 치료를 중단하는 것은 자살에 관여하는 것으로서 원칙적으로 허용되지 않는다. 다만, 생명유지장치가 삽입, 장착되어 있는 상태에서도 환자가 몇 시간 또는 며칠 내와 같이 비교적 아주 짧은 기간 내에 사망할 것으로 예측, 판단되는 경우에는, 환자가 이미 돌이킬 수 없는 사망의 과정에 진입하였고 생명유지장치에 의한 치료는 더 이상 의학적으로 의미가 없으며 생명의 유지, 보전에 아무런 도움도 주지 못하는 것이므로, 이때에는 생명유지장치를 제거하고 치료를 중단하는 것이 허용된다.

다. 별개 의견

환자의 사전의료지시가 없는 상태에서 회복불가능한 사망의 단계에 진입한 경우, 이러한 상태에 있는 환자는 법적으로 심신상실의 상태에 있는 자로 보아야 한다. 민법상 심신상실의 상태에 있는 자에 대하여는 금치산을 선고할 수 있으며 금치산이 선고된 경우에는 후견인을 두게 되는데, 그 후견인은 금치산자의 법정대리인이 되며 금치산자의 재산관리에 관한 사무를 처리하는 외에 금치산자의 요양, 감호에 관하여 일상의 주의를 기울여야 하는 의무를 부담한다. 따라서 후견인은 금치산자의 요양을 위하여 금치산자를 대리하여 의사와 의료계약을 체결할 수 있음은 당연하며, 그 의료계약 과정에서 이루어지는 수술 등 신체를 침해하는 행위에 관하여는 의사로부터 설명을 듣고 금치산자를 위한 동의 여부에 관한 의사를 표시할 수 있고, 마찬가지로 진료행위가 개시된 후라도 금치산자의 최선의 이익을 위하여 필요하다고 인정되는 범위 내에서는 그 진료행위의 중단 등 의료계약 내용의 변경을 요구하는 행위를 할 수 있다. 다만, 진료행위가 금치산자 본인의 생명과 직결되는 경우에는 그 중단에 관한 환자 본인의 자기결정권이 제한되는 것과 마찬가지로 후견인의 행위는 제한되어야 하고, 환자의 자기결정권에 의한 연명치료 중단이 허용될 수 있는 경우라고 하더라도 후견인이 금치산자의 생명에 관한 자기결정권 자체를 대리할 수는 없으므로 후견인의 의사만으로 그 연명치료의 중단이 허용된다고 할 수 없다. 그렇다면 회복불가능한 사망의 단계에 이른 경우에 이루어지는 연명치료의 계속이 금치산자인 환자 본인에게 무익하고 오히려 인간으로서의 존엄과 가치를 해칠 염려가 있어 이를 중단하는 것이 환자 본인의 이익을 보호하는 것이라고 하더라도, 이는 항상 금치산자인 환자 본인의 생명 보호에 관한 법익 제한의 문제를 낳을 우려가 있으므로, 민법 제947조 제2항을 유추적용하여 후견인은 의료인에게 연명치료의 중단을 요구하는 것이 금치산자의 자기결정권을 실질적으로 보장할 수 있는 최선의 판단인지 여부에 관하여 법원의 허가를 받아야 하고, 이에 관하여는 가사소송법, 가사소송규칙,

비송사건절차법 등의 규정에 따라 가사비송절차에 의하여 심리·판단을 받을 수 있다.

Ⅲ. 연명치료중단의 의의 및 허용 여부

1. 연명치료중단의 개념

'연명치료중단'이라는 용어가 사용되기 시작한 것은 비교적 최근의 일이다.[67] 연명치료중단의 정의에 대해서는 논자에 따라 다소 차이가 있으나, 대체로 "회생불가능한 환자가 인간의 존엄성을 잃지 아니하고 죽음을 맞이할 수 있도록 과다한 치료를 중단하는 것"을 그 공통된 요소로 하고 있다.[68] 대상 판결도 의학적으로 환자가 의식의 회복가능성이 없고 생명과 관련된 중요한 생체기능의 상실을 회복할 수 없으며 환자의 신체 상태에 비추어 짧은 시간 내에 사망에 이를 수 있음이 명백한 경우를 '회복불가능한 사망의 단계'라고 보고, 이 단계에서 이루어지는 의학적으로 무의미한 진료행위를 환자의 자기결정권과 인간으로서의 존엄성을 존중하기 위하여 중단하는 것을 '연명치료중단'이라고 정의하고 있다.

연명치료와 동일 선상에서 논의되는 개념으로는 존엄사, 안락사 등이

---

67) 말기환자의 치료행위에 대한 자기결정권과 관련하여 '연명치료중단', '존엄사' 등이 본격적으로 논의되기 시작한 것은 2002년경부터로 보인다(신성식, "연명치료중단에 대한 사회적 시각", 『한국의료법학회 2007년 춘계학술대회 연세대학교 보건대학원 30주년 기념행사 자료집』, 2007, 73면; 국회 보건복지가족위원회, 『신상진 의원 대표발의 존엄사법안 검토보고』, 8면 참조).
68) 한국보건사회연구원, 『회복불능환자의 연명치료 중단에 관한 공청회 자료집』, 2002, 11면; 국회 보건복지가족위원회, 『신상진 의원 대표발의 존엄사법안 검토보고』, 11면.

있다. 안락사에는 죽음에 임박한 환자가 극심한 고통에서 해방될 수 있
도록 적극적, 인위적으로 사망을 초래하는 '적극적 안락사'가 포함된다
는 점에서 연명치료중단과 차이가 있다. 또한 '존엄사'라는 표현에는 비
록 간접적일지라도 생명을 앗아가는 행위를 미화(美化)한다는 비판이 있
을 수 있다. 따라서 본고에서는 '연명치료중단'이라는 표현을 사용하기
로 한다.

2. 연명치료중단 동의의 법적 성격

연명치료중단에 대한 동의는 이미 행해지고 있는 의료행위를 중단하
려는 의사의 표현이라는 점에서 처음부터 치료를 받지 아니하고자 하는
소극적 거부나 병세의 호전을 위해서 치료를 받고자 하는 적극적 동의
와 차이가 있다. 그러나 연명치료중단도 환자에게 행해지는 의료적 침습
행위에 대한 승낙이라는 점에서는 의료행위에 대한 동의와 유사한 측면
이 있다.

의료행위에 대한 동의는 의료인에게 자신의 신체를 위탁하고 의료를
위한 침해행위를 허용하는 의사 표현이다. 이는 신체 침해라는 사실행위
를 용인하는 것에 불과하기 때문에 엄밀한 의미에서 특정한 법률효과의
발생을 의도하는 법률행위와 성격이 다르다.[69) 의료행위의 동의를 위해

---

69) 위와 같은 이유로 의료행위의 동의를 준법률행위(rechtsgeshäftsähnliche Handlung)
내지 의사의 통지로 해석하는 견해가 있다[BGHZ 29, 179(33ff);. 이덕환, "의료행
위에 대한 동의의 대리", 『현대법학의 이론 : 우제 이명구 박사 화갑 기념 논문집』
Ⅲ, 1996, 46면; 김천수, "의료행위에 대한 동의능력과 동의권자", 『민사법학』 제
13·14호, 1996, 234면; 김천수, "성년후견과 의료행위의 결정", 『가족법연구』 제21
권 제1호, 2007, 9면 참조]. 하지만 의료행위의 동의는 의료계약의 일부로서 이루
어지는 경우가 많고 의료적 침습행위의 위법성을 조각시키는 효과도 있으므로 법
률행위와 구별하는 것이 항상 쉬운 것만은 아니다(이에 대한 보다 자세한 내용은
제3장 개정민법상 성년후견제도 분석 제2절 성년후견 Ⅱ. 성년후견인의 선임 및

서 반드시 행위능력을 보유할 필요는 없고 당해 의료행위의 위험과 동의의 의미를 파악할 수 있으면 족하다.[70] 의료행위에 대한 동의능력은 해당 의료행위의 경중과 난이도에 따라 달라진다. 예컨대, 신체 침해의 정도가 클수록 높은 수준의 동의능력이 요구된다고 할 것이다. 의료행위에 대한 동의는 신분행위에 준하는 것으로서 동의능력이 없는 사람이 한 동의는 취소할 수 있는 것이 아니라 무효이다.[71]

3. 연명치료중단의 허용 여부

연명치료중단을 허용할 것인지 여부는 생명권과 자기결정권의 비교형량에 관한 문제이다. 만약 생명권이 어떤 경우에도 침해될 수 없고 다른 기본권보다 절대적으로 우월한 가치라면 연명치료중단은 허용될 수 없을 것이다. 하지만 인간의 존엄과 가치 내지 자기결정권도 생명권에 비견할 수 있는 무게를 가진다면 이익 형량에 따라 연명치료중단을 인정할 여지가 있을 것이다.[72]

직무 2. 성년후견인의 직무 나. 신상보호 부분 참조).

70) 따라서 이른바 '자연적인 인식과 통제의 능력'을 기준으로 의료행위의 동의능력 유무를 판단한다고도 한다(渡辺幹典, "成年後見制度と醫療措置の代諾", 『松山大學論集』 第17券 第1號, 2005, 395~440頁; 村田彰, "新しい成年後見制度下における意思能力", 『NBL No. 784』, 2004, 71~76頁; 김민중, "성년후견제도의 도입에 관한 논의에서 의료행위와 관련한 과제", 『저스티스』 제112호, 2009, 212면 참조].

71) 이덕환, "의료행위에 대한 동의의 대리", 『현대법학의 이론 : 우제 이명구 박사화갑 기념 논문집』 Ⅲ, 1996, 46~47면.

72) 생명에 대한 자기결정권이 생명을 자신 마음대로 처분해도 된다는 의미는 아니며, 죽음의 진행 과정에서 존엄하고 품위 있는 방법을 선택할 수 있음을 뜻하는 것이다(김경화, "자의퇴원으로 인한 치료중단과 안락사", 『형사법연구』 제17호 2002, 49면; 김혁돈, "의료행위에 있어서 환자의 동의의 의미", 『법학논총』 제31권 제2호, 2007, 235면; 전영주, "환자의 연명치료중단에 대한 자기결정권, 『법

연명치료중단의 논거로서 생명권이 제한될 수 있는 상대적 기본권이
며 헌법 제37조 제2항에 따라 가족들의 재산권 내지 의료서비스의 합리
적 분배라는 측면에서 제한될 수 있다는 견해가 있다.[73] 그러나 이러한
주장은 논의의 출발점과 법익의 등가성(等價性)에 있어 수긍하기 어렵다.
비록 연명치료중단 과정에서 가족의 이해관계 등이 얽힐 수는 있으나,
문제의 본질은 어디까지나 환자 본인의 생명권과 자기결정권 사이의 내
적(內的) 충돌이지 헌법 제37조 제2항에서 말하는 '국가안전보장·질서유
지 또는 공공복리'와 환자의 생명권 사이의 외적(外的) 충돌이 아니다.
생명이 가지는 지고(至高)한 가치와 무게에 비추어 볼 때 가족들의 재산
권 내지 의료서비스의 합리적 분배 등을 형량 대상으로 삼는 것 자체가
부당하기 때문이다.[74]

연명치료중단 입법에 찬성하는 논거로는 ① 연명치료중단이 형법상
살인죄 내지 촉탁살인죄에 해당하는지 여부에 대한 논란을 해소할 필요
가 있고, ② 대법원이 연명치료중단을 인정한 이상 제도화를 통해 의사
의 면책 기준을 마련하는 등 의료현장의 혼란을 방지할 수 있는 대책을
강구해야 하며, ③ 연명치료중단을 공론화(公論化)시킴으로써 생전유언

학연구』 제33집, 2009, 464면).
73) 이준일, "대법원의 존엄사 인정(大判 2009다17417)과 인간의 존엄 및 생명권",
『고시계』, 2009. 7, 97~98면.
74) 김할머니의 가족들도 연명치료의 계속이 자신들의 경제적·정신적 고통을 초래
하므로 독자적으로 연명치료의 중단을 청구할 권리를 가진다고 주장하였으나,
1심 법원은 "치료의 중단은 환자의 자기결정권 행사에 근거를 가지는 것으로 환
자의 가족들이 환자에 대한 생명연장치료로 인하여 경제적·정신적으로 고통을
받고 있다고 하더라도 그에 관한 입법이 없는 한 타인의 생명을 단축하는 결과
를 가져오는 치료 중단을 청구할 독자적 권리를 가진다고 보기 어려우므로 위
원고들(가족) 역시 독자적으로 원고 1(김할머니)에 대한 이 사건 인공호흡기의
제거를 청구할 권원을 가진다고 보기 어렵다"는 이유로 위 주장을 받아들이지
않았다.

등 죽음에 대비하는 문화가 형성되도록 유도할 수 있다는 점 등이 있다.75) 반면, 연명치료중단 입법에 반대하는 논거로는 ① 연명치료중단은 고도의 생명윤리적 판단과 국민적 공감대가 필요하므로 신중하게 접근해야 하고, ② 호스피스 보조 등 연명치료에 대한 공적 지원제도가 마련되지 않은 채 입법을 할 경우 의료비 감당이 어려운 사람들이 쉽게 생명을 포기할 우려가 있으며, ③ 사전의료지시서가 환자의 진의(眞意)를 제대로 반영하지 못할 수 있다는 점 등이 있다.76)

요컨대 생명권이 최상의 기본권이라고는 하나 환자가 회복가능성이 없이 죽음에 임박하여 의미가 적은 의료행위로 인하여 극심한 고통을 겪고 있는 특수 상황에 있다면 환자가 품위를 유지하며 편안히 생을 마무리할 권리를 인정할 여지가 있을 것이다.77)

4. 최근 입법 동향

제18대 국회에 제출된 신상진 의원안과 김세연 의원안 모두 연명치료중단의 필요성을 제한적으로 인정하면서 그 절차를 합리화하는 것을 주요 내용으로 하고 있다. 구체적으로는 ① 연명치료중단의 대상을 말기

---

75) 경제정의실천시민연합, 『존엄사법 제정에 관한 청원』, 2009, 3면; 국회 보건복지가족위원회, 『신상진 의원 대표발의 존엄사법안 검토보고』, 18~20면.
76) 한국기독교생명윤리협회, 『존엄사법안에 대한 의견 제시』, 2009; 국회 보건복지가족위원회, 『신상진 의원 대표발의 존엄사법안 검토보고』, 20~22면.
77) 2009. 5.에 실시한 여론조사에 따르면 연명치료중단 허용에 찬성하는 의견이 83.3%로서 반대 의견 11.7퍼센트보다 월등히 높았으며, 학계에서도 환자의 자율성 존중과 생명의료윤리 관점에서 연명치료중단이 정당화될 여지가 있다는 견해가 소개되고 있다[국회 보건복지가족위원회, 『신상진 의원 대표발의 존엄사법안 검토보고』, 2009, 22~24면; 이은영, "연명치료 중단의 입법화 방안에 관한 연구 – 성년후견제도의 도입과 관련하여", 『의료법학』 제10권 제2호, 2009, 208~211면 참조].

환자 내지 회복가능성이 없는 환자로 한정하고, ② 말기환자의 연명치료중단에 대한 자기결정권을 인정하며, ③ 자기결정권의 행사방법으로 사전의료지시서 작성을 제시하고, ④ 절차를 준수한 의료진의 면책을 명시하고 있다. 다만, 신상진 의원안은 의사표시의 추정·대리에 관한 규정들을 두고 있으나, 김세연 의원안은 이에 대한 규정을 두고 있지 않다는 점에서 차이가 있다.

　신상진 의원안은 사전의료지시서를 작성하지 않은 말기환자가 연명치료중단에 대한 의사표시를 할 수 없는 경우 의사표시의 추정과 대리를 통해 환자 외의 자에게 연명치료중단 요청권을 인정하고 있다. 즉 말기환자의 직계 친족이 환자가 이전에 연명치료중단에 대한 의사표시를 한 증거를 제출하여 연명치료중단을 요청할 수 있고, 이 경우 의료기관의 윤리위원회가 관련 조사와 의결을 하도록 규정하고 있다(제18조). 또한 말기상태의 미성년자가 의사표시를 할 수 없을 경우 그 법정대리인이 연명치료중단의 의사표시를 대신할 수 있도록 하고 있다(제19조). 그러나 이해관계 상반 등에 대한 고려 없이 모든 직계 친족에게 연명치료중단 요청권을 인정한 것은 부당하며, 환자의 의사 추정과 관련하여 의료기관이 정밀한 사실 인정과 법적 판단을 할 수 있을지도 의문이다. 또한 의사표시가 불가능한 미성년자에 대해서만 법정대리인의 의사결정 권한을 인정하고 있어 의사능력이 결여된 성년자에 대해서는 입법의 흠결 내지 불균형이 문제될 수 있다.

〈법안의 비교〉[78]

법안	주요 내용
신상진 의원안	① 적용 대상 : 회복가능성 없는 말기환자 - 연명치료가 없는 경우 단기간에 사망에 이르게 됨 - 연명치료가 단지 죽음의 과정을 연장하는 상태임 ② 자기결정권 : 인정 - 연명치료 여부에 대한 선택권 부여 ③ 말기환자 아닌 자의 사전의료지시서 - 의사능력 있는 성인일 것 - 상담절차를 거칠 것 ④ 의료지시서를 작성하지 않은 경우 의사표시 추정 가능 - 기관윤리위원회가 심의 ⑤ 의료기관윤리위원회 신설 - 의료윤리 또는 생명철학 분야 전문가 등 포함
김세연 의원안	① 적용 대상 : 회복가능성 없는 말기환자 - 현대의학적 지식 및 의료기술 측면에서 회복가능성이 없음 - 수개월 이내에 사망할 것으로 예상되는 상태 ② 자기결정권 : 인정 - 치료 및 생명연장조치에 관한 중지 결정권 인정 ③ 말기환자 아닌 자의 사전의료지시서 - 의사능력 있는 18세 이상의 자 ④ 의사 추정 관련 규정 없음 ⑤ 의료기관윤리위원회 신설 - 사회복지사, 종교인, 법조인 등이 포함되도록 구성

---

78) 국회 보건복지가족위원회, 『신상진 의원 대표발의 존엄사법안 검토보고』, 37~
38면.

IV. 대상 판결의 분석 및 성년후견제도와의 관계

가족들에 의해서 연명치료중단 사건의 원고 아닌 원고가 된 김할머니는 대상 판결에 의하여 산소호흡기가 제거될 때 눈물을 흘렸다고 한다. 과연 그 눈물은 감사와 안식의 발로(發露)였을까 아니면 원망과 통탄의 눈물이었을까. 더욱이 위 환자는 호흡기 제거 직후 사망에 이를 것이라는 법원의 사실 인정과는 달리 무려 6개월 이상 자발적 호흡으로 생존하다가 생을 마감했다고 한다. 위 두 가지 사실만 고려하더라도 대상 판결의 평가에 보다 신중해지지 않을 수 없다.

대상 판결은 본인이 사전의료지시 등의 조치 없이 의사능력을 상실한 경우 연명치료중단의 허용 기준 및 절차에 대해서 밝히고 있다. 다수 의견은 이른바 '본인의 추정적 의사'에 대한 입증으로 이를 해결하고 있다. 그러나 반대의견에서 지적한 바와 같이 추정적 의사란 환자의 진의(眞意)가 객관적으로 추단될 수 있는 경우에만 긍정될 수 있는데, 본건 소송은 전적으로 김할머니의 가족에 의해서 이루어졌고 추정적 의사의 판단 근거도 가족들의 전문(傳聞) 진술과 주관적 의견에 의존하고 있는 점에 비추어 볼 때 다수의견이 말하는 추정적 의사는 이른바 '가정적 의사'에 불과하다는 비판을 피하기 어려울 것이다. 별개의견은 ① 환자의 사전의료지시가 없는 상태에서 회복불가능한 사망의 단계에 진입한 경우 심신미약상실의 상태에 있는 자로 보아 금치산을 선고할 수 있고, ② 후견인은 금치산자에 대한 진료행위의 중단 등 의료계약 내용의 변경을 요구할 수 있되, ③ 진료행위가 금치산자 본인의 생명과 직결되는 경우에는 후견인이 민법 제947조 제2항을 유추 적용하여 후견인은 법원의 허가를 받아야 한다고 판시하고 있는바, 연명치료중단의 구체적인 근거와 절차를 제시하고 있다는 점에서 탁월한 견해라고 생각한다. 물론 본인의

의사를 확인하기 어려운 모든 연명치료중단사건에서 후견인을 선임하여
가정법원의 허가를 받도록 할 경우 절차가 지연되어 환자와 가족들의
부담을 가중시킬 수 있다는 비판이 있을 수 있으나, 생명이 가지는 고귀
한 가치에 비추어 볼 때 이해관계가 대립될 수 있는 가족들에게 환자의
운명을 맡기는 것보다 법원의 검증을 거쳐 공정성과 전문성이 확인된
후견인을 통해 문제를 해결하는 것이 합리적일 것이다.[79]

더욱이 대상 판결 이후 개정된 민법상 성년후견제도의 변화상을 고려
할 때 연명치료중단에 있어서 후견인의 활용 가치는 더욱 높아졌다고
생각한다. 개정민법은 신상에 관한 사항은 본인이 단독으로 결정해야 한
다는 것을 분명히 하면서 피후견인이 동의할 수 없는 경우에 한해 예외
적으로 후견인이 의료적 침습행위에 대해서 피후견인 대신 동의할 수
있도록 하였다. 특히 피후견인의 생명·신체에 중대한 영향을 미칠 수 있
는 의료행위에 대해서는 가정법원의 허가를 받도록 하였다(제947조의2).
위 규정이 적용되는 의료행위는 환자의 상태를 개선하기 위한 것만을
의미하고 연명치료중단은 포함되지 않는다는 견해가 유력하나, 조문상
"신체를 침해하는 의료행위"라는 포괄적 표현을 사용하고 있어 상반되
는 해석도 완전히 배제하기는 어려울 것으로 생각된다.[80] 더욱이 대상

---

79) 박인환 교수도 의료 현장에서 의료적 침습행위에 대한 가족의 동의 관행은 명확
   한 법적 근거가 없고 이해상충이 발생할 수 있으므로 개정민법상 성년후견제도
   와 조화될 수 있는 입법이 필요하며 장기적으로는 연명치료중단도 입법 검토 대
   상이라고 밝힌바 있다(박인환, "개정민법상 성년후견제 시행에 따른 의료보건관
   계법령 정비 과제", 『성년후견제 시행을 위한 신상보호관계 법령 정비 방안 :
   의사결정능력, UN 장애인권리협약, 그리고 국내법』, 한양대학교 법학연구소,
   2012, 9~10면).

80) 독일에서도 우리 개정민법 제947조의2와 유사한 내용을 담고 있는 독일 민법 제1904
   조의 적용 대상에 연명치료중단이 포함되는지 여부를 둘러싸고 학설과 판례의 대립
   이 있다고 한다[Jürgens·Kröger·Marschner·Winterstein, *Betreuungsrecht kompakt*
   (2007), Rn. 202; 김형석, "민법개정안 해설", 『성년후견제 도입을 위한 민법 개정안

판결의 별개의견이 개정 전 민법상 금치산자의 감금치료에 관한 제947
조 제2항에서 연명치료중단의 절차를 유추한 것에 비추어 보면, 본인 보
호 측면에서 구체적이고 진일보한 개정민법의 규정을 연명치료중단의
근거로 삼는 것은 훨씬 더 용이할 것이다. 입법론으로서는 정신보건법의
개정 방향에서 언급한 바와 같이 관계 법령에서 연명치료중단의 동의권
자를 후견인으로 통합하고 가정법원의 허가를 필수 요건으로 하는 것이
바람직하다고 생각한다.81) 후견인 선임으로 인한 절차 부담은 개정민법
상 신설된 특정후견제도를 활용함으로써 완화시킬 수 있을 것이다.82)

공청회』, 법무부, 2009, 23면 참조].
81) 학계에서도 이미 의식불명의 환자에 대해 제3자 동의에 의한 연명치료중단의
　　필요성을 인정한다면 후견인에게 동의권을 인정하는 것이 가장 합당하다거나,
　　후견 전반을 규율하고 있는 성년후견제도에 연명치료중단 관련 규정을 두는 것
　　이 바람직하다는 견해가 대두되고 있다(이재경, "의료분야에서 성년후견제도의
　　활용에 관한 연구", 성균관법학 제21권 제3호, 2009, 276면; 이은영, "연명치료
　　중단의 입법화 방안에 관한 연구 – 성년후견제도의 도입과 관련하여", 『의료법
　　학』 제10권 제2호, 2009, 235면 참조). 독일에서도 성년후견인이 의료적으로 요
　　구되는 생명유지 또는 생명연장을 위한 치료를 거절하는 동의를 하기 위해서는
　　후견법원의 허가를 받아야 한다고 보고 있다(BGH FamRZ 2003, 748; 김민중,
　　"성년후견제도의 도입에 관한 논의에서 의료행위와 관련한 과제", 『저스티스』
　　제112호, 2009, 223면).
82) 정신보건법의 개정 방향 및 특정후견의 활용 방법에 대해서는 제4장 관련 제도
　　의 개선 방향 제3절 관계 법령과의 정합성 중 Ⅴ. 정신보건법 부분 참조.

제5장 결 론

2009년부터 단계적으로 추진하고 있는 민법 전면 개정의 첫 번째 결실이 새로운 성년후견제도 도입이라는 사실은 매우 큰 의미를 가진다. 민법 제정 이후 개정민법이 공포되기까지 50여 년 동안 17번의 개정이 있었으나, 이번처럼 재산법과 친족법에 걸쳐 111개 조문이 바뀌는 대규모 개정은 처음일 뿐만 아니라 '장애인의 삶의 질 향상'을 최우선 국정과제로 삼아 개정이 추진되었다는 점에서 민생기본법으로서의 민법의 위상과 역할을 강화하는 계기가 되었다고 생각한다. 물론 민법의 근간이 사적 자치에 있고 사회 복지와는 친하지 않다는 비판이 있을 수 있지만, 사적 자치란 당사자의 대등한 관계를 전제로 하기 때문에 성년후견제도야말로 진정한 사적 자치를 실현할 수 있도록 뒷받침해 주는 존재라고 생각한다.

입법 과정에서 성년후견제도의 도입 방식이나 체제 등 여러 가지 쟁점이 있었으나, 항상 '수요자 중심의 입법' 내지 '본인의 의사와 현존능력 존중'이라는 지도 이념을 정책적 판단의 기준으로 삼아 새로운 후견제도의 기틀을 마련했다. 또한 우리 성년후견제도는 여러 외국 법제들의 장점을 고르게 참고하면서도 우리 현실에 맞는 고유한 법제를 만들고자 했다는 점에서 높이 평가할 수 있다.

개정민법상 성년후견제도는 정신적 제약을 가진 사람의 의사결정과 사무처리를 돕는 법적 지원장치라는 점에서 금치산·한정치산제도의 연속이라고 볼 여지도 있으나, 본인의 의사와 현존능력을 최대한 존중할 수 있도록 후견의 유형을 다양화하고 신상보호에 관한 규정을 대폭 보강하였다는 점에서 본질적인 변화가 있다고 평가할 수 있다. 특히 일원적 후견제도의 정신을 반영한 한정후견, 간소한 절차를 통해 다양한 용도로 이용할 수 있는 특정후견, 사적 자치와 국가적 관리감독이 결합된 후견계약은 성년후견제도의 긍정적 이미지와 활용도를 제고하는 데 큰 기여를 할 것으로 기대한다. 하지만 개정민법상 신상보호의 개념과 한계, 각 후견 유형 사이의 관계 등 심도 깊은 연구와 입법상 보완이 필요한 사항도 적지 않다. 또한 성년후견제도가 성공적으로 시행되기 위해서는 후견의 공정성과 접근성을 강화할 수 있는 기반을 마련하고 개정민법과 연관된 각종 법령을 새로운 후견제도의 정신에 맞도록 정비해야 한다.

무엇보다 가장 중요한 과제는 성년후견제도에 관한 인식의 전환일 것이다. 우리나라에서 성년후견제도가 잘 이용되지 않는 원인에 대해서는 가족 간의 정리(情理)를 우선시하는 문화를 꼽는 경우가 많다. 그러나 위와 같은 분석은 핵가족화가 상당히 진행된 우리 현실에서는 더 이상 적합하지 않다. 일본에서 새로운 후견제도를 도입하면서 절차가 편리하고 행위능력을 최대한 보장하는 보조나 임의후견계약이 가장 많이 이용될 것을 기대했으나, 막상 법이 시행되자 절차가 엄격하고 행위능력의 제한이 심한 후견의 이용률이 월등히 높았다고 한다. 그 원인에 대해서 일본 최고재판소 관계자는 도저히 후견을 이용하지 않으면 안 될 정도로 상태가 악화되기 전까지는 후견제도를 이용하는 것을 꺼리는 현실을 언급한 바 있다.[1] 이러한 일본의 선례는 우리에게도 많은 것을 시사해준다. 아무리 제도를 우수하게 만들었다고 하더라도 국민들이 이에 대한 거부감이나 두려움을 갖고 있다면 활발히 이용되기 어렵다. 요컨대 성년후견제도가 심적인 부담 없이 누구나 이용할 수 있는 법적 지원장치라는 긍정적 인식이 뿌리내리는 것이야말로 성공의 열쇠가 될 것으로 믿는다.

---

1) 新井誠·赤沼康弘·大貫正男, 『成年後見制度 – 法の理論と實務』, 有斐閣, 2007, 8~9頁; 성년후견제도연구회, 『성년 후견제도 연구』, 사법연구지원재단, 2007, 502면 참조.

【프랑스에서 부조를 받았던 사람이 보내는 희망의 메시지】

부조, 이는 쇠락의 동의어이자 굴욕이라는 여행을 향한 거대한 시작이라고 할 것입니다.

이를 겪었기에 저는 거기 속하게 된다는 공포를 모두 말씀드릴 수 있습니다.

일부 어리석은 사람들은 그것이 페스트처럼 전염되는 것이라고 생각해서 두려워하는 것일까요? 나는 수치(數値)라는 암적 존재 때문에 뒤틀린 오늘날의 정신세계 속에서 학교와 교사들이 지속시켜 온 어리석은 짓을 계속하는 그들을 용서하겠습니다.

3년간의 부조 상태, 그것은 삶의 의미를 다시 찾게 해주는 긴 여정이었고, 어느 정도 시간이 경과한 후에는 일종의 거듭남을 가져다준다는 희망과 이루어야 할 목표가 있는 길었습니다.

왜냐하면 난 생에 대한 미련도 없이 모든 것을 포기한 채, 이러한 상황을 극복하려는 마음조차 불필요하다고 단정지으며 삶의 늪에 빠져 미래에 대한 모든 신뢰를 잃어버렸었기 때문입니다.

사실 부조란 몇몇 우둔한 사람들이 생각하는 그런 것이 아닙니다.

그것은 암흑 속으로 빠져들지 않게 손을 내미는 것이고, 희망이라고 부르는 빛의 출입문입니다.

그것은 구렁텅이 속으로 빠져 들어가고 있다고 느꼈을 때 만들어지는 희망인 것입니다.

그것은 매일 매일 재건하는 자신에 대한 믿음인 것입니다.

그것은 내게 있어서, 안전한 세상을 느끼기 위하여 어머니 품속으로 몸을 숨기는 아이를 인도해주는 어머니처럼, 나를 수시로 안심시키면서 나아질 수 있도록 해준 사람입니다.

나는 지금까지 그처럼 효과적으로 희망의 불씨를 다시 피워주는 방법을 아는 다른 어떤 누구도 만나지 못했습니다.

이제 내 삶에 있어서 우울한 비는 그쳤고 나는 우산을 접을 수 있게 되었습니다.

나는 며칠 뒤면 더 이상 '보호대상자'가 아닙니다. 하지만 나는 행운의 부적처럼 이 우산을 간직할 것입니다. 나는 별 가치도 없는 사람들의 시선쯤은 무시한 채 우리가 함께 행하였던 그 모든 것들이 얼마나 잘 이루어졌는지만을 바라보고 음미하면서, 몇몇 사람들의 무지로 인하여 받아야 했던 굴욕감을 떨쳐버릴 수 있게 되었습니다.

당신에게 감사하다고 말하는 것은 내게 있어서 너무 평범한 인사랍니다.

서민들은 이렇게 말합니다. "짱이야(chapeau)"

M...V...(서명)2)

---

2) Jacqueline Jean·Agnès Jean, *Mieux comprendre la tutelle et la curatelle 2e édition* (Librairie Vuibert, 2008), pp. 9-10(신연원·이지은 譯).

【우리나라 성년후견제도의 상징 및 작가 소개】

〈법무부에서 제작한 우리나라 성년후견제도의 상징〉

웃고 있는 두 얼굴은 후견인과 피후견인을, 5색 물결은 세상의 고난과 풍파를 상징합니다. 즉 온갖 세상 풍파 속에서 후견인이 피후견인과 대등한 눈높이에서 두 손을 맞잡고 사랑의 하트 모양으로 한 몸이 되어 피후견인을 도와준다는 것을 의미합니다(작가 윤석인 수녀의 설명 중에서).

* 윤석인 수녀는 하루 종일 침대에 누워 생활하는 장애인으로서 복합 중증 장애인 복지시설인 '성 가정의 집'을 운영하면서 화가로도 활동하고 있다.

〈작가 윤석인 수녀〉

참고문헌

Ⅰ. 국내문헌

1. 단행본

가. 교과서

곽윤직, 『민법총칙』, 박영사, 2005.

김기수, 『한국민법총칙』, 박영사, 1981.

김상용, 『민법총칙』, 법문사, 2001.

김용한, 『민법총칙』, 박영사, 1997.

김주수, 『친족·상속법』, 법문사, 2002.

김증한, 『민법총칙』, 진일사, 1972.

김철수, 『헌법학개론』, 박영사, 1996.

송덕수, 『신민법강의』, 박영사, 2010.

양창수·김재형, 『계약법』, 박영사, 2011.

이영준, 『민법총칙』, 박영사, 1997.

장경학, 『민법총칙』, 법문사, 1988.

정정길·최종원·이시원·정준금·정광호, 『정책학원론』, 대명출판사, 2010.

지원림, 『민법강의』, 홍문사, 2011.

나. 주석서

곽윤직 편집대표, 『민법주해』[Ⅰ], 박영사, 1999.

김주수, 『주석민법 친족』[Ⅲ], 한국사법행정학회, 2005.

박동섭, 『주석 가사소송법』, 박영사, 2004.

박준서 편집대표, 『주석민법 총칙』[Ⅰ], 한국사법행정학회, 2002.

다. 연구용역

명순구, 『프랑스의 성년후견제도』, 법무부 연구용역, 2009.

백승흠, 『외국 성년후견제도의 실태 – 독일과 일본을 중심으로』, 법무부 연구용역, 2009.

우주형·조성열·최윤영·박세용, 『성년후견인 및 후견감독인의 직무범위 등에 관한 연구』, 법무부 연구용역, 2009.

이은영, 『성년후견제와 UN장애인권리협약과의 관계』, 법무부 연구용역, 2009.

이재경·카나 모리무라, 『일본의 성년후견제도에 대한 연구』, 법무부 연구용역, 2009.

제철웅·오시영·백승흠·박주영, 『행위무능력제도의 재검토 – 성년후견 도입을 중심으로』, 법무부 연구용역, 2007.

최봉경, 『독일의 성년후견제도에 관한 연구』, 법무부 연구용역, 2009.

라. 기타(인터넷 자료 최종 검색일 2012. 1. 31.)

경제정의실천시민연합, 존엄사법 제정에 관한 청원, 2009.

국회 보건복지가족위원회, 신상진 의원 대표발의 존엄사법안 검토보고, 2009. 11.
<http://likms.assembly.go.kr/bill/jsp/BillDetail.jsp?bill_id=PRC_G0U9J0S2B0Q5G1U7E1V3Q4B7Q8B9M1>

국회 법제사법위원회, 민법 일부개정법률안 심사보고서, 2010. 12.
<http://likms.assembly.go.kr/bill/jsp/BillDetail.jsp?bill_id=ARC_Y0J9L1V2E2E9X1Z5C3O6V0U9B8D6F3>

민의원, 민법안심의록 상권, 1957.

법원행정처, 법원실무제요 가사, 1994.

법원행정처, 사법연감, 2002.

법원행정처, 사법연감, 2003.

252 장애인을 위한 성년후견제도

법원행정처, 사법연감, 2004.
법원행정처, 사법연감, 2005.
법원행정처, 사법연감, 2006.
법원행정처, 사법연감, 2007.
법원행정처, 사법연감, 2008.
법원행정처, 사법연감, 2009.
법원행정처, 사법연감, 2010.
법원행정처, 사법연감, 2011.
변용찬·강민희·이송희·전광석, 성년후견제 사회복지분야 지원방안 연구, 보
　　건복지가족부, 2009.
성년후견제도연구회, 성년 후견제도 연구, 사법연구지원재단, 2007.
중앙정신보건사업지원단, 2008년 사업보고서, 2008.
통계청, 장래인구특별추계결과, 2005.
한국기독교생명윤리협회, 존엄사법안에 대한 의견 제시, 2009.
한국보건사회연구원, 회복불능환자의 연명치료 중단에 관한 공청회 자료집,
　　2002.

2. 논문·평석

공순진·김원숙, "성년후견공시제도", 『동의법정』 제20집, 2004.
김경화, "자의퇴원으로 인한 치료중단과 안락사", 『형사법연구』 제17호, 2002.
김대경, "성년후견제의 입법을 위한 비교법적 고찰", 『경희법학』 제45권 제1
　　호, 2010.
김명엽, "성년후견제도 도입을 위한 법무부 입법안의 개선에 관한 연구", 『법
　　과 정책』 제16집 제2호, 2010.
김명중, "일본의 성년후견제도의 동향과 과제", 『국제노동브리프』 제8권 제6
　　호, 2010.
김민중, "성년후견제도의 도입에 관한 논의에서 의료행위와 관련한 과제", 『저
　　스티스』 제112호, 2009.

김상규, "가정법원의 장기적 발전방안 - 인적·물적 구성을 중심으로", 『실무 연구』 제10호, 2005.

김상용, "성년후견법안의 문제점", 『법률신문』, 2009. 10. 22.

김상찬·이충은, "성년후견제도 입법화를 위한 비교법적 연구", 『법과 정책』 제15집 제1호, 2009.

김상훈, "우리나라 가정법원의 현황 - 성년후견제도의 도입 및 후견법원 설치 를 위하여", 『법학연구』 제8권 제4호, 2008.

김선이, "스웨덴 성년후견제도", 『아세아여성법학』 제3호, 2000.

김성숙, "성년후견법의 비교법적 고찰", 『가족법연구』 제12호, 1998.

김영규, "성년후견제도의 올바른 도입방안", 『성년후견제도의 올바른 도입을 위한 심포지엄 자료집』, 국회의원 노철래·서울지방변호사회, 2011.

김은효, "성년후견제도에 관한 고찰", 『법률신문』, 2007. 10. 4.

_____, "민법(성년후견)일부 개정안에 대한 소론", 『법률신문』2009. 11. 16.

김이영, "정신보건의 문제점들 (Ⅰ)", 『정신건강연구』 제10집, 1991.

김재형, "언론의 사실보도로 인한 인격권 침해", 『서울대학교 법학』 제39권 제1호, 199.

김천수, "의료행위에 대한 동의능력과 동의권자", 『민사법학』 제13·14호, 1996.

_____, "성년후견과 의료행위의 결정", 『가족법연구』 제21권 제1호, 2007.

김혁돈, "의료행위에 있어서 환자의 동의의 의미", 『법학논총』 제31권 제2호, 2007.

김형석, "민법개정안 해설", 『성년후견제 도입을 위한 민법 개정안 공청회』, 법무부, 2009.

남윤봉, "고령화 사회에서의 성년후견에 관한 연구", 『법과 정책연구』 제8집 제2호, 2008.

민유숙, "후견공시제도와 예산지원", 『성년후견제 도입을 위한 민법 개정안 공청회』, 법무부, 2009.

박동섭, "새 가사소송법과 미성년자의 가사소송능력", 『사법행정』 제32권 제8 호, 한국사법행정학회, 1991.

박인환, "성년후견 관계법령정비의 기본방향 – 이른바 '결격조항'의 정비를 중심으로", 『한·미 성년후견법제의 발전』, 한양대학교 법학연구소, 2011.

_____, "개정민법상 성년후견제 시행에 따른 의료보건관계법령 정비 과제", 『성년후견제 시행을 위한 신상보호관계 법령 정비 방안 : 의사결정능력, UN 장애인권리협약, 그리고 국내법』, 한양대학교 법학연구소, 2012.

박태신, "정신장애인의 자기결정권과 행위능력 – 일본의 성년후견제도를 중심으로", 『안암법학』 제27호, 2008.

배인구, "법률적 측면에서의 성년후견제도의 올바른 도입방안", 『성년후견제도의 올바른 도입을 위한 심포지엄 자료집』, 국회의원 노철래·서울지방변호사회, 2011.

백승흠, "성년후견제도에 관한 연구 – 독일과 영국을 중심으로", 『가족법연구』 제12호, 1998.

_____, "성년후견제도와 자기결정권", 『비교법연구』 제1권, 2000.

_____, "성년후견제도의 입법방향", 『민사법학』 제18호, 2000.

_____, "일본 성년후견제도의 개관", 『가족법연구』 제16권 제1호, 2002.

_____, "현행 성년자보호를 위한 제도의 문제점과 대안으로서 성년후견제도", 『민사법학』 제24호, 2003.

_____, "우리나라에서의 성년후견제도의 도입과 그 검토", 『고령사회와 성년후견제도』, 한국법제연구원, 2003.

_____, "후견인의 요양·감호의무에 관한 고찰 – 개정전 일본 민법의 해석론과 성년후견을 중심으로", 『가족법연구』 제18권 제2호, 2004.

_____, "성년후견제도의 입법모델에 관한 비교법적 고찰 – 독일과 일본의 유형을 중심으로", 『한·독사회과학논총』 제15권 제2호, 2005.

_____, "성년후견의 감독에 관한 고찰 – 독일과 일본의 제도를 비교하여", 『가족법연구』 제20권 제2호, 2006.

_____, "성년후견제도의 도입과 과제", 『법학논총』 제27집 제1호, 2010.

선재성, "가사소송에서의 신모델의 향후 과제 – 가사소송의 비송화 및 상담조정기능의 확충", 『재판자료』 제106집, 2005.

송호열, "임의성년후견제도", 『동아법학』 제31호, 2002.

_____, "성년후견법제화의 기본원칙과 방향", 『동아법학』 제33호, 2003.

_____, "일본의 성년후견법제", 『민사법이론과 실무』 제8권 제1호, 2004.

_____, "독일의 성년후견법제", 『민사법이론과 실무』 제8권 제2호, 2004.

_____, "성년후견감독법제에 관한 고찰", 『재산법연구』 제25권 제1호, 2008.

신권철, "성년후견제도의 도입과 법원의 역할", 『사법』 제14호, 2010.

신성식, "연명치료중단에 대한 사회적 시각", 『한국의료법학회 2007년 춘계학술대회 연세대학교 보건대학원 30주년 기념행사 자료집』, 2007.

신은주, "우리나라에서 성년후견제도의 도입", 『한국의료법학회지』 제17권 제6호, 2009.

양창수, "성년부조제도-한정치산·금치산", 『고시연구』, 1994.

엄덕수, "성년후견 법안, 그 쟁점과 입법 방향", 『법무사』 제516호, 2010.

오승규, "프랑스의 2007년 성년보호제도개혁법률", 『최신외국법제정보』, 2009.

오호철, "일본의 성년후견제도의 개선 논의에 대한 동향", 『비교사법』 제13권 제4호, 2006.

_____, "일본의 성년후견제도의 고찰", 『법학연구』 제27집, 2007.

_____, "일본의 성년후견제도와 우리나라의 성년후견법안의 비교", 『비교사법』 제15권 제2호, 2008.

우주형, "장애성년후견제도 도입에 관한 소고", 『중앙법학』 제10집 제4호, 2008.

원종학, "미국과 일본의 고령화 정책과 시사점", 『한국조세연구원 재정포럼』, 2006.

유경미, "성년후견제도의 입법화를 위한 고찰", 『법학연구』 제24집, 2006.

윤삼호, "성년후견인제도, 이대로 좋은가?", 『DPI Magazine』, 2010. 3.

윤진수, "친족회의 동의를 얻지 않은 후견인의 법률행위에 대한 표현대리의 성립 여부", 『아세아 여성법학』 제3호, 2000.

이덕환, "의료행위에 대한 동의의 대리", 『현대법학의 이론 : 우제 이명구 박사 화갑 기념 논문집』 Ⅲ, 1996.

_____, "미국에 있어서 성년후견제도의 개혁", 『한양법학』 제11집, 2000.

이득환·박민제, "성년후견제도에 대한 각국의 입법과 우리나라의 그에 대한 민법개정에서의 시사점", 『법학논총』 제26권 제4호, 2009.

이명헌, "복지서비스 이용자의 애드보커시(Advocacy)를 위한 성년후견제도에 대한 연구", 『사회법연구』 제1호, 2003.

이병화, "성년후견제도의 도입에 따른 국제후견법의 재고찰", 『비교사법』 제13권 제3호, 2006.

이승길, "현행 민법상 후견제도의 문제점과 성년후견제도의 도입에 관한 고찰", 『중앙법학』 제11집 제2호, 2009.

이영규, "새로운 성년후견제에서 법무사의 역할", 『법무사』 제516호, 2010.

이은영, "성년후견제도에 관한 입법제안", 『한일법학』 제20집, 2001.

_____, "성년후견제도의 입법 필요성", 『법무사저널』 제142호, 2004.

_____, "연명치료 중단의 입법화 방안에 관한 연구 – 성년후견제도의 도입과 관련하여", 『의료법학』 제10권 제2호, 2009.

이재경, "의료분야에서 성년후견제도의 활용에 관한 연구", 『성균관법학』 제21권 제3호, 2009.

이정래, "성년후견등록제도에 관한 소고" 『법학연구』 제30집, 2010.

이주형, "성년후견제도", 『민족법학논집』 제4집, 2003.

이준일, "대법원의 존엄사 인정(大判 2009다17417)과 인간의 존엄 및 생명권", 『고시계』, 2009. 7.

장현옥, "우리나라 후견제도의 문제점과 개선방향", 『아세아여성법학』 제3호, 2000.

전영주, "환자의 연명치료중단에 대한 자기결정권", 『법학연구』 제33집, 2009.

정조근·송호열, "후견인등록제도에 관한 고찰", 『가족법연구』 제20권 제3호, 2006.

제철웅, "성년후견제도의 개정방향", 『민사법학』 제42호, 2008.

제철웅·박주영, "성년후견제도의 도입논의와 영국의 정신능력법의 시사점", 『가족법연구』 제21권 3호, 2007.

제철웅, "개정 성년후견제도의 특징과 향후의 과제: 의사결정무능력 성인의 인간으로서의 존엄성 존중의 관점에서", 『한·미 성년후견법제의 발전』, 한양대학교 법학연구소, 2011.

_____, "요보호성인의 인권존중의 관점에서 본 새로운 성년후견제도: 그 특징, 문제점 그리고 개선방안", 『동아시아에 있어서 성년후견법의 전개와 과제』, 중국산동대법학원·일본학습원대동양문화연구소·인하대 법학연구소, 2011.

최문기, "성년후견제도의 입법론에 관한 일고찰", 『경성법학』 제16집 제2호, 2007.

한봉희, "독일의 성년후견제도소고", 『아세아여성법학』 제3호, 2000.

홍춘의, "후견제도 개혁의 과제", 『가족법연구』 제16권 제2호, 2002.

Whitton, Linda, "Surrogate Decision Making in an Aging World: Legal, Policy and Practical Challenges", 『한·미 성년후견법제의 발전』, 한양대학교 법학연구소, 2011.

岡部 喜代子, "일본의 성년후견제도의 문제점", 『한림법학 FORUM』 제20권, 2009.

田山輝明, "일본에 있어서의 성년후견법의 성립과 과제", 『한일법학』 제20집, 2001.

* 학위논문

김태원, "성년후견제도의 입법 방향", 충북대학교 석사학위논문, 2006.

백승흠, "성년후견제도에 관한 연구 : 입법론적 제안을 중심으로", 동국대학교 박사학위논문, 1997.

송호열, "성년후견법제에 관한 연구", 동아대학교 박사학위논문, 2002.

오경희, "성년후견제도에 관한 연구 : 고령자 보호를 중심으로", 부산대학교 박사학위논문, 1999.

장혜경, "성년후견제도의 도입에 관한 연구", 한양대학교 석사학위논문, 1999.

3. 판례

대법원 1997. 11. 28. 선고 97다31229 판결
대법원 1999. 3. 9. 선고 98다46877 판결
대법원 2000. 4. 25. 선고 2000다8267 판결
대법원 2002. 10. 11. 선고 2001다10113 판결
대법원 2004. 6. 24. 선고 2002도995 판결
대법원 2009. 1. 15. 선고 2008다58367 판결
대법원 2009. 5. 21. 선고 2009다17417 판결
서울고등법원 1009. 7. 15. 97재나621 결정

4. 회의*

가. 법무부 민법개정위원회

제1기 민법개정위원회, 제2분과 제4차 회의(2009. 3. 24.) 중 구상엽 간사 발언 부분(내부 회의록 4면).

제1기 민법개정위원회, 제2분과 제6차 회의(2009. 4. 21.) 중 김형석 위원 발언 부분(내부 회의록 2면).

제1기 민법개정위원회, 제2분과 제6차 회의(2009. 4. 21.) 중 김형석 위원 발언 부분(내부 회의록 3~4면).

제1기 민법개정위원회, 제2분과 제6차 회의(2009. 4. 21.) 중 백승흠 위원 발언 부분(내부 회의록 3면).

제1기 민법개정위원회, 제2분과 제7차 회의(2009. 5. 4.) 중 민유숙 위원 발언 부분(내부 회의록 2, 4, 5면).

제1기 민법개정위원회, 제2분과 제7차 회의(2009. 5. 4.) 중 김형석 위원 발언 부분(내부 회의록 4~5면).

---

* 아래 회의록은 아직 공개되지 않은 법무부 내부 자료로서 추후 공간(公刊)시 인용 형식이나 면수가 달라질 수 있음.

제1기 민법개정위원회, 제2분과 제7차 회의(2009. 5. 4.) 중 구상엽 간사 발언 부분(내부 회의록 5면).

제1기 민법개정위원회, 제2분과 제8차 회의(2009. 5. 19.) 중 김형석 위원 발언 부분(내부 회의록 3면).

제1기 민법개정위원회, 제2분과 제8차 회의(2009. 5. 19.) 중 김형석 위원 발언 부분(내부 속기록 318면).

제1기 민법개정위원회, 제2분과 제8차 회의(2009. 5. 19.) 중 백승흠 위원 발언 부분(내부 회의록 3면).

제1기 민법개정위원회, 제2분과 제8차 회의(2009. 5. 19.) 중 백승흠 위원 발언 부분(내부 속기록 318면).

제1기 민법개정위원회, 제2분과 제8차 회의(2009. 5. 19.) 중 민유숙 위원 발언 부분(내부 회의록 3면).

제1기 민법개정위원회, 제2분과 제9차 회의(2009. 6. 2.) 중 김형석 위원 발언 부분(내부 회의록 1~2면).

제1기 민법개정위원회, 제2분과 제12차 회의(2009. 7. 14.) 중 김형석 위원 발언 부분(내부 속기록 521~522면).

제1기 민법개정위원회, 제2분과 제12차 회의(2009. 7. 14.) 중 백승흠 위원 발언 부분(내부 속기록 520면)

제1기 민법개정위원회, 제2분과 제13차 회의(2009. 7. 28.) 중 명순구 위원 발언 부분(내부 회의록 3면).

제1기 민법개정위원회, 전체회의 제1차 회의(2009. 8. 21.) 중 김재형 위원 발언 부분(내부 회의록 4, 6, 7면).

제1기 민법개정위원회, 제2분과 제15차 회의(2009. 9. 1.) 중 김형석 위원 발언 부분(내부 회의록 6~7면).

제1기 민법개정위원회, 제2분과 제15차 회의(2009. 9. 1.) 중 민유숙 위원 발언 부분(내부 회의록 3면).

제1기 민법개정위원회, 제2분과 제15차 회의(2009. 9. 1.) 중 분과 의결 부분(내부 회의록 3~5면).

제2기 민법개정위원회, 제1분과 제16차 회의(2010. 9. 30.) 중 이준형 위원 발언 부분(내부 회의록 8~9면).

나. 법무부 성년후견제 관계 법령 정비위원회

법무부 성년후견제 관계 법령 정비위원회 제1차 회의(2010. 10. 12.) 중 구상
　　엽 간사 발언 부분(내부 회의록 1면).

법무부 성년후견제 관계 법령 정비위원회 제3차 회의(2010. 11. 9.) 중 김원
　　태 위원 발언 부분(내부 회의록 5~6면).

법무부 성년후견제 관계 법령 정비위원회 제12차 회의(2011. 4. 19.) 중 김원
　　태 위원 발언 부분(내부 회의록 29면).

법무부 성년후견제 관계 법령 정비위원회 제12차 회의(2011. 4. 19.) 중 박인
　　환 위원 발언 부분(내부 회의록 2~3면).

법무부 성년후견제 관계 법령 정비위원회 제12차 회의(2011. 4. 19.) 중 이승
　　우 위원장 발언 부분(내부 회의록 5면).

다. 기타

법무부-한국장애인연맹 간담회(한국장애인연맹 회의실, 2009. 6. 1.) 중 김대
　　성 사무총장 발언 부분.

성년후견제도의 올바른 도입을 위한 심포지엄, 국회의원 노철래/서울지방변
　　호사회 주최(국회의원회관 소회의실, 2011. 9. 1.) 중 김영규 교수 발
　　언 부분.

아라이 마코토 교수 초청 한·일 국제심포지엄, 국회의원 박은수·성년후견제
　　추진연대 주관(국회도서관 소회의실, 2009. 7. 9.) 중 아라이 교수 특
　　별강연.

아라이 마코토 교수 초청 한·일 국제심포지엄, 국회의원 박은수·성년후견제
　　추진연대 주관(국회도서관 소회의실, 2009. 7. 9.) 중 구상엽 검사 발
　　언 부분.

일본 오카 교수 법무부 방문 간담회(법무부 법무실 회의실, 2010. 12. 28.) 중
　　오카 교수 발언 부분.

정신질환자 법적 차별 대책 간담회(서울대학교 의과대학 회의실, 2009. 6.)

중 대한신경정신의학회 관계자 의견.

동아시아에 있어서 성년후견법의 전개와 과제 국제학술대회(인하대학교 법학
전문대학원 국제회의실, 2011. 12. 3.) 중 稻田龍樹 교수 발언 부분.

동아시아에 있어서 성년후견법의 전개와 과제 국제학술대회 (인하대학교 법
학전문대학원 국제회의실, 2011. 12. 3.) 중 구상엽 검사 발언 부분

5. 온라인 자료 (인터넷 자료 최종 검색일 2012. 1. 31.)

18대 국회에 제출된 성년후견제도 관련 법안,
　　　　<http://likms.assembly.go.kr/bill/jsp/BillDetail.jsp?bill_id=PRC_A1
　　　　O0I1A2Y0N6V1Z9K3E3Z3V5S5B3W2>

"치매" 한국 브리태니커 온라인,
　　　　<http://preview.britannica.co.kr/bol/topic.asp?article_id=b21c0073a>

"복지국가" 한국 브리태니커 온라인,
　　　　<http://preview.britannica.co.kr/bol/topic.asp?article_id=b10b0126a>

"고령화사회" 한국 브리태니커 온라인,
　　　　<http://preview.britannica.co.kr/bol/topic.asp?article_id=rkb02a007>

한국장애인 부모회 홈페이지, <http://www.kpat.or.kr/>

6. 언론 자료(인터넷 자료 최종 검색일 2012. 1. 31.)

법무부 보도자료, 「우리 민법, 제정 반세기만에 본격 손질」, 2008. 10.

법무부 보도자료, 「법무부, 민법개정위원회 출범」, 2009. 2.

법무부 보도자료, 「성년 연령 하향 및 성년후견제 도입을 위한 민법 일부 개
정안 국무회의 통과」, 2009. 12.

법무부 보도자료, 「성년 연령 19세로 하향, 장애인·고령자를 위한 새로운 후
견제 도입」, 2011. 2.

함께걸음, 「성년후견제, 새로운 물꼬를 트다 - 성년후견제추진연대 출범」, 2004. 11.
1, <http://www.cowalknews.co.kr/news/articleView.html?idxno=2933>

에이블뉴스, 「성년후견제 반영된 민법개정 환영」, 2011. 2. 21,
    <http://www.ablenews.co.kr/News/NewsContent.aspx?CategoryCode
    =0011&NewsCode=001120110221152740837875>
법률신문, [인터뷰] 법무사업계 '씽크탱크' 법제연구소 엄덕수 소장, 「성년후
    견인제 도입한 민법개정에 기여 자부심」, 2011. 9. 2,
    <http://www.lawtimes.co.kr/LawNews/News/NewsContents.aspx?ser
    ial=59038&kind>
일요신문, 「해도 너무한 민간 자격증 남발 실태」, 2011. 10. 26,
    <http://www.ilyo.co.kr/news/articleView.html?idxno=80475>

7. 여론 조사

법무부, 성년후견제도 도입에 대한 국민의식조사 보고서, 한국 갤럽, 2009.

II. 외국 문헌

1. 단행본

가. 독일

German Bundestag, *Regierungsentwurf, Bundestags-Drucksache* 11/4528
Bundesministerium der Justiz, *Betreuungsrecht* (2009)
Brox, *Allgemeiner Teil Des BGB* (2002)
Bienwald, *Betreuungsrecht,* 3. (1999)
Dodegge, *Das Betreuungsrecht,* (1998)
Dodegge·Roth, *Systematischer Praxiskommentar, Betreuungsrecht* (2005)
Jürgens, Andreas, *Betreuungsrecht, Kommentar zum materiellen Betreuungsrecht,*
    zum Verfahrensrecht und zum Vormünderß und Betreuervergütungsgesetz
    (2005)

Jürgens·Kröger·Marschner·Winterstein, *Das neue Betreuungsrecht* (1999)

Jürgens·Kröger·Marschner·Winterstein, *Betreuungsrecht kompakt* (2007)

Köhler, *BGB Allgemeiner Teil* (1996)

Medicus, *Allgemeiner Teil Des BGB* (1997)

Müller–Freienfels, *Die Vertretung beim Rechtsgeschäft* (1995)

Schwab, *Münchener Kommentar* (1992)

Wagenitz/Engers, *Betreuung – Rechtliche Betreuung – Sozial(rechtlich)e Betreuung, FamRZ* (1998)

나. 프랑스

Ministère de la Justice, Circulaire de la DACS no CIV/01/09/C1 du 9 février 2009 relative à l'application des dispositions législatives et réglementaires issues de la réforme du droit de la protection juridique des mineurs et des majeurs (2009)

Dupont, *Projet de loi portant réforme de la protection juridique des majeurs,* Avis n° 213 (Sénat, 2007)

Jean, J/Jean, A, *Mieux comprendre la tutelle et la curatelle 2e édition* (Librairie Vuibert – février 2008)

Vincent, H., *Majeurs protégés au 1er janvier 2009* (Edition Francis Lefebvre, 2009)

Richemont, H., *Rapport – Réforme de la protection juridique des majeurs* (Sénat, 2006–2007)

다. 영미

Collin, Francis·Lombard, John·Moses, Albert·Spitler, Harley, *Durable Powers of Directives* (1995)

Department for Constitutional Affairs (DCA), *Mental Capacity Act Code of Practice* (2005)

Mental and Physical Disability Law Reporter, *Support Services and Alternatives to Guardianship*, vol. 12 (1988)

Bartlett, *The Mental Capacity Act* (2005).

라. 일본

日本辯護士聯合會,『契約形福祉社會と權利擁護の形態を考える』, 2002.

日本辯護士聯合會,『成年後見制度に關する改善提言』, 2005.

法典調査會,『民法議事速記錄 7』, 社團法人 商事法務研究會, 1984.

加藤一郎,『不法行爲』, 有斐閣, 1974.

高村浩,『Q & A 成年後見制度の解說』, 新法日本法規出版, 2000.

堀勝洋/岩志和一郎,『高齡者の法律相談』, 有斐閣, 2005.

大曹根 寬,『成年後見の社會福祉法制』, 法律文化社, 2000.

四宮和夫/能見善久,『民法總則』, 弘文堂, 2004.

上山泰,『成年後見と身上配慮』, 筒井書房, 2001.

小林昭彦 外 5人,『新成年後見制度の解說』, 社團法人 金融財政事情研究會, 2003.

小賀野晶一,『成年後見監護制度論』, 信山社出版, 2000.

於保不二雄/中川淳,『新版註釋民法 第25券 親族』(5), 有斐閣, 2004.

星野英一 編輯代表,『民法講座 1 民法總則』, 有斐閣, 1984.

須永醇,『被保護成年子制度の研究』, 勁草書房, 1996.

新井誠,『高齡社會の成年後見法』, 有斐閣, 1999.

新井誠/赤沼康弘/大貫正男,『成年後見制度 - 法の理論と實務』, 有斐閣, 2007.

我妻榮,『新訂民法總則(民法講義)』, 岩波書店, 1965.

齊木賢二/大貫正男, "司法書士と成年後見",『成年後見 法律の解說と活用の方法』, 有斐閣, 2000.

2. 논문

Dessin, Carolyn, "Acting as Agent under a Financial Durable Power of Attorney: an Unscripted Role", *Nebraska Law Review*(1996)

Hodgson Robert, "Guardianship of Mentally Retarded Person: Three Approaches to a Long Neglected Problem", *Albany Law Review*(1973)

日本 法務省 民事局 參事官室, "成年後見問題硏究會報告書の槪要", 『ジュリスト』第1121號, 1997.

日本 法務省 民事局 參事官室, "成年後見制度の見直しについて – 成年後見問題硏究會報告書の槪要", 『ひるば』第51券 第2號, 1998.

東京家載後見問題硏究會編著, "東京家載後見センターにおける成年後見制度運用の狀況と問題", 『判例タイムズ』第1165號, 2005.

岡孝, "オーストリアにおける成年後見法の新たに展開", 『ジュリスト』第972號, 1991.

岡孝, "韓國の成年後見制度改正案を讀法む", 『高齡社會における法的諸問題 – 須永醇先生傘壽記念論文集』, 2010.

菅富美技, "英國成年後見制度における身上監護", 『實踐 成年後見』第23號, 2007.

能手歌織, "成年後見制における 「身上監護」の檢討", 『立命館法政論集』第1號, 2003.

渡辺幹典, "成年後見制度と醫療措置の代諾", 『松山大學論集』第17券 第1號, 2005.

道垣內弘人, "身上監護, 本人の意思の尊重について", 『ジュリスト』 第1141號,2009. 9.

司原, "任意後見制度について", 『ジュリスト』第1172號, 2000.

上山泰, "成年後見の社會化について", 『みんけん』第552號, 2003.

_____, "身上監護をめぐる諸問題についで", 『ジュリスト』第1211號, 2001.

_____, "成年後見人等と民法第714條の監督者責任", 『家族<社會と法>』 第20號, 2004.

_____, "專門職後見人の現況と市民後見人システムの充實に向けて", 『實踐成年後見』 第8號, 2004.

星野英一, "インタビュー·成年後見制度と立法過程", 『ジュリスト』 第1172號, 2000.

須永醇, "成年後見制度について", 『法と精神醫療』 第17號, 2003.

野村好弘, "準禁治產制度と法人制度の改正問題 – 民法及び民法施行法の一部改正法案の考察", 『ジュリスト』 第696號, 1979.

赤沼康弘, "成年後見制度定着のための課題", 『ジュリスト』 第1211號, 2001.

村田彰, "新しい成年後見制度下における意思能力", 『NBL No. 784』, 2004.

河野正輝, "地域福祉權利擁護の基本課題", 『法政 第66券 第2號』, 1999.

3. 판례

BGHZ 29, 179
BGH FamRZ 2003, 748
BayObLG FamRZ 1993, 851＝BayObLG, BtPrax 1994, 136, 137

大判 明治 29·3·26 (民錄 第2輯 第3券 108頁)
最判 昭和 44·12·18 (民集 第23券 第12號 2476頁)
東京家審 昭和 47·3·22 (家月 第25券 第4號 46頁)

4. 회의

Becker, Ulrich, "Guardianship and Social Benefits", The World Congress on Adult Guardianship Law 2010 (October 2-4, 2010, Yokohama, Japan)

Morgan, Rebecca, "Least Restrictive Alternative, Limited Guardianship and the

Ward's Autonomy Trends in the United States in the 21st Century",
The World Congress on Adult Guardianship Law 2010 (October
2-4, 2010, Yokohama, Japan).

5. 온라인 자료(인터넷 자료 최종 검색일 2012. 1. 31.)

日本 法務省(成年後見問題研究會),
    <http://www.moj.go.jp/MINJI/minji95.html>
"認知症" Wikipedia Japan
    <http://ja.wikipedia.org/wiki/%E8%AA%8D%E7%9F%A5%E7%97%87>
"Convention on the Rights of Persons with Disabilities" Wikipedia English,
    <http://en.wikipedia.org/wiki/Convention_on_the_Rights_of_Persons
    _with_Disabilities>
"dementia" Wikipedia English, <http://en.wikipedia.org/wiki/Dementia>
"welfare state" Wikipedia Eglish, <http://en.wikipedia.org/wiki/Welfare_state>
United Nations Enable, DRAFT CONVENTION ON THE RIGHTS OF
    PERSONS WITH DISABILITIES, ARTICLE 5 - EQUALITY
    AND NON-DISCRIMINATION,
    <http://www.un.org/esa/socdev/enable/rights/ahc8adart.htm#art5>
United Nations Enable, DRAFT CONVENTION ON THE RIGHTS OF
    PERSONS WITH DISABILITIES, ARTICLE 12 - EQUAL
    RECOGNITION BEFORE THE LAW
    <http://www.un.org/esa/socdev/enable/rights/ahc8adart.htm#art12>
World Legal Forum,
    <http://www.worldlegalforum.org/cms/index.php?option=com_conte
    nt&view=article&id=8&Itemid=12>

6. 통계 자료(인터넷 자료 최종 검색일 2012. 1. 31.)

"Anzahl der Betreuten am Jahresende" Online-Lexikon Betreuungsrecht,
　　　　<http://wiki.btprax.de/images/5/5f/Betreuungszahlen.gif>
"Germany(population)" Wikipedia English,
　　　　<http://en.wikipedia.org/wiki/Germany>
日本國立社會保障人口問題硏究所, 人口統計資料集(2003)
日本 最高裁判所事務總局, 成年後見關係事件現況(2008)

Ⅲ. 논문 발간 후 추가 반영 문헌

국회 법제사법위원회, 『가사소송법 일부개정법률안 심사보고서』, 2013. 3,
　　　　<http://likms.assembly.go.kr/bill/jsp/BillDetail.jsp?bill_id=ARC_H1
　　　　V2P1W0T2A3I1S6N2N5T2Y6T3J3G5>
국회 법제사법위원회, 『후견등기를 위한 법률안 심사보고서』, 2013. 3,
　　　　<http://likms.assembly.go.kr/bill/jsp/BillDetail.jsp?bill_id=ARC_G1
　　　　Z2S1M0L2T3N1V6V2C0U4E7X5G2B9>
구상엽, "한국 성년후견제도 입법 과정의 특징과 향후 과제", 『자기결정권 존
　　　　중을 위한 성년후견제 국제 컨퍼런스』, 한국성년후견학회·국가인권
　　　　위원회, 2013.
배인구, "성년후견제도에서의 가정법원의 역할: 개정 가사소송법을 중심으
　　　　로", 『자기결정권 존중을 위한 성년후견제 국제 컨퍼런스』, 한국성년
　　　　후견학회·국가인권위원회, 2013.
제철웅, "후견계약의 소비자법적 과제", 『복지법제의 소비자법적 과제』, 한국
　　　　소비자법학회·한국법제연구원·아주대학교 법학연구소, 2013.

Abstract

An analysis of the new adult guardianship system under the revised civil code

Sang-Yeop Koo

School of Law

The Graduate School

Seoul National University

The adult guardianship system refers to a legal assistance program whereby an adult guardian assists in the decision-making of or in looking after the rights and interests of another adult who is not mentally capable of taking care of his/her personal affairs or property. As the purpose of declaring someone incompetent or quasi-incompetent is to protect those lacking the ability to handle one's affairs due to mental incapacity, it may be regarded as an example of adult guardianship. Yet, because declaring a person incompetent may have a stigma effect and may excessively limit his/her legal capacity, it has not been properly utilized. With the dawn of the "welfare state" and an "aging society", the paradigm for welfare has changed from that based on "unilateral measures" to one based on "contracts" and the boundary between the legal and the welfare domain have become very vague. As such, the adult guardianship system was sought as a comprehensive legal and welfare support system responding to those that are in need of such support. With the revision of the civil code in

March 2011, the new guardianship system was introduced.

The fundamental idea behind the revision is to respect the intention and capability of the ward, based on the principles of necessity, supplementarity and normalization. Therefore, the revised civil code clearly states that the intention of the ward should always be respected at the commencement of and throughout the entire period of the guardianship. In order to maximize the capability of the ward, various types of guardianship are introduced. While previous incompetency-related measures mostly focused on property matters, additional clauses were introduced enabling the guardian to more actively take care of the ward's personal matters, as long as it would not infringe upon the ward's self-determination. Therefore, the new adult guardianship system is fundamentally different from the previous incompetence-based system.

The four different types of the new adult guardianship system can be classified into two categories: adult, limited and specific guardianship program are judicial in nature, while the contractual guardianship program is contractual in nature. The requirements and effects of adult guardianship program are similar to an incompetency-based program but is quite different because ways to expand the legal capacity of the ward exist. Limited guardianship program provides the guardian with the right to consent and powers of attorney to the extent necessary for the interest of the ward, and thus is different from the quasi-incompetency-based program which does not contain the latter limitation. Specific guardianship program can be utilized through a simple procedure without limiting the legal capacity of the ward. Therefore, it provides a way out of the dogma that the commencement of a guardianship program generally limits the legal capacity of the ward, and is expected to open the door for more effective use of the judicial guardianship program. Contractual guardianship program is a voluntary guardianship system whereby the guardian and the ward enter into a guardianship contract which sets out the respective rights and obligations. This contract takes effect as soon as a Family Court judge nominates the guardian's supervisor. This contractual guardianship program is particularly meaningful in Korea, which is entering into an aging society.

The adult guardianship system is significant in two aspects: first, it is the first product of a long-term project to review the entire civil code, which has been revised very few times since its enactment in 1958; second, it marks an initial point for improving the interests of the disabled and the elderly through the revision of the civil code. Yet, there are many issues to be resolved, for example, the concept and scope of personal-affairs protection and the co-existing relationship between the various adult guardianship programs. With the introduction of the adult guardianship system, there is also a need for a social basis which will ensure its sound implementation.

The basis of this dissertation was experience gained as a public prosecutor in the Ministry of Justice responsible for introducing the adult guardianship system and the overall revision of the civil code. Therefore, the objective of this dissertation is to provide an in-depth analysis of the values and theoretical basis for successful implementation of the newly-introduced adult guardianship system. It first introduces the rationale for and the guiding principles of the adult guardianship system, controversial issues and policy questions raised during the legislative process. Then, by carefully analyzing the intention of the legislators, interpretation of various clauses, desirable ways of operation and possible legislative improvements are suggested. Finally, in order to ensure and strengthen the fairness and accessibility of adult guardianship system, measures to align relevant laws and regulations with the revised civil code are examined.

찾아보기

구 상 엽

1997년 제39회 사법시험 합격
1998년 서울대학교 법과대학 사법학과 졸업
2003년 서울대학교 대학원 법학과 졸업 (행정법 석사)
2008년 미국 Harvard Law School 졸업 (LL.M.)
2012년 서울대학교 대학원 법학과 졸업 (민법 박사)
2015년 서울대학교 법학전문대학원 전문박사 수료 (형사법)

법무부 검사 (민법개정위원회 총괄간사/사무국장)
미국 뉴욕주 변호사
미국 매사추세츠주 상급법원 연수
법학전문대학원 검찰실무교수 (연세대학교/이화여자대학교 등)
한국민사법학회/민사판례연구회/장애인법연구회 회원
변호사시험 출제위원 (형사법)

현 서울중앙지방검찰청 검사
 - 서울대학교 법학전문대학원/법과대학 겸직교수 (검찰실무/민법)

장애인을 위한 성년후견제도

초판 인쇄 | 2015년 2월 10일
초판 발행 | 2015년 2월 17일

저　　자 | 구상엽
발 행 인 | 한정희
발 행 처 | 경인문화사
등록번호 | 제10-18호(1973년 11월 8일)
주　　소 | 서울특별시 마포구 마포동 324-3
전　　화 | 02-718-4831~2
팩　　스 | 02-703-9711
홈페이지 | http://kyungin.mkstudy.com
이 메 일 | kyunginp@chol.com

ISBN 978-89-499-1041-3 93360
값 22,000원